KB239404

초등 교육을 재구성하라!

어린이의 성장과 발달을 돕는 초등 교육과정을 위하여

초등 교육을 재구성하라!

어린이의 성장과 발달을 돕는 초등 교육과정을 위하여

초판 1쇄 발행 2013년 3월 29일
2판 1쇄 발행 2016년 2월 12일

글쓴이 초등교육과정연구모임

발행인 김병주
총괄 CFO 이기택
기획 최윤서
편집 김미영
디자인 신미연
마케팅 장은화, 김수경
펴낸 곳 (주)에듀니티(www.eduniety.net)
도서 문의 070-4334-2196
일원화 구입처 031-407-6368 (주)태양서적
등록 2009년 1월 6일 제300-2011-51호
주소 서울시 종로구 삼봉로 57 종로호수빌딩 4층

ISBN 979-11-85992-16-7 (13370)
값은 표지에 있습니다.

초등 교육을 재구성하라!

어린이의 성장과 발달을 돕는 초등 교육과정을 위하여

초등교육과정연구모임 씀

에듀니티

지금까지 우리나라의 초등 교육은 과연 '어린이의 성장과 발달을 돕는' 것이었는가?

이 책은 짧게는 10년, 길게는 32년째 초등학교에서 아이들과 함께 지내고 있는 교사들이 학교와 교실에서 직접 겪은 학교 교육에 대한 이런 회의에서 출발했다. 그동안의 학교 현장 경험으로 봤을 때 현재 우리나라 초등 교육은 '어린이를 위한 교육'이 아니라고 말할 수 있다. 창의·인성 교육이니 토론·토의 교육이니 배움이 일어나는 교육이니 말하지만 학교는 여전히 60, 70년대식 계몽 교육에서 달라진 것 없이 21세기를 살아가는 아이들을 '훈련' 시키고, '점검'하고, '지도'하는 수준이다.

학교 교육은 국가가 정해 놓은 교육과정에 따라 이루어진다. 국가 교육과정은 1차부터 7차까지 5년을 주기로 개정되어 오다가 7차 이후로는 수시 개정 체제로 일정한 주기 없이, 또 과목마다 개정 시기와 주기가 달라졌다. 급변하는 사회에 걸맞도록 바꾼다는

명분을 내세웠지만 최근에만 개정한 교육과정이 몇 차례인지 헤아리기도 힘들 정도이다. 교과마다 다르고, 학년마다 다르고, 해마다 달라지는 국가 수준 교육과정 때문에 지금 학교 교육과정에는 2007년 개정, 2008년 개정, 2009년 개정, 2011년 개정, 2012년 개정이 마구 혼재해 있다. 바꾼 지 얼마 되지 않아 적응할 만하면 바꾸고, 정부 정책이라면서 또 바꾸고, 이리저리 바꾸다 보니 제대로 파악하고 있는 사람이 없을 정도로 우리나라 국가 수준 교육과정은 누더기가 되었다.

대부분 사람들은 국가 수준 교육과정이 바뀌면 학교 교육도 당장 바뀔 거라고 생각한다. 그러나 미안하게도 우리가 지켜본 학교와 학교 교육은 그리 쉽게 바뀌지 않는다. 교육과정 개정에 따라 숫자와 단어는 달라질지 몰라도 교육 현장은 옛날 모습 그대로이다. 학교 교육과정을 살펴보면 7차 이후로 교육과정이 수차례 바뀌었는데도 아직도 옛날 교육과정 내용을 그대로 올려놓고 있는 학교를 찾아보는 일도 별로 어렵지 않다. 이것이 바로 국가 수준 교육과정 내용이 실제 학교 교육과 상관없다는 증거라고 볼 수 있다.

한편으로는 교육과정이 바뀌어도 학교 교육이 그대로라는 것이 어쩌면 바람직한 것처럼 보일지도 모르겠다. 아무리 교육과정이 바뀌고 시대가 변해도 교육이 지닌 본질적 가치는 변하지 않으니까 말이다. 교육이 지닌 본질적 가치를 가르치는 것, 우리는 이것을 '0차(0次) 교육과정'이라 부르기도 한다. 그러나 지금 학교가 '0차(0次) 교육과정'이라 할 만큼 교육의 본질적인 가치를 지키고 있느냐 하면 결코 그렇지 않다고 단언할 수 있다. 교육과정은 셀 수 없이 계속 바뀌었지만 학교 교육의 내용은 우리가 초등학생 시절이던 때와 크게 달라진 것이 없어 보인다. 교사들은 초등학생 시절 자신의 학교와 담임선생님이 하던 방식 그대로 구태의연한 옛날 가치를 전수하고 있는 형편이다. 교육과정이 바뀌든 말든 옛날 하던 식대로 그대로 교육하는 것을 우리는 '무차無次 교육과정'이라 부르기도 하는데, 국가 수준 교육과정이 너무 정신없이 바뀌니까 "또 바뀌었어? 이번엔 또 뭐래?" 하면서 아예 무감각해져서 그냥 하던 대로 하는 것이 아닌가 하는 생각이 든다.

국가 수준 교육과정이 바뀌면서 이에 따라 교과서도 수없이 바뀌어 왔다. 2007년 개정 교육과정 이후 5, 6학년 음악, 미술, 체육,

실과, 영어를 중심으로 검정 교과서를 도입하기는 했지만 대부분의 교과서는 대도시에 있든 마라도에 있든 전국 모든 학교에서 똑같은 국정 교과서 한 권을 똑같이 사용하고 있다. 2009 개정 교육과정 총론에는 교과서가 '교육과정을 구현하는 표준화된 자료'라고 나와 있다. 하지만 현실을 들여다보면 표준화라고 말하기에는 전국에 있는 다양한 아이들의 성장과 발달에 맞지 않는다는 느낌을 지울 수 없다. 그래서 현행 교과서만으로 가르친다는 것은 교과서에 맞지 않는 아이들을 교과서에 억지로 끼워 맞추는 것이나 다름없다. 또 교과서의 내용은 교사는 가르치기 어렵고 아이들은 배우기 어렵게 구성되어 있다. 그동안 우리는 가르치고 배우기 어려운 교과서를 보면서 아이들의 이해력이 떨어지거나 교사의 지도력에 문제가 있다고 생각해 왔다. 그러나 문제는 아이들의 이해력도 교사의 지도력도 아닌 교과서 자체에 있다는 점을 알게 되었다.

'교사는 교과서를 가르치는 것이 아니라 교육과정을 가르치는 것'이라는 말이 있다. 국가 수준 교육과정에도 '교과서는 교육과정을 구현하는 또 하나의 자료', '교사는 교육과정을 직접 편성하고 교수-학습 자료를 개발하여 교과서 대신 사용할 수 있다'고 나와 있다. 각 교과의 교사용 지도서에도 '이 단원은 예시 단원이므로 학교와 지역 사정에 따라 재구성해서 지도할 수 있다'고 명시되어 있다. 하지만 여전히 교과서대로 진도를 못 나가는 교사는 불량하고, 충실하게 진도를 끝낸 교사는 성실한 교사로 인식한다. 우리가 교과서의 문제점을 파헤치는 한편 우리 아이들의 삶에 알맞은 내용으로 구성된 교육과정을 찾아 나서기로 한 것은 이러한 이유에서였다.

이 책에 있는 내용들은 그동안 우리가 교육 현장에서 뼈저리게 느낀 회의와 허구를 극복하고 오로지 '어린이의 성장과 발달을 돕는 교육', 다시 말해 '교육의 본질'을 깊이 고민하고 실천하는 과정에서 나온 산물이다. 모임의 구성원들이 지닌 개인적 전문 영역에 협력적인 방법으로 내용을 정리했다. 함께한다는 것이 말처럼 쉬운 일은 아니었지만 혼자였다면 결코 할 수 없었던 일이다. 그러면서 교사인 우리도 함께 성장했다는 것을 깨달을 수 있었다.

우리의 작업은 유명하고 거창한 교육 이론에서 시작한 것이 아니라 교실에서 만나는 아이들의 말과 몸짓에서 깨닫고 배운 것을 바탕으로 실천한 내용을 정리한 것이다. 최근 '교육의 본질'을 향한 변화의 바람이 불고 있음에도 학교에는 여전히 구태의연하고 비민주적이며 비교육적인 부분이 존재한다. 아직 일부이긴 하지만 지난 몇 년 사이에 전국에서 불붙은 혁신학교 바람은 기존의 구시대적인 틀에서 벗어나려는 변화와 열망의 분출일 것이다. 초등교육과정연구모임의 교사들은 현장에서 아이들을 만나면서 교육과정과 교육 정책 연구에도 꾸준히 참여하고 있다. 최근에 혁신학교의 정책 연구자로 또 혁신학교에 가서 학교와 교육을 변화시키는 중심에 서서 실천하고 있기도 하다.

우리는 그동안 몸으로 부딪히며 고민하고 실천하는 과정을 통해 아이와 함께 교사도 성장하고 발달할 수 있다는 확신으로 〈교과서를 믿지 마라〉, 〈행복한 혁신학교 만들기〉에 이어 이번에 〈초등 교육을 재구성하라〉를 펴내게 되었다. 책 제목을 논란 끝에 〈초등 교육을 재구성하라〉라고 정한 것은 국가 수준의 교육과정은 수없이 바뀌면서도 내용이 아닌 형식만 바뀌는 것을 보면서, 학교 현장에서 시급히 바꾸고 재구성해야 할 것은 형식이 아니라 '초등 교육의 본질적인 가치'로서의 내용이라는 생각을 했기 때문이다. 저마다 정신없이 바쁜 시기에 정리를 해서 아쉬운 점이 있지만 부족한 부분은 전국의 수많은 초등 교사들이 채워 주실 것으로 믿는다. 우리의 바람은 이 책이 현장에서 초등 교육의 내용을 재구성하는 데 보탬이 되고, 어린이의 성장과 발달을 돕는 주춧돌이 되었으면 하는 것이다. 그리고 어린이와 교사가 함께 성장하는 교육이 이루어진다면 그것을 보람으로 여길 것이다.

2013년 3월
초등교육과정연구모임

초등 교육과정의 바탕

어린이의 성장과 발달을 돕는 초등 **교육과정**

초등학교는 어린이의 성장과 발달이 이루어지는 곳

학교는 교육을 하는 곳인 동시에 어린이들이 많은 친구들과 자연스럽게 어울리며 성장하고 발달 능력을 키워 나가는 삶의 공간이다. 여기서 삶이란 어른들의 사회를 축소한 것을 말하는 것이 아니라 어린이의 성장과 발달 과정 그 자체를 중심에 놓고, 어린이들이 하루하루를 건강하게 살아가는 것이 곧 미래 사회를 준비한다는 의미이다.

초등 교사는 이러한 교육과정에 대한 이해와 함께 어린이의 삶과 발달 과정을 바라보는 눈을 길러야 한다. 또 교사가 삶의 물리적 공간인 학교와 학교를 중심으로 맺어지는 다양한 관계에 보다 관심을 갖는다면 교사의 성장에도 도움이 될 것이다.

흔히 초등학교는 인성 교육, 기초 생활 습관, 기초 학습 내용을 익히는 장이라고 일컬어진다. 이러한 정의는 초등학생의 발달 특성과도 관계가 깊다. 초등학생의 발달 특성을 크게 신체와 감각 발달, 나와 세상(세계)의 관계, 말(언어) 발달, 친구 관계라는 측면에서 살펴보면 학년별로, 또 학년군별로 일정한 흐름을 찾을 수 있게 된다.

초등학생 발달 과정의 특성 ─ 1, 2학년

1, 2학년은 유치가 빠지고 영구치가 나오는 시기이며 아직 몸의 균형이 덜 잡혀서 잘 넘어지고 친구들과도 자주 부딪혀 다툼이 생긴다. 세상과 나를 하나로 보아 자기중심적인 면이 강하고, 사실과 상상을 혼동하며, 모방을 통해 규칙과 질서를 배워 나간다. 따라서 교사는 매 상황마다 아이가 해야 할 것과 하지 말아야 할 것들을 설명해 주고, 행동으로 익히도록 안내해 주어야 한다. 수업 시간에도 각각의 활동에 대한 설명을 일일이 친절하게 해 주어야만 아이들이 보고 듣고 겪으면서 세상을 안정적으로 이해할 수 있다.

또 여러 가지 활동을 통해 낱말과 어휘를 알아 나가야 할 시기이므로 말놀이, 전래 동요 등을 체계적으로 익히는 활동이 필수적이다. 수 감각이나 공간 감각을 익히는 다양한 활동도 고민해야 한다. 신체 활동을 활발하게 하는 것은 기능 발달과 연관이 있으므로 수업 시간과 놀이 시간에 신체 활동을 많이 유도한다. 특히 운동장이나 학교 주변에서 뛰어놀면서 감각적으로 익히는 활동이 필요하다. 이 시기에는 사물이나 자연과 접하면서 느끼는 것이 감각과 생각으로 발현되므로 활동에 몰입하고, 이 과정에서 보고 느낀 것을 자기 수준에서 표현할 수 있도록 해 주어야 한다. 주의할 점은 아이가 감각적으로 표현한 그 자체를 받아들여야지 '너는 어떠니?', '무엇을 보았니?', '어떻게 보았니?' 등 무슨 생각에서 그랬는지를 다그치면 오히려 아이를 위축시킬 수 있으므로 조심해야 한다.

초등학생 발달 과정의 특성 — 3, 4학년

3, 4학년 때는 신체 활동이 활발하여 친구들과 충돌이 많아지고, 이를 감각적으로 해결하는 방법도 스스로 익히기 시작하며, 규칙을 지키는 운동을 곧잘 하게 된다. 3학년부터는 세상과 나를 조금씩 분리시켜 이해하는 시기라서 자기 출생에 대한 궁금증이 생기고 철학적 질문도 하기 시작한다. 1, 2학년 때 가정과 학교, 지역 사회에서 세상에 대해 긍정적인 경험을 한 어린이라면 이 시기에 용기 있게 세상으로 나아갈 수 있다.

모국어 발달 과정 중 구체어가 폭발적으로 발달하고 글자의 추상적인 의미를 인식하기 시작하는 시기이기도 하므로 언어 이해력과 독서 집중력도 높아진다. 4학년 어린이들은 세상일에 의욕적이고 호기심이 많아지는 동시에 세상을 믿는 마음을 훼손당하는 것을 싫어한다. 그래서 교사와 부모에게도 원칙을 요구하여 비판적이라는 느낌을 주기도 한다. 발달 과정상 배운 대로 실천하려는 생각에서 나오는 행동이므로 교사와 부모가 이런 마음을 알아주고 소통하면서 타인을 인정하는 능력을 키울 수 있도록 배려해야 한다.

초등학생 발달 과정의 특성 — 5, 6학년

5, 6학년은 사춘기를 맞아 급격한 몸과 마음의 변화가 불균형을 이루면서 내면의 혼란을 겪는 시기이다. 정신적으로 독립하기 위해 모든 일을 비판적으로 바라보며 자기 관점으로 정립하려 하고, 이 과정에서 부모나 교사와 부딪히기도 한다. 친구 관계가 더욱 중요해지는 때이기도 하다.

신체 변화가 급격해지면서 이성과 성에 대한 관심이 부쩍 많아지는데 여학생들 가운데는 신체 활동을 싫어하거나 선생님을 이성으로 보는 경우도 생긴다. 변성기를 맞은 남학생들은 음악 시간에 노래를 잘 부르지 않으려고 한다. 5학년은 어린이의 마지막 단계라는 느낌으로 교사와의 소통이 그래도 원만한 편이라면, 6학년은 청소년으로 대접받으려는 태도를 보이며 교사에게 요구하는 것이 많아진다. 5학년 아이들에게 선배 행세를 하기도 한다.

어린이의 성장과 발달을 위하여

몸과 마음을 키우는 움직임과 놀이

이와 같은 발달 특성으로 보았을 때 초등 교육에서 중요한 활동은 우선 움직임이다. 날마다 몸과 마음이 자라는 어린이들은 본능적으로 쉴 새 없이 움직인다. 사실 어린이들이 건강하게 자라려면 충분히 뛰어놀면서 주변의 사물과 자연을 보고 느끼고 배워야 한다. 그런데 학급당 학생 수가 너무 많고, 교과의 양과 내용이 벅찬 우리나라 상황에서는 교육이라는 이름으로 오히려 어린이의 신체 활동을 억제하고 있다. 어린이의 성장과 발달을 생각한다면 교육과정 전반에서 신체 활동을 활발하게 할 수 있도록 시간과 공간을 고려해 주어야 한다.

어린이의 신체 활동은 마음의 성장과도 깊은 관련이 있다. 체육 시간을 보장하는 것, 쉬는 시간이나 방과 후에 충분히 놀 수 있도록 운동장을 확보하는 것, 되도록 교과 활동 시간에도 몸을 움직여서 활동하는 것, 교실을 벗어나 운동장이나 학교 주변의 공간을 자주 활용하는 것이 방안이 될 수 있다. 수업을 감각 체험 활동 중심으로 이끌거나 텃밭에 농사를 지어 땀을 흘리면서 가꾸는 활동도 도움이 된다.

최근에는 쉬는 시간의 개념을 넓혀서 놀이 시간을 30분씩 확보하는 방안이 확대되고 있다. 80분 블록 시간표를 운영하여 중간에 놀이 시간을 30분으로 늘리면 아이들이 충분히 쉬고 뛰어놀면서 욕구 불만을 해소할 수 있고, 친구 관계를 개선하는 데도 좋다. 놀이는 그 자체만으로도 훌륭한 교육이자 사회성을 함양시키는 수단이다.

삶을 가꾸는 한글 교육

어린이들은 가정과 유치원에서 이미 모국어를 배우고 학교에 오지만 공교육에서 모국어를 체계적으로 배우는 과정은 무엇보다 중요하다. 저학년은 자신을 둘러싼 삶을 이해하고 그 안에서 관계를 체득하도록 한글 교육을 감각적으로 해야 한다. 초등 2년간 모든 초점을 모국어 교육에 맞춘다면 어린이의 성장에 큰 도움이 될 것이다. 이는 국어 시간뿐만 아니라 다른 교과 활동과 학급의 한해살이 전반에서 핵심적인 내용이다. 기본적인 듣기, 말하기와 함께 저학년 때부터 책 읽어 주기, 읽어 주고 따라 읽기 등을 통해 책과 교과서, 생활 속에 쓰이는 어휘들을 이해하면 점차 스스로 읽고, 쓰고, 말하는 방향으로 나아갈 수 있다.

실천 중심의 지역 교육

각자가 살고 있는 지역은 어린이 발달의 토대이므로 가정, 학교, 지역을 공부의 소재로 삼아야 한다. 어린이가 체험한 내용을 바탕으로 교수-학습을 해 나가고, 이 과정에서 꾸준히 일상생활과 지역 사회를 수업 안으로 끌어들여 살아 있는 교육이 되게 해야 한다. 저학년 교과 활동에는 주변 관찰과 체험 활동이 있고, 고학년에는 자신이 사는 지역을 조사하고 지자체와 소통하는 내용이 나온다. 이런 주체적 학습을 통해 어린이들의 내면 발달이 이루어지며 청소년기에 정체성을 확립하는 기반이 된다. 또 교육을 통해 자신이 사는 곳을 긍정적으로 받아들이고 발전시키려는 미래 지향적 태도도 길러진다.

감각 체험 중심의 교육과 생명을 살리는 표현 교육

초등학교 교육과정에는 어린이의 발달 특성을 살리는 감각 체험에 대한 내용이 많이 나온다. 이는 교육의 내용으로서도 그렇지만 표현 교육으로서도 중요하다. 초등학교에서는 교과 활동과 일상생활에서 주변의 사물과 자연을 감각적으로 느끼고, 느낀 것을 다양한 방법(글쓰기, 그리기, 연극, 토론 등)으로 표현할 수 있도록 교육한다.

저학년에서는 자연물을 중심으로 오감을 키워 나가는 활동을 하고, 고학년으로 가면서는 감각 중심에서 자기 의지를 표현하는 방식으로 발달시켜 나간다. 여기에는 무엇보다 가정과 학교에서 충분한 경험과 체험을 할 수 있도록 사회적 환경이 밑받침되어야 하고, 학교 교육을 어린이들의 경험과 연계해야 한다.

표현 교육이란 특정한 문화·예술 교육을 의미하는 것이 아니다. 어린이들에게 표현하고자 하는 욕구는 자연적인 현상이고, 욕구가 막히면 정상적인 성장과 발달을 할 수 없으므로 교사들이 놓치지 말아야 할 철학적 관점이다. 특히 우리나라 어린이들은 어릴 때부터 선행 학습과 인지 중심의 교육을 받음으로써 정작 발달 욕구를 채우지 못한다. 이오덕 선생님은 '어린이의 삶을 가꾸는 교육'을 하려면 먼저 맺힌 숨통을 풀어 주어야 한다고 말했다. 글쓰기, 그리기, 연극, 토론 등의 표현 교육은 어린이의 숨통을 틔워 주는 활동이다.

국가 교육과정의 변화와 시행 일정

국가 교육과정은 교육의 설계도와 같다. 교육의 목표, 내용, 수업, 평가 방법을 담고 있으며 교과서로 대변된다. 학교는 교육과정을 운영해야 하는 곳(초·중등 교육법 23조 1항)이므로 먼저 국가 교육과정과 초등 교육과정을 제대로 이해하고 있어야 한다.

교육과정은 시대에 따라 변해 왔으며 전면 개정기(교수요목기~7차)를 벗어나 수시 개정기(2007 개정 교육과정)를 거쳐 최근에는 해마다 바뀌는 상황에 이르렀다. 교육과정의 변화를 살펴보면 다음과 같다.

- 2007년 2월 : 2007 개정 교육과정 고시(수학, 영어는 2006년 8월에 고시)

- 2008년 : 보건 교육과정과 초등 영어 확대 수정 고시

- 2009년 12월 : 2009 개정 교육과정 총론 고시(교과는 2007 개정 적용)

- 2011년 8월 : 2009 개정 교육과정에 따른 교과 교육과정 고시(교과 내용까지 수정)

- 2012년 3월 : 2011 개정 수정 고시(고등학교 교과 내용 등 수정)

- 2012년 7월 : 2011 개정 수정 고시(학교 폭력 예방을 위해 중등 국어, 도덕, 사회, 체육 중심 개정)

이에 따라 시행되는 교육과정은 다음 표와 같다.

■ **교육과정 시행 일정**

	2012년	2013년	2014년	2015년
1, 2학년	2009 개정	2011 개정*	2011 개정	2011 개정
3, 4학년	2009 개정	2009 개정	2011 개정	2011 개정
5, 6학년	2007 개정	2009 개정	2009 개정	2011 개정

(*: 2009 총론과 구분하기 위해 고시한 해를 기준으로 2011 개정으로 부르기로 함)

교육과정은 7차 교육과정에서 2007 개정, 2009 개정(총론), 2011 개정(교과) 교육과정으로 계속 변했으며 창의성, 자율성, 학생 중심을 내세우고 교사의 교육과정 재구성을 강조한 것이 특징이다.

2007 개정 교육과정

2007 개정 교육과정(교과서)은 학문 중심의 교육과정이 강화되었고, 논술 강화가 국어 교과에 반영되었다. 창의성 강화로 수학, 과학 교과서는 한국창의재단에서 따로 만들었다. 영어(3~6학년), 체육, 음악, 미술, 실과(5, 6학년) 검정 교과서가 도입되었다. 새로 교과서가 바뀌고 있지만 주로 2007 개정 교육과정의 내용을 중심으로 첨삭했기 때문에 교사들이 현재 가르치는 내용을 토대로 수업 방향을 고민해도 큰 무리는 없다. 2007 개정 교과서는 2013년(3~6학년), 2014년(5~6학년)까지 사용한다.

2009 개정 교육과정(총론)

2009 개정 교육과정은 교과(군)별 수업 시수 증감 20%, 집중 이수, 창의적 체험 활동 운영이 특징이며 초등의 경우 크게 변하는 것은 없다. 교육 내용이 어려운 상황에서 시수 증감은 최소화하고, 학년 교육과정을 재구성하여 가르치는 데 집중해야 한다.

전학생도 많고 학습 수준이 어려운 초등의 특성상 단위 학교에서 학년군 교육과정을 운영하는 사례는 많지 않다. 따라서 현재처럼 학년별로 운영하면서 핵심 내용을 중심으로 재구성하는 것이 효율적이다.

2011 개정 교육과정(2009 개정 교육과정에 따른 교과 교육과정)

2013년도 1, 2학년부터 2011 개정 교육과정으로 만든 교과서로 공부하게 된다. 2009 개정 총론이 창의·인성 교육을 강조했다면, 2011

개정 교육과정의 특징은 국가 정체성과 녹색 성장까지 포함해 반영했다는 점이다. 성취 기준 중심으로 교육 내용 20%를 줄여 수업 시수 증감 20%가 가능하게 했으며, 교육과정은 학년군으로 만들었지만 교과서는 현재와 같이 학년별로 편성되어 있다. 검정 교과서가 확대되어 3~6학년 체육, 음악, 미술, 영어, 실과가 모두 검정 교과서이다. 평가에서는 서술형 평가가 강조되고 있다. 2011 개정(2011-395호)의 내용은 2012년에도 두 번이나 바뀌었지만 주로 중등에 해당하는 내용이므로 초등학교에서는 2011년 8월 9일에 고시한 2011-361호를 기준으로 삼으면 된다. 6개월 만에 교육과정을 개발하여 2007 개정 교육과정에서 내용을 삭제하고, 학년 간 내용 이동이 있었다. 수학은 7차 수준과 비슷해졌다고 보면 된다. 교과별로 창의·인성 요소를 배정하여 수업하라고 하는데 교사 수준에서 세분화하기보다 통합적으로 지도하는 것이 어린이의 발달 특성에 부합한다.

■ 교과 교육과정의 영역 비교

교과	2007 개정	2011 개정
통합 교과	생략	학교와 나, 봄, 가족, 여름, 이웃, 가을, 우리나라, 겨울
국어	듣기, 말하기, 읽기, 쓰기, 문법, 문학	듣기, 말하기, 읽기, 쓰기, 문학, 문법
수학	수와 연산, 도형, 측정, 확률과 통계, 규칙성과 문제 해결	수와 연산, 도형, 측정, 확률과 통계, 규칙성
사회	일반 사회, 지리, 역사	일반 사회, 지리, 역사
도덕	도덕적 주체로서의 나, 우리·타인·사회와의 관계, 나라·민족·지구 공동체와의 관계, 자연·초월적 존재와의 관계	도덕적 주체(나), 타인과의 관계(우리), 사회, 지구, 국가 공동체·자연 초월적

과학	운동과 에너지, 물질, 생명, 지구와 우주	생물과 우리 생활, 생태계와 환경
체육	건강 활동, 도전 활동, 경쟁 활동, 표현 활동, 여가 활동	건강·도전·경쟁·표현·여가
실과	가정생활, 기술의 세계	가정생활·기술의 세계
음악	**활동, 이해,** 생활화	**표현·감상·생활화**
미술	**미적 체험,** 표현, 감상	**체험**·표현·감상
창체	자율, 동아리, 진로, 봉사	자율, 동아리, 진로, 봉사

2011 개정 1, 2학년군 교과서의 특징

2011 개정은 학년군으로 교육과정을 만들었으나 교과서는 학년별로 구성된 것이 특징이다. '국어'란 명칭이 살아났고 통합교과가 8개의 주제로 묶였다.

교과	권수	구성	비고
국어	8권 (학기당 2권)	국어, 국어 활동 (1–가, 나, 2–가, 나, 3–가, 나, 4–가, 나)	국어·한글 교육 체계 부분적으로 세움, 받아쓰기 1학년 2학기에 나옴. 국어 활동(마지막 차시에 활용) – 생활 속에서(별도 차시), 더 찾아 읽기, 우리말 다지기, 놀이터, 글씨 연습.
수학	4권	수학, 수학 익힘 (1, 2, 3, 4)	삶과 연관성 다룬 스토리텔링 내용, 수학 익힘은 답안지가 나오고 가정에서 지도함.
통합 교과	16권 (학기당 4권)	주제별 구성	1권 '학교'는 입학 적응 교재로 활용 가능, 평가 영역 주제별로 해도 됨.

평가 방안

초등 교육과정에서 평가는 모든 학생들이 교육 목표를 성공적으로 달성하기 위한 교육의 과정으로서 실시하고, 다양한 평가 도구와 방법으로 성취도를 평가하라고 한다. 또 교과 활동 평가는 학생의 활동 상황과 특징, 진보의 정도 등을 파악하여 그 결과를 서술적으로 기록하는 것을 원칙으로 삼아(2007 개정 교육과정), 교육과정이 계속 바뀌는 가운데서도 학교생활 기록부는 서술적으로 기록하고 있다. 가장 중요한 것은 가르친 것을 평가하라는 것이다. 학교에서 어린이가 성장·발달할 수 있도록 교육 활동을 운영하고, 이 과정을 꾸준히 관찰하고 평가한다면 그 자체가 교육을 촉진하는 도구가 될 것이다.

학교 교육과정 준비

국가 교육과정이 계속 바뀌면서 학교 교육과정도 이에 따라 조금씩 달라지는 것들이 있다. 지역 교육청이나 학교에서는 학생들 교육에 문제가 생기지 않도록 교사 연수 및 각종 준비를 해 나갈 필요가 있다.

■ 학교 교육과정 변경 사항

연도	학교 교육과정
2012년	• 주5일 수업 시작, 3, 4학년 2009 개정 교육과정 총론 적용.
2013년	• 1, 2학년 : 교과서 개정, 주제 중심 통합 수업 강조. • 3, 4학년 : 2학기에 체육, 음악, 미술, 영어 검정 교과서 선정. • 5, 6학년 : 2009 개정 교육과정 총론 적용. • 보건 연 17시간 규정 적용 안 됨. • 창체 주당 3시간으로 줄어들고 수업 시수(1088시간)는 변동 없음.
2014년	• 3, 4학년 : 교과서 개정, 체육, 음악, 미술, 영어 검정 교과서 사용. • 5, 6학년 : 체육, 음악, 미술, 실기, 영어 검정 교과서 선정.
2015년	• 전 학년 2011 개정 교육과정 적용, 디지털 교과서 활용 예정.

　지금까지 주로 국가, 학교의 입장에서 제시한 교육과정을 학생 입장에서 정리해 보면 다음 표와 같다. 어떤 학생은 초등학교 6년 동안 여러 교육과정을 만나게 된다. 학교나 교사는 학생 입장에서 교육과정의 흐름을 살피면서 내용의 중복이나 결손, 평가에 혼란이 없도록 운영해야 한다.

■ 교육과정의 적용

2013 현재	2012년(학년)	2013년(학년)	2014년(학년)	2015년(학년)	2016년(학년)
1학년	누리과정(유)	2011 개정 (1)	2011 개정 (2)	2011 개정 (3)	2011 개정 (4)
2학년	2009 총론 2007 개정(1)	2011 개정 (2)	2011 개정 (3)	2011 개정 (4)	2011 개정 (5)
3학년	2009 총론 2007 개정(2)	2009 총론 2007 개정* (3)	2011 개정 (4)	2011 개정 (5)	2011 개정 (6)
4학년	2009 총론 2007 개정*(3)	2009 총론 2007 개정* (4)	2009 총론 2007 개정* (5)	2011 개정 (6)	2011 개정 (중1)
5학년	2009 총론 2007 개정(4)	2009 총론 2007 개정* (5)	2009 총론 2007 개정* (6)	2011 개정 (중1)	2011 개정 (중2)
6학년	2007 개정(5)	2009 총론 2007 개정* (6)	2011 개정 (중1)	2011 개정 (중2)	2011 개정 (중3)

(2009 총론, 2007 개정* : 총론은 2009 개정이지만 2007 개정 교과서로 배우고 있다는 뜻임)

예를 들어 2011 개정 수학은 '선(점) 대칭의 위치에 있는 도형' 등을 삭제하거나 '방정식'처럼 상급 학년으로 이동한 내용이 많다. 아직 2007 개정 교과서로 배우는 2013년, 2014년 3~6학년도 교육과정 개정의 취지를 살려 학년 교육 운영 과정에서 이런 내용을 미리 학생들에게 안내하거나 평가 영역에서 제외하여 학습 부담을 줄이고 수업의 질을 높여야 한다.

■ 6학년 수학 교육과정 재구성 사례

단원	단원 재구성 내용	교육과정의 근거
6-1-8 연비와 비례 배분	• 연비의 개념, 두 비의 관계를 연비로 나타내기, 연비의 성질 등 삭제. • 비례 배분은 두 양의 비례 배분으로 한정.	학습량 감축을 위해 삭제했음.

초등 교육과정의 특성과 초등의 눈으로 보는 교육과정

초등 교육과정은 초등학생 특성에 맞추어 체험 활동을 강조하고 일상생활 능력을 키워 주라고 한다. 교과서는 자료일 뿐이니 교육과정을 재구성해서 가르치라고도 한다. 하지만 실제 교육과정을 운영하다 보면 학생도 교육 내용도 너무 많은데다가 수준도 어려워서 수업하기가 쉽지 않다. 초등학교 교육 목표에 맞추어 교과마다 초등 목표가 설정되어 있지만 중등 내용과 큰 차이가 없다. 이는 교육과정을 만들 때 공통 교육과정 체제에서 중등 목표 달성을 중심으로 구성했기 때문이다. 초등학생의 발달 수준은 그다지 고려하지 않은 것이다. 초등학생의 특성에 맞게 교과를 재구성하여 가르치면 수업이 훨씬 여유로워진다.

또 교과마다 중등에서 반복하는 내용이 많으므로 초등에서 핵심적으로 가르쳐야 할 내용을 선정하여 가르치는 것이 효율적이다.

초등 교육과정이 교과별로 개발된 내용을 단순하게 묶어 놓은 것인 만큼 교과의 눈이 아니라 교과 내용을 파악한 뒤에 해당 학년을 관통하는 관점을 잡는 것도 중요하다. 이 과정에서 교과 간의 통합성, 교과와 삶의 통합성을 발휘할 수 있다. 그 학년에서 가장 중심적으로 해야 할 활동이나 과업이 무엇인지를 고려하여 교육과정을 운영하면 교사도 중심을 잡을 수 있고, 학생들도 교육 활동을 이해하고 내면화할 수 있을 것이다.

교육 환경도 교육과정이다

초등학생들에게 활동 중심의 교육과정을 운영하려면 무엇보다 환경이 중요하다. 2007 개정 교육과정부터는 교구, 학습 준비물, 환경까지를 교육과정에 포함시켜 학교와 시도 교육청이 지원하도록 규정하고 있다. 교사가 수업을 제대로 하기 위해서는 교육 환경 구축에도 관심을 가져야 한다.

효과적인 교육과정 운영을 위하여

주5일제 수업은 학교 중심의 교육을 가정과 지역 사회 중심으로 바꾸자는 의미에서 시작한 것이다. 학생들의 학교생활이 가정-지역과 연계성을 가지도록 교육 내용과 형식에 대한 고민이 필요하다. 창의적 체험 활동은 학급의 한해살이나 교과 교육과정 자체에서 재량권을 발휘

할 여지가 많으므로 이와 통합해서 운영하는 것이 좋다.

먼저 교육과정이 학생의 성장과 발달을 지원해야 한다는 원칙 아래 학년 발달 수준과 교과 교육과정을 고려하여 재구성한다. 그런 다음에 부족하거나 강조해야 할 영역을 창의적 체험 활동의 관련 영역과 연계하여 주제 중심으로 편성하는 방법이 있다. 그동안 현장에서 애용한 교과 학습 내용과 연계한 체험 학습도 유효하다. 단, 학생의 부담만 늘리고 교육과정과 연계되지 않는 한자나 영어, 수준별 이동 수업은 최소화하는 것이 바람직하다.

교육과정 재구성을 바라보는 새로운 눈

'교사는 교과서가 아니라 교육과정을 재구성해서 가르치는 사람이다. 교사는 교육과정 전문가이다.' 이 말은 시간마다 다른 교과를 가르치고, 해마다 학년과 업무(교실, 컴퓨터까지)가 바뀌는 초등 교사에게 실로 어려운 이야기이다. 하지만 관점을 바꾸어 보면 초등 교사는 날마다 아이들과 다른 교과, 다른 소재로 소통하면서 특정 교과나 분과주의에 얽매이지 않고 오직 어린이의 발달과 성장에만 초점을 맞출 수 있다. 즉, 아동 발달 전문가의 관점에서 초등 교육과정을 적극적으로 재구성할 수 있는 것이다.

그렇다면 교육과정을 재구성하는 방향은 어떻게 잡아야 할까? 아마 학습 내용의 순서를 바꾸는 방식부터 내용에 따라 시간을 늘리거나 줄이는 방식, 교과 간 통합, 주제끼리 통합하기 등 다양하게 시도해 볼 수 있을 것이다. 또 교육과정의 재구성은 교사의 역량과 학교 환경에 따라 1년 내내 할 수도 있고, 특정 시기를 정해서 할 수도 있다.

교육과정 재구성이란 처음부터 세련된 문서를 만드는 것이 아니라 일정한 시기(보통 한 학기나 학년)가 지난 뒤에 이루어진 성과나 교육과정의 흐름, 그 안에서 정리된 것들의 총합이다. 교사는 이런 과정을 자주 겪을수록 초기 계획과 나중에 느끼는 괴리감을 좁힐 수 있다. 하지만 궁극적으로 교육은 늘 대상, 즉 한 학교에서도 다양한 어린이를 만나기 때문에 계획과 과정, 결과가 서류상으로 일치하는 현상은 있을 수 없다. 교사는 날마다 이루어지는 수업과 학교 활동에서 흐름을 놓치지 않는 유연성과 자율성을 발휘하여야 한다.

교육과정 재구성의 주체와 범위

교육과정 재구성의 주체는 학교나 교사가 될 수 있다. 학교가 주체가 될 때는 교사들의 민주적인 협의를 통해 학교 차원에서 실현할 내용과 틀을 잡아낼 수 있다. 이때 학년 교육과정 내용과 연관하여 내용을 잡으면 더 좋다. 어린이 개개인의 발달 상황은 모두 다를 수 있지만 발달의 전제는 공통의 문화와 역사적 흐름을 지닌 공동체 속에서 이루어진다는 것이다. 학년 간 협조(학년교육과정협의회), 교사 간 협조(학교교육과정위원회)가 매우 중요하며, 서로 협력하는 과정에서 교사도 성장할 수 있다.

교육과정 재구성의 기초 — 학교 교육과정

국가 교육과정과 학교의 특색, 지역적 특색, 학생들의 특성을 고려하여 설정한다. 학교 특색 활동은 학년 교육과정에서 제시한 내용을 추출하여 교과 수업에서 이루어지도록 하고, 학교 행사(운동회, 학습 발표회 등)도 이를 화합하는 자리여야 한다. 예를 들어 학교 특색 사업으로 예절 교육이나 환경 교육, 인성 교육을 실시한다고 할 때 별도의 시간을 들여서 하지 말고, 학년 교육과정과 연계하여 관련 영역에서 집중 교육을 하거나 재구성하여 효과를 극대화하는 방향으로 추진한다. 또 학년 교육과정과 연계가 되지 않는 활동은 최소화하는 것이 바람직하다. 이렇게 하면 교사의 업무를 줄이는 효과도 얻을 수 있다.

교육과정 재구성의 기초 — 학년, 학급 교육과정

학년 교육과정은 학년별 교과, 학생 발달의 특성을 고려하여 교과 활동과 학급의 일상 활동으로 체계화시킨다. 학급 운영에서는 무엇보다 철학의 정립이 중요하다.

체험 학습의 경우 교과 활동 과정에서 일상적인 체험으로는 학습 목표를 달성하기 어려운 내용, 교과 교육과정 달성을 위해 꼭 필요한 내용, 학생의 발달 수준을 고려하여 꼭 체험해야 할 내용들을 감안해서 결정한다. 아울러 계절, 절기 교육과 연계하여 운영이 가능한 내용을 추출하여 사전 활동, 본 활동, 평가 활동을 통해 질을 높일 수 있도록 한다.

체험 학습의 공간은 교내와 교외로 구분할 수 있으며 교내 체험 학습을 체계적으로 운영하면 힘도 덜 들고 좋은 활동이 이루어질 수 있다. 또 교과 학습 내용 가운데서도 전일제로 운영하면 수업의 질을 높이면서 학생들이 즐겁게 참여할 내용들이 많으므로 개별 교사도 충분히 시도할 수 있다.

학년 행사(과학, 체육 행사 등)는 계절과 교육과정의 통합성을 고려하여 학생들에게 체험 기회를 제공하는 식으로 전환시킬 수 있다. 학년 행사를 할 때는 평소 교육과정 운영을 하면서 부족했던 내용을 채우는 방식으로 진행하는 재치가 요구된다.

교육과정 재구성의 기초 — 학년 교과 교육과정의 핵심 세우기

교과서에는 매우 많은 내용들이 나오는데 이것들을 빠짐없이 다 가르치려 하기보다 학년별 발달 특성과 교과 계열을 고려하여 체계를 세워서 운영하는 것이 바람직하다. 학교에서 전체적으로 계열성을 세워 공부하면 더 좋겠지만 해당 학년에서라도 중심을 잡고 운영한다면 어린이들에게 좋은 경험이 될 것이다.

학교 교육과정 재구성의 사례

교육과정을 재구성하는 방식은 교사와 학급 학생의 특성, 학교와 지역 상황을 고려해 다양하게 세울 수 있다. 교사가 조금씩 자기 능력을 키워 나가다 보면 자신감이 생기고, 교사와 학생이 같이 성장하는 방법을 찾을 수 있을 것이다. 처음에는 교과서대로 가르치면서 불필요한 것을 빼고 부족한 점을 보완하는 방식으로 시작하다가 차츰 한 교과를 중심으로 통합하는 방안, 교과 간 비슷한 주제를 묶어서 하는 방안, 주제 통합으로 교과 전체를 재구성하는 방안, 학급이나 학년 단위로 통합 교육을 하는 방안 등이 있다.

– 블록 시간표와 놀이 시간 운영

수업 시간은 교육 내용과 학생 발달 특성을 고려해 융통성 있게 활용할 수 있다. 블록 시간표를 운영하면 교육과정 재구성과 수업의 질 향상에 도움이 되고, 놀이 시간(30분)을 확보하기에도 좋다.

– 실천 중심의 지역 교육과정

아이가 사는 지역은 그 자체가 교육의 장이다. 초등학교 시절 자기가 사는 지역의 지형, 생태, 역사를 공부하는 것은 자아 정체성 확립에도 도움이 된다. 학년별로 〈슬기로운 생활〉과 사회 교과서에 나온 내용을 참고하되 학생 발달 특성을 고려하여 지역 교육 영역을 재구성해 본다. 운영은 현재 학년별 교육과정을 고려하면서 학교 차원에서 교과 학습과 창의적 체험 활동, 방과 후 교육 활동 등을 통해 학년군별로 집중할 권역을 정하여 추진한다.

■ 〈슬기로운 생활〉, 〈사회〉 발달 상황을 고려한 지역화 내용과 역사 재구성 방안

항목 / 학년	1학년	2학년	3학년	4학년	5학년	6학년
교육과정 제시 영역	나–가족	우리 마을	시·군·구	시·도	역사 (생활사)	세계 지리
재구성(보완)	우리 마을 생태, 지형, 우리 동네 이야기		시·군·구의 생태, 지형, 문화, 역사		우리 지역, 우리나라 생태, 지형, 문화, 역사	

– 전래 놀이가 있는 운동회

교과에 전래 놀이가 부분적으로 나올 뿐 체육 수업에는 전래 놀이

나 활동이 많지 않다. 전래 놀이는 가무가 통합되어 다른 운동보다 덜 경쟁적이며 어린이들의 발달 관점에서도 권장할 만하다. 하지만 도구가 필요한 전래 놀이는 교사도 능숙하게 지도하지 못해서 어려움이 따른다. 운동회를 통해 학교마다 적절한 방식으로 전래 놀이를 체험한다면 평소에 부족했던 교육과정을 보완하는 기회로 삼을 수 있을 것이다.

– 어린이 발달 특성을 고려한 학년군 중점 활동

아래는 한 학교에서 교과 활동과 방과 후 활동까지를 고려하여 공통 및 학년군 집중 활동을 편성한 사례이다. 이런 활동은 학년 교육과정과 별도로 운영하는 것이 아니라 학년 교육과정을 재구성할 때 중점을 두어 운영하거나 활동 시간을 집중적으로 배정하는 방식으로 해 볼 수 있다. 이렇게 진행하면 학년군 간 협력 수업도 충분히 이루어질 수 있다.

■ 2013년 동화초등학교 학년군별 교육과정 재구성(안)

학년군	집중 활동	공통	방과 후
뜨락 학교 (1~2학년)	– 책 읽어 주기(교사, 학생), 말놀이, 　학교 안팎 산책하기, 놀이 대장	교사가 책 읽어 주기, 요리 체험, 텃밭 농사와 식물 관찰, 학교 문집	생태 자연, 전래 놀이
생태 학교 (3~4학년)	– 책 읽기, 어휘 학습 – 지역 탐방 학습 　(양성산, 단재 신채호 사당, 상당산성, 　청주 박물관, 문의 문화재 단지 등)		생태 자연, 전래 놀이, 사물놀이
문화·예술 학교 (5~6학년)	– 독서 토론, 다모임과 어린이회 운영, 　동아리 활동, 어린이 신문, 　행사 기획(수학여행 사전 학습 등)		연극, 영화, 미디어, 진로 교육, 자기 이해, 오카리나

학년 교육과정 재구성의 사례

– 1학년 : 발달 중심의 통합 교육과정

1학년은 모든 교과를 국어, 한글 교육으로 통합할 수 있다. 3월에는 학교 적응과 한글 교육, 수 감각 키우기를 중심으로 교육과정을 통합해서 운영할 수 있다. 통합교과의 주제를 활용하여 국어와 수학을 통합할 수도 있고, 통합이 되지 않는 주제는 분리하여 수업을 해도 괜찮다.

– 3, 4학년 : 사회 수업을 보완하는 동아리 운영 사례

3, 4학년 사회에는 지형, 지리에 대한 내용이 많이 나온다. 교과서만으로 공부하기에는 어려움이 따르고 체험 학습만으로 운영하기에는 시간이 부족하다. 이럴 때는 두 학년을 묶어서 지역 답사 동아리를 운영할 수 있다.

– 절기, 계절을 이용한 4학기제 운영

최근 혁신학교에서는 어린이들의 신체 리듬과 학사 운영을 고려해 4학기제를 운영하고 있다. 주5일제 수업으로 토·일요일 휴식 기간이 있기는 하지만 한 학기에 다루는 교육 내용이 지나치게 많은 상황에서 중간에 쉼이 있는 흐름은 꼭 필요하다. 학교 차원에서는 어렵더라도 학년이나 학급 단위에서 교육과정 재구성을 통해 학기 중간과 말에 체험 중심의 내용을 집중적으로 배치하여 효과를 누릴 수 있다.

관련 활동은 만들기나 요리 등 실습이 필요한 활동, 창체 동아리 활동, 발표 활동이나 계절, 절기 행사를 묶어 2~3일만 해도 충분한 교육 효과를 얻을 수 있다.

문화·예술 관련 활동도 음악, 미술, 창체와 연계해서 단기간에 집중

적으로 운영할 수 있는 내용을 배치한다. 관련 계획이 세워지면 프로젝트 수업으로 운영해도 좋다. 이때 같은 학년이나 전담 교사와 협조하면 더 좋은 성과를 가져올 수 있을 것이다.

어린이와 함께 성장하는 교사

끝으로 어린이의 성장과 발달을 돕는 교육과정을 실현하기 위해서는 전제 조건이 필요하다. 먼저 모든 어린이들이 안전한 사회와 가정에서 양육을 받을 수 있어야 한다는 것이다. 그리고 학급당 학생 수가 적어도 OECD 국가 수준으로 줄어들고, 교사들이 일상 업무에 시달리지 않으면서 교육에만 집중할 수 있어야 한다. 무엇보다 교사는 어린이와 함께 성장하고 발달한다는 관점을 가지고 동료 교사, 학생, 학부모, 지역 사회의 협력을 이끌어 내도록 노력해야 한다.

교육과정 구현을 위한
학교 **교육 환경** 만들기

우리나라 교육 환경의 현실

우리나라는 공교육을 근간으로 초등 6년과 중등 3년 동안 무상 교육을 실시한다. 학교 교육 환경의 구축이라 함은 이렇게 국가가 주도하는 교육과정 전반에서 교육 활동을 하기에 적합한 생태 환경을 만들고 제공하는 일을 의미한다.

오늘날 학교는 시대적 변화와 요구에 따라 다양한 교육 시스템과 내용으로 학생들의 성장에 도움을 주는 교육 활동을 펼치고 있다. 학생들이 늘 바라보고 사용하는 학교 건물과 교구는 물론, 주변 환경 등은 잠재적 교육과정의 하나로서 내용 못지않게 중요하다.

실험과 실습을 위주로 하는 과학과 실과 교과의 교육과정을 운영하기 위해서는 실험실과 작업실이 있어야 하고, 실험·실습 재료를 제공해야 하며, 학생 수에 맞게 교사(보조 교사 포함)가 배치되어야 한다. 이런 것들이 갖추어져야 학생들이 교육 목표에 도달하기 위한 총체적인 활동을 할 수 있다.

그러나 우리나라는 지금까지 교육 환경에 대한 적절한 정의와 원칙을 적용해 오지 못했다. 부분적으로 학교 건축이나 우수한 과학 교구를 확보하기 위한 연구는 이루어지고 있으나 국가나 민간단체 또는 기업 차원에서 책임지고 지속적으로 '공교육-학교 교육'을 연구하고 실행한 적이 없다. 법적인 기준을 세워 제대로 따지며 지키는 상황도 아니며, 사후 약방문 격으로 안전사고가 발생하면 책임 소재를 따지다가 여론이 잠잠해지면 시간이 해결사인 양 지나가 버리는 식이었다.

학교 건축의 경우에도 부실하고 안이한 관행을 되풀이하고 있다. 주택이나 아파트는 건축 자재로 인한 건강 위협 실태를 거론하면서도 정작 학생들이 많은 시간을 보내는 학교 건축물에 대해서는 따져 묻지 않는다. 전자 정부를 표방하는 학교 현대화 시설의 대표 격인 프로젝션 텔레비전이나 컴퓨터, 인터넷과 각종 소프트웨어는 첨단으로 들여 놓으면서 정작 학생들이 일상적으로 숨을 쉬고 활동하고 만지고 먹고 사용하는 공간 환경이나 교구, 학습 준비물, 운동장 등 구체적인 시설과 물건, 먹거리에 대해서는 기준 법규나 관리 시스템, 질과 양을 갖추는 일 모두 나 몰라라 해 온 것이 사실이다. 게다가 예산 편성의 인색함은 더 말할 나위도 없다.

이제 시대가 많이 달라졌다. 연필이 없어서 땅바닥에 글을 쓰는 아이는 없다. 논술 고사에서 자기 논리를 펴기 위해서는 개념을 이해한 바탕에 창의적인 사고가 이루어져야 하며, 개념 학습을 하기 위해서는 학생들에게 조작 활동이나 체험을 통한 경험이 유의미하다는 것을 아무도 부정하지 않는다.

그러나 이상하게도 조기 교육 열풍에 휩쓸려 유아기에는 아낌없이 제공하던 수많은 교구들을 초등학교에만 들어가면 문제집으로 대치한다. 유아 장난감의 재료는 유해 성분이 있는가를 따져 묻지만(이조차 꼼꼼하게 따지지는 않지만) 초등학교 저학년 어린이들이 사용하는 도화지나 찰흙은 크기나 두께 등의 기준과 유해성 여부를 따지지 않는다. 분명 어린이들이 손으로 만지고 그 손을 입에 대거나 할 텐데 찰흙의 성분이 무엇이지, 어느 회사의 제품이 좋은지, 수채화를 그릴 때 적합한 도화지는 무엇인지 확인하지 않는다.

다행히 '품질 경영 및 공산품 안전 관리법'에 따라 기준 안이 확보되어 2007년 1월 24일 산업자원부 산하 '한국생활환경시험연구원'에서 실시하는 '자율안전확인대상' 공산품 인증 품목에 완구와 학용품이 들어갔다. 또 '국가통합인증마크 KC(구, KPS)'를 획득하도록 기술표준원 고시(제2007-34호, 2007년 1월 24일) 및 개정(제2007-523호, 2007년 8월 24일과 2008년 2월 29일)이 이루어졌다. KC는 지식경제부, 환경부, 노동부 등 부처마다 다르게 사용하던 13개의 법정 강제 인증 마크를 통합한 단일 인증 마크이다(KPS가 2년의 유예 기간을 거치도록 되어 있어 아직은 학용품에 이 마크가 붙어 있는 경우가 있다).

교사로서 책임 의식을 가지고 이 문제에 다가서려는 시도로써 초등학교 안팎의 교육 환경 구축과 교구, 학습 준비물에 대한 기준을 마련하고 해결해 나가자고 사회 전반에 문제를 제기해 본다.

학교 건물 환경의 문제점과 제안

학교 건물을 건축할 때는 설계 단계에서부터 기준을 명확하게 제시하여 무엇보다 '교육 활동에 적합한가?', '안전한가?'를 기본으로 삼아야 한다. 이 기준은 현장 교사가 가장 정확하게 알고 있으므로 반드시 교사가 참여하도록 해야 한다. 또 석면, 석고 보드, 유해 페인트 사용에 대한 규제를 강화하고, 생태학적 교육 환경에 맞도록 친환경 자재를 사용하는 것을 필수 기준으로 삼아야 한다. 어린이의 성장과 발달에 부합하는 학교 건물 안팎의 환경을 구축하기 위해서는 다음과 같은 일들이 이루어져야 한다.

설계 단계에 교사가 참여해야

얼마 전에 신축 공사 마무리 단계에 있는 모 학교의 내부를 둘러볼 기회가 있었다. 특별실이 각각의 용도에 맞게 설비되어 있는지를 살펴보는데 가사실로 내정된 공간의 상하수도관이 한쪽 벽면에 몰려 있는 것을 발견했다. 6개의 싱크대를 만들고 각각의 싱크대 안에 상하수도를 설비해야 하는데 설계 과정에서 이 부분이 빠진 것이다. 다시 돈을 들여 바닥에 상하수도관을 재설비하거나 불편하더라도 이미 만들어진 구조대로 사용할 수밖에 없는 실정이었다. 그리고 그 자리에서 설계를 변경할 수 없다는 결론이 나면서 학생들이 불편을 감수해야 할 처지가 되었다. 만약에 설계 단계에서 교사들에게 자문을 구했더라면, 아니 설계자가 교육 활용도를 고려하는 당연한 절차만 거쳤더라도 이렇게 비효율적으로 설계하고 시공하는 일은 벌어지지 않았을 것이다.

초등학교의 경우 안전 등 어른들이 한눈에 확인할 수 있도록 공간을 배치하는 것은 기본이고 필수다. 그 예로 유럽의 경우에는 건물을 ㅁ자형이나 ㄷ자형으로 지어 한가운데를 어린이들이 쉴 수 있는 공간(로비)으로 구성하고, 교사들이 언제든 쉽게 어린이들의 안전을 파악하도록 한다. 우리나라의 경우는 대부분 일자형 구조로, 네모난 건축 외관에 창문도 획일적으로 만든다. 안전하고 안정감을 줄 수 있는 학교 건물의 외관을 다시 생각해 보아야 한다.

효율적인 동선을 구축해야

교실의 배치, 생태 텃밭, 운동장, 학교 주변 환경의 유해성 여부, 장애인을 위한 시설 등 공간 배치에 대한 세심한 배려가 필요하다. 예를 들어 장애아를 위한 시설인 특수 교실과 엘리베이터의 거리는 가급적 가까워야 하고, 행정 업무를 효율적으로 수행하도록 교장실과 행정실, 교무실도 되도록 같은 층에 배치해야 한다. 보건실은 해가 잘 들고 밝고 통풍이 잘되는 곳에 있어야 한다. 10년 전쯤 신축한 학교로 전근을 갔을 때 보건실이 햇빛도 잘 들지 않는 후미진 곳에 있어서 이를 조정하느라 애를 먹은 경험이 있다. 아픈 아이들이 쉬는 공간이라는 보건실의 기본적인 기능을 충분히 고려하지 않은 설계와 건축의 결과였다.

친환경 에너지와 재생 에너지의 활용까지

최근 들어 태양열 에너지를 활용할 수 있도록 태양열 집열판을 설치하는 학교들이 늘고 있다. 여기에 폐수 처리 장치 시설을 활용하고 냉난방의 효율성까지 고려해서 설계하면 어떨까. 물의 재생 과정은 과학 교과를 비롯하여 여러 교과와 관련한 내용이기도 하다. 식당과 세면대 등에서 사용하는 물과 빗물을 재생 처리할 수 있는 시설을 만들어 어린이들이 직접 볼 수 있도록 한다면 에너지를 절약하고, 관련 교과에 활용할 수 있는 교육 환경을 구축할 수 있을 것이다.

열효율과 환기, 안전을 고려한 창호에 대해서도 좀 더 실질적인 연구가 이루어져야 한다. 흔히 설치하는 천장형 냉난방기의 경우에도 환기와 먼지 오염, 과다한 전력 소모 등의 문제점이 나타나고 있다. 또 머리 위에서 따뜻한 바람이 부는 것이 어린이들이 공부하는 데 효율적인지, 지속적으로 노출되었을 경우 건강에 문제는 없는지에 대한 근본적인 연구도 필요하다. 대부분의 선진국들이 교실 벽면에 설치하는 히터 방식을 유지하고 있는데 단지 경제적인 이유 때문만은 아니라고 한다.

학교 건물 채색은 안정감 있게

학교 건물의 채색은 일단 학교를 드러내는 모습이므로 관리자들도 매우 신경을 써서 색을 선택하려 애쓰고, 이를 결정하는 데 많은 시간과 노력을 들인다. 실제로 경험한 학교의 예를 들어 보자. 관리자와 교사들, 학부모들로 위원회를 구성하여 직접 건물 외벽 한쪽에 여러 가지 샘플로 배색해 칠한 다음 다섯 차례의 회의를 거쳐서 실내와 외벽의 색을 결정했다. 그런데 막상 다 칠하고 나니 최선의 배색이었는지에 대한 반론이 제기되었다. 지은 지 20년이 넘은 건물이었기에 원하는 대로 색이 나오지 않은 이유도 한몫했다. 만약 전문가가 참여하여 어린이의 발달 심리에 알맞은 색채 연구를 바탕으로 삼았다면 어땠을까 하는 아쉬움이 남았다. 신축 건물의 경우에도 설계 단계에서 이런 세심한 부분까지 고려해야 한다. 초등학교라고 해서 무조건 원색으로 알록달록하게 칠한다거나 관리자의 일방적인 선택에 따른다거나 유해 성분이 가득한 페인트로 칠하는 문제를 극복하려면 반드시 전문가가 내놓은 연구 결과를 반영해야 한다.

학교 외관이 교육적인지 살펴야

학교 담장, 정문, 구령대, 현관, 놀이 시설, 운동 시설, 조형물, 운동장의 구성, 식수植樹에 대한 재고도 필요하다. 아직도 우리나라는 일본 제국주의 시기의 학교 건축물 조성 방식에 규정을 받는다는 비판을 듣는다. 수위실은 위병소, 운동장은 연병장, 교실은 막사, 이런 식으로 교육을 훈육으로 이해한 일제는 교육 공간, 즉 건물과 운동장의 구조를 일제 훈육 방식에 들어맞도록 조성했다고 한다. 운동장은 연병장처럼 만들고, 교장실은 관리 통제를 위해 중앙에 자리 잡도록 했으며, 교실 내부의 구조는 일사불란한 규율에 따라 움직이는 수업이 가능하도록 정면을 향하게 했다. 또 교실과 복도, 휴게실은 정돈과 청결의 원칙에 따라 유지하되, 일본을 배우도록 하기 위해서 문자, 그림, 지도를 배치하게 했다. 이런 구조는 해방 이후 60여 년이 넘도록 큰 변화 없이 거의 그대로 답습하고 유지되었다(김지원, 학교 공간에 대한 교육 철학적 고찰, 고려대학교 석사 학위 논문 13~19, 2000).

학교의 정문과 중앙 현관은 학교를 드러내는 곳이라 하여 이것저것 매달거나 웅장하게 치장하는 곳이 되었다. 본디 그 학교의 주인공인 어린이들이 편하게 드나드는 곳이라는 인식과 소통 및 이야기의 광장 혹은 쉼터로 활용하려는 획기적인 사고의 전환이 필요하다.

학교의 조형물이 교육적으로 필요한가에 대해서도 생각해 볼 필요가 있다. 초등학교에는 회벽으로 칠해진 독서하는 어린이상이 눈에 많이 띄는데 사실 어린이들에게는 귀신이 출몰한다는 무성한 소문의 진상지일 뿐, 그 동상을 보고 책을 많이 읽으라는 어른들의 의도는 전혀 전해지지 않는다.

운동장의 공원화를 내세워 곳곳을 돌과 나무로 조경하여 운동장이 좁아지는 상황이 되었거나 인조 혹은 천연 잔디를 깔아서 흙을 밟을 수 없게 만든 학교도 많다. 흙을 밟으며 뛰어놀아야 한다는 원론적인 목적 말고도 인공적인 조경이 어린이들에게 꼭 필요한지, 유해 물질과 화상의 염려까지 있는 인공 잔디나 관리가 어려운 천연 잔디의 교육적인 활용도가 얼마나 되는지도 따져 보아야 한다. 여기에 인공 분수대나 지역 생태에 맞지 않는 조경수, 놀이 시설의 재료와 페인트의 유해성까지 꼼꼼하게 살펴야 한다.

중앙 현관, 복도, 계단에 대한 시각의 변화

복도와 계단은 아이들이 편하고 안전하게 이동하는 공간이다. 복도와 계단에 무엇을 써 붙이거나 매달아 놓으면 이동하는 데 오히려 걸림돌이 된다. 특히 영어가 적힌 패널이나 문장을 붙여 놓는 경우가 많은데 더구나 외국인이 보면 참으로 어처구니없는 일일 것이다.

교육 환경에 걸맞은 학교 건물의 세부적인 기준

- 설계도에 단열 계획, 방수 계획, 색채 계획, 조경 계획을 포함한다. 특히 조경 계획에서는 교육을 위한 개념을 도입해 학교와 학급별로 교육과정과 어린이 생활에 알맞은 나무와 풀을 심을 수 있도록 계획한다.
- 태양열, 태양광, 풍력, 지열 같은 재생 에너지 활용 장치를 가급적 많이 마련하고, 단순히 장치에서 끝나지 않고 교육용으로 활용할 수 있도록 한다. 빗물 저장 장치와 폐수 처리 장치를 설치해 생태 교육에 활용하고, 효율적으로 사용할 수 있도록 시스템을 갖추어야 한다. 창문 틈새의 단열 처리, 특히 꼭대기 층의 단열이 잘 되도록 해서 에너지 효율성을 높인다.
- 안전성과 환기, 채광을 고려한 창호의 개발과 설치 기준을 마련해서 따른다.
- 단열, 옥상과 벽면 방수, 방음, 울림 등을 고려한 시설 기준을 철저히 세운다.
- 운동장의 공원화가 아닌 교육 시설화를 기준으로 천연 잔디나 인공 잔디, 데크, 인공 조경, 유해성 페인트칠 등은 관리의 효율성과 환경오염 물질 발생 측면에서 재고한다.

- 체육관에 반드시 샤워실과 화장실을 갖추고, 운동 기구를 보관하는 별도의 공간을 마련해야 한다. 지역 주민들의 활용도를 높이기 위해 반드시 외부 진입 계단도 따로 설치한다.
- 행정실과 교장실과 교무실은 업무의 효율성을 위해 같은 층에 붙여서 배치한다.
- 쓰레기 분리수거장을 설치하되 미관을 고려한다.
- 특수 학급의 배치와 장애인 주차 구역은 엘리베이터 같은 편의 시설과의 접근성을 고려하고, 눈비에 노출되지 않고 건물에 들어설 수 있도록 배려한다.
- 보건실은 아픈 학생들이 쉽게 이동할 수 있도록 엘리베이터와 가깝고 채광과 환기가 잘되는 곳에 배치한다.
- 운동장은 흙과 모래로 만든다.
- 생태 연못을 만들고, 설치비와 관리비가 많이 드는 분수대 설치는 지양한다.
- 생태 텃밭은 반드시 만든다.
- 교실에 반드시 세면대를 설치한다.
- 도서실과 과학실, 음악실, 시청각실(소공연장, 대강의실, 영화·음악 감상실) 등 활용도에 맞는 크기와 공간 배치, 시설이 이루어져야 한다.
- 위생 시설인 화장실이나 급수 시설, 세면장은 신체적 조건 등을 고려하여 쾌적하고 안전하게 설치 및 배치한다.
- 초등학교 교무실의 경우 행정 업무 전용이라면 지금보다 작게 배

치하고 대신 교사들의 회의 공간을 확보한다. 회의 공간은 구성원들이 원탁으로 둘러앉을 수 있도록 한다.

교구와 학습 준비물 구축을 위한 원칙 세우기

- 교구와 학습 준비물에 대해 국가적 차원의 책임 있는 법적 원칙의 수립이 필요하다. 첫째, 원자재와 원료, 품질의 안전성에 대한 법적 기준 확립. 둘째, 유통 구조와 보급의 효율성. 셋째, 이를 지속적으로 연구하고 지원할 전담 연구 기관 설립. 넷째, 담합에 의한 예산 과다 지출 방지를 위한 행정적이고 법적인 절차 확보. 다섯째, 조작 활동에 필요한 교구 구축의 기준 제시.

- 교과부와 각 시도 교육청의 책임 아래 지역 상황을 고려하여 기본 교구와 학습 준비물의 기준을 제시하는 것은 필수적이다. 또한 친환경, 안전성, 적정성을 반영한 우수한 물품들을 안내하고, 단위 학교의 구축 현황을 지속적으로 지원할 수 있는 정책(예산, 인력 지원, 교사 연수, 관리 등)을 반영하도록 해야 한다.

- 단위 학교의 교구와 학습 준비물 구축은 교사가 교육과정을 제대로 이해하고 교수-학습 계획을 짤 때 주체적으로 반영할 수 있다. 한두 교사의 의지로 실현할 수는 없으며, 민주적인 의견 수렴 과정을 거쳐 학교 전체의 체계를 기획하고 연차적인 계획을 세워 구축해 나가야 한다. 당해 연도의 학교 교육과정 구현을 위한 평가회를 기반으로 다음 해의 예산 편성에 반영하고, 이를 집행하고 관리해 나가면서 연간 계획을 수립하도록 한다.

- 교구나 학습 준비물의 양과 질 확보 및 관리와 배분의 효율적인 체계 확립이 요구된다. 특히 초등학교는 보조 교사(원)가 지원되어 수업에 필요한 지원을 할 수 있도록 해야 한다. 또 학년(군)과 전체 교구실이 확보되어야 한다.

- 교사는 주체 의식과 실질적 집행 능력을 갖추어야 한다. 행정실이나 관리자들에게 의존하지 말고 교육과정을 수행하기 위한 교육 환경 구축의 주체로서 지속적으로 의견을 내고 개선해 나가도록 노력한다. 교구와 학습 준비물 선정 위원회의 기능도 강화시켜야 한다.

- 교구와 학습 준비물의 경계는 뚜렷하지 않다. 일회성 물품에서 반복 사용 물품까지 단기에서 장기에 걸친 구축 과정에서 신규 구입, 보완, 수리, 위생 관리가 함께 이루어져야 한다. 학습 준비물의 경우 일회성 사용 물품과 함께 반복적으로 사용 가능한 것도 있으므로 보관과 수납, 대출 등의 효율적인 관리 체계를 갖추어야 한다.

시설물 구비와 교구 마련

교실과 복도의 시설물

- 교실 : 책상, 걸상(해당 학년의 신체 발달에 맞춰), 사물함(정리 바구니 포함), 학급 문고 꽂이, 교구함, 교사용 책걸상, 프로젝션 텔레비전, 디브이디 플레이어, 컴퓨터, 실물 화상기, 교사용 수납장, 자석

겸용 칠판(학년에 맞게 구축), 백지도, 네모 칸 칠판(쓰기와 수학), 오
선보·정간보 칠판, 화이트보드, 청소함, 걸레받이, 진공청소기, 위
생 제품(비누, 세제 등).

- 복도 : 안전한 이동 통로 역할(환경을 꾸민다고 조화나 액자 사용 자제).

학교와 지역 환경에 맞는 교구

- 교실에서 확보해야 할 학년별 기본 교구의 예시

저학년 : 리듬 악기(숟가락 또는 리듬 스틱, 트라이앵글, 캐스터네츠), 탬
버린(학생 수의 1/4 이상 구비), 멜로디언 피스, 주사위, 우리나라 전도(문
화도), 지구의, 행정도, 국어사전(2인 1조).

고학년 : 주사위, 우리나라 전도(문화도와 행정도), 세계 전도, 지구의,
멜로디언 피스, 지역 지도, 국어사전(2인 1조).

- 학년(군) 연구실이 있는 경우 확보해야 할 기본 교구

학교의 학급 수 규모와 각 학년의 교육과정 수행 상황에 맞게 교구
를 확보해야 하며, 연구실은 접근성이 좋아야 한다.

저학년 : 수 모형, 시계 모형, 탱탱볼, 콩주머니, 찰흙 칼 세트(1학급
사용량), 핑킹 가위(1학급 사용량), 줄자(길이 재기용 500m, 2인 1조), 실로
폰(1학급 사용량), 멜로디언(1학급 사용량), 막대기(1m, 70cm), 훌라후프(1
학급 사용량), 줄넘기(1학급 사용량), 소꿉놀이 세트(1학급 모둠 활동 가능
한 세트), 모래 놀이 세트(1학급 모둠 활동 가능한 세트), 민속놀이 세트,
체조용 줄(1학급 사용량).

고학년 : 입체 도형 세트, 민속놀이 세트, 멜로디언(1학급 사용량), 찰

흙 칼 세트(1학급 사용량), 핑킹 가위(1학급 사용량), 줄자(길이 재기용 500m, 2인 1조), 조각칼 세트(1학급 사용량), 줄넘기(1학급 사용량), 배드민턴(1학급 사용량), 농구공과 배구공(1학급 사용량).

- 학습 준비물 지원실이나 전체 교재실이 있는 경우 학습 준비물뿐만 아니라 전 학년이 공통으로 사용하는 교구도 수납할 수 있도록 한다. 수량은 학교 규모와 사용 빈도수에 맞춰 추정한다.

- 도서실의 경우 교수-학습 자료로 활용할 수 있도록 교사용 참고 도서 및 워크북 중심으로 구축해야 하며, 저학년이 수업할 수 있는 편안한 공간도 마련하면 좋다.

- 특별 교실은 현재 시도 교육청이 제시하는 각 교과의 교구 설비 기준을 검토하고, 연차적인 확보 계획을 세워서 마련해 나간다. 가사실 : 간단한 음식 만들기 수업이 가능한 설비 기준 세우기 및 확보 / 목공실 : 기초적인 목공 수업이 가능한 설비 기준 세우기 및 확보(각종 목공 도구, 나무와 못 따위) / 음악실과 국악실 : 초등 학교의 경우 노래하기, 악기 연주하기(합주와 개별 악기 연습실)에 필요한 교실 확보. 방음 장치, 음향 시설, 소연주회 가능한 곳(시청각실 등) 기준 마련 필요 / 미술실 : 물을 뜨고 버릴 수 있는 시설 필수 / 서예실 : 담요가 깔린 넓은 책상, 벼루, 붓, 화선지 / 소조실 : 찰흙 통, 찰흙 판, 찰흙 칼, 물레, 토련기, 도자 가마 / 회화실 : 이젤, 이젤 판, 물통 등 용도에 따른 교구와 시설 확보.

- 멀티미디어 교구의 총괄적 관리 및 탑재 프로그램을 활용하는 전자 도서관 기능 확보.

민주적이고 효율적인 집행

교구와 학습 준비물 구비의 원칙

교구와 기본 학습 준비물은 학급 단위로 준비하는 것을 원칙으로 하되 전체 학년이 써야 할 것은 학습 준비물 지원실이나 학년 자료실에 마련하도록 한다. 아무리 좋은 교구, 학습 준비물이라도 사용하기에 불편한 곳(멀리)에 있거나 가져다 쓰기 불편한 상황(수납이 안 되어서)이면 그만큼 활용도가 떨어진다.

연차적 구입 계획을 수립하고, 일회성 소비재만이 아니라 재활용이 가능한 물품도 선별하여 구비한다. 세트로 판매하는 재료는 질이 나빠서 수업에 지장을 주는 경우가 많으므로 구입을 지양하도록 한다. 고무 판화의 고무판 사용 금지, 시너 사용 금지 등 생태적이고 위생적인 소재와 유해하지 않은 물품 위주로 구입한다.

교구와 학습 준비물 지원 체계의 효율성

교구와 학습 준비물 지원은 학교마다 상황이 다르겠지만 대체로 학부모 자원봉사를 활용하거나 교사들이 직접 관리, 또는 과학·전산 보조원이 한다. 학부모들이 자원봉사를 매일 해 줄 수 있다면 다행이지만 그렇지 못한 경우가 많아서 어려움이 따르므로 교사가 관리하는 학교가 더 많을 것이다. 가급적 지원실을 확보하고 선반, 종이 상자, 플라스틱 상자, 바구니 등을 활용하여 수납하고, 어린이들의 눈높이에 맞춰 정리한다.

하지만 무엇보다 체계적으로 수업을 지원하고 관리할 수 있도록 지원 인력을 배치하는 것이 절실하다.

교구와 학습 준비물 관리 체계

학년(군) 단위와 교구 선정 위원회에서 교육과정 운영에 차질이 없도록 미리 계획하고 구입한다. 업무 보조사가 관리를 한다고 해도 필요한 물품의 목록을 작성하거나 수리 및 구입 요청을 하는 사람은 직접 사용하는 교사이다. 전체적인 관리도 교사나 교무·행정 팀(서울의 경우)에서 분기별, 학기별로 직접 정비해 나가야 한다. 1년만 차분히 정리해서 구비 목록을 만들고 연간 소요량을 예측하는 과정을 밟으면 그다음 해에는 훨씬 수월해진다.

학생과 학부모에게 안내하기

학기 초에 가정 통신문을 보내서 학부모들에게 교구와 학습 준비물이 학교에 준비되어 있음을 정확히 알려야 한다. 가장 기본적인 도화지, 색종이, 색 도화지, 지점토와 찰흙, 수수깡, 투명 테이프, 테이프 절단기 등과 각 교과 교육에 따르는 교구에 대한 안내를 해 둔다. 아이들이 아침부터 문방구에 들러 비싼 값을 치르면서 준비물을 구입한다거나 혹시 준비물을 가져오지 않아 수업에 결손이 생기는 일이 없도록 해야 한다.

교구와 학습 준비물 구입의 실제

단위 학교에서는 적어도 학기가 시작되기 전에 각 과목별, 학년별로 필요한 물품을 표로 작성하여 공유하고, 우선순위를 따져 학교 실정(어느 정도 있는지, 올해 예산으로 어디까지 구입할 수 있는지, 연차적으로 마련할 것이지)에 맞는 계획을 세운다.

12월과 2월에 할 일

- 3월 중순까지 쓸 수 있는 기초 학습 준비물(소모품 중심) 구비해 놓기.
- 당해 연도 학습 준비물 구입 목록 작성하고 인수인계하기.
- 재활용이 가능한 물품 정비해 놓기(수리와 재구입 수요 조사).
- 예산 집행 원칙에 합의하기(저학년과 고학년의 비율, 실과, 과학 등의 실습 재료 구입 여부 등).

3월에 할 일

- 교구 및 학습 준비물 심의 위원회 구성하기(학년 담당자 1인).
- 담당자는 반드시 학년 의견을 수렴하여 회의에 참석하기(개학 직후 학년 회의를 통해 교육과정 운영에 필요한 학습 준비물을 선정하고, 소모성 물품과 재활용 물품, 우선 구입 물품 등으로 분류한 후 신청한다).
- 교구와 학습 준비물 심의 위원회 규정 만들기(학교 전체 회의나 학년 부장 회의를 통해 예산 집행 기준을 세우고, 물품 구입의 예산 배분 원칙을 세우되 1학기 60~70%, 2학기 30~40% 배분이 적당하다).

- 학교 공통, 학년, 학급, 교과 등의 세출 집행 기준 세우기(교구와 학
  습 준비물의 집행 기준 분리, 즉 음악에서 장구 구입과 수리는 교구 구
  입비로 따로 책정한다).
- 전년도 집행 자료를 공유하고 학교 교육과정 재구성에 따른 추가
  항목 확인하기.
- 구입 방법과 구입처, 행정실 협조 사항, 관리 사항 등 확인하기.

3월 이후에 할 일

- 정기적 또는 비정기적으로 회의를 통해 불합리한 부분 개선해 나
  가기.
- 1학기 말에 반드시 2학기 초 15일 동안 사용할 소모성 물품 정비
  하기.
- 예산 집행 후 목록 작성해 놓기(효율적인 집행을 위해 구입 금액 등
  적기).

구입의 실제

- 학교 물품 구입의 조건 : 학습 준비물 지원실이나 학년 자료실로
  운반해 줄 것, 소포장 단위도 가급적 도매가로 공급해 줄 것, 한
  가지 물품에 2~3가지 견본이나 안내장을 제공할 것, 품질이 가장
  좋은 제품을 구입할 수 있도록 정보를 제공할 것, 반환이나 교환
  요구가 있을 때 빨리 처리해 줄 것, 문구류 외의 물품도 도매가로
  구입하도록 해 줄 것, 품질이 낮은 세트 물품은 구입을 지양할 것.

- 업체 선정 : 문구 종합 상가나 학교 앞 문방구 등 여러 업체를 방문하여 가격, 품질, 배송, 교환 등 조건을 알아보고 친절한 업체로 선정.
- 온라인 업체 검색 : 가격 비교 등을 통해 업체 선정.
- 다량 구입의 경우 생산 공장 직거래 알아보기.
- 특별한 물품의 경우 지역에서 찾아보기(지역 목공소에서 반제품을 제공받거나 재료 공급받기, 학교 주변 화원에서 모종 구입하기, 국악기와 서양 악기 분리해서 전문 업체 선정하기).
- 학교는 대량으로 물품을 구입하므로 도매가 또는 공동 구매가로 제공받을 수 있다. 가급적 소포장보다 대포장 단위로 구입하거나 생산 공장에서 직거래하고, 지역 경제를 살리는 차원에서 마을 소상공인들과 교육의 가치를 공유한 뒤 가격을 결정하는 것도 의미 있는 일이다.
- 플라스틱 바구니는 사물함 속 바구니, 모둠 바구니, 특별실 정리 바구니, 운반용 바구니, 체육 기구 보관 및 운반 바구니, 악기 운반용 바구니 등 크기와 용도가 다양하므로 생산 공장에서 직접 구입하면 좋다.

교사는 예산 집행의 주체

매년 12월이면 예산 요구서를 쓰는데 바쁜 일정에 몰려 마음과 달리 제대로 요구하지 못하는 경우가 많다. 이를 극복하기 위해서는 평소에 불편했던 사항들을 꼼꼼하게 기록해 두었다가 예산 요구서를 작성할 때 기입하도록 하며 부서별, 개인별, 학년별로 서로 의견을 교환해서 쓰는 것이 효율적이다.

구성원들끼리 내용을 공유하기 위해서는 교구 선정 위원회를 적극 활용하는 것이 바람직하다. 반드시 학교 단위로 교구 및 학습 준비물 선정 위원회를 구성하고 회의를 하도록 되어 있는데, 가능하면 학기당 2회 이상 회의를 하여 집행 과정을 공유하고 요구 사항을 관련 부장을 통해 해결해 나가도록 한다. 만약 예산이 적다면 추경을 통해서라도 확보한다.

최근에 저가의 질 낮은 제품들이 무분별하게 들어오고 있다. 에듀파인에서 구매 요구서를 쓸 때는 회사명과 모델명, 구입 단위와 예상 단가를 정확히 기입해야 한다. 교사는 불만이 있어도 참고 행정실에서 사 주는 대로 수용하는 피동적인 사람이어서는 안 된다. 반드시 구매자로서 또 소비자로서 권리를 행사해야 한다.

인터넷 가격 비교 사이트를 활용하거나 도매 시장을 방문해서 시장 조사를 한 뒤에 필요에 따라서는 학교 법인 카드로 구입해도 된다. 유통 업자가 운영하는 중간 소매상을 통해 구입하는 것보다 품목별 전문 도매 매장을 활용하면 물건의 품질을 확인할 수도 있고, 예산도 절감할 수 있다.

이 모든 과정을 행정실에서 개별 교사에게 맞추어 구매 지원을 해 주기도 어렵고, 교사가 검수·신청·관리하는 잡무에 매달리고 있을 수도 없다. 따라서 교무 보조원의 업무 처리가 이루어져야 한다. 서울의 경우 교무 행정사를 배치하여 업무 부담은 줄어들었으나 아직은 교육과정의 변화기에 있는 상황이라 선택은 교사가 해야 한다. 끝으로 학년과 교실에서는 교과와 연계한 경제 교육을 반드시 적용하고, '아나바다' 운동을 지속적으로 실시하도록 한다.

가장 중요한 것은 안전성

지금까지 공인된 '학용품 품질 보장 인증 제도'에는 'KS', '품', '검', 'Q' 같은 것들이 있었다. 하지만 품질 인증 제도는 최소한의 표준 규격을 정하는 것일 뿐 제품 자체에 대한 안전성을 입증하기에는 부족함이 많았다. 또 그동안 제품의 규격에만 신경을 써 왔지 안전성에는 소홀했던 것이 사실이다. 돌이켜보면 어린이와 교사의 건강과 생명을 담보로 위험하기 짝이 없는 교육을 해 온 셈이다.

이러한 인증 마크들을 2009년 7월 1일부터 '국가통합인증마크'로 통일했고, 현재 학용품이나 완구 등에는 거의 'KC(Korea Certification)' 마크나 'KPS' 마크가 붙어 있다. 늦었지만 최근에 어린이용 물품에 대한 안전 기준이 강화되는 추세인 것은 다행스러운 일이다.

유럽 연합은 1993년부터 안전과 환경, 소비자 보호와 관련한 강제 인증을 'CE'로 통합해서 사용하고 있으며, 일본은 2003년부터 전기 제품과 공산품에 'PS' 마크로 단일화해서 사용하고 있다. 중국은 WTO 가입 이후 2002년부터 'CCC' 제도로 통합해 사용하고 있다(두산백과사전). 우리나라는 많이 늦은 편이다.

아직도 대다수 국민들은 이러한 제도가 시행되고 있는지도 모르며, 시중에 유통되는 제품들이 어떤 검사 결과를 거쳤는지도 모른다. 어린이들이 사용하는 제품에는 반드시 KC 마크가 붙어 있어야 하며, 그 품목도 확대해 나가도록 지속적으로 요구해야 한다.

학습에 적합하고 품질 좋은 교구와 학습 준비물

교구와 학습 준비물에서 안전성은 기본이다. 그러나 '안전'하다고 해서 무조건 학습에 도움이 되는 것은 아니다. 안전한 학습 준비물 다음으로 생각해야 할 것이 학습하기에 알맞은가를 따지는 일이다. 예를 들어 어린이용 스케치북의 경우, KPS 인증을 받은 제품이 안전하기는 하지만 그렇다고 해서 그림을 그리는 데 적합성을 보장하는 것은 아니다.

그동안 우리는 어린이들에게 '왜 못해?', '그것도 못해?' 하고 다그치기만 했지 어떤 도구를 쓰고 있는지는 자세히 살피지 못했다. 과연 우리 어린이들이 쓰는 학습 도구와 재료들은 학습하기에 적절한 것이었을까?

어린이들이 사용하고 있는 학습 도구들을 하나하나 따져 보면 도저히 학습 효과를 낼 수 없는 것들이 많다. 그 수가 너무 많아서 여기에 다 열거할 수 없을 정도인데 그 가운데서도 대표적인 종이류만 예를 들어 보도록 하자. 종이의 경우 종류가 너무 다양하고 재질에 차이가 커서 학습 활동에 가장 적합한 종이를 선택해야 학습 효과를 얻을 수 있다.

갱지

초등학교에서 평가지를 인쇄할 때나 가정 통신문을 보낼 때 아직도 누르스름한 갱지를 많이 사용한다. 우리는 갱지를 재생 용지로 알고 있는데 지금 갱지를 사용하는 곳은 오직 학교뿐이다. 물자 절약 차원에서 쓰고 있다고는 하나 갱지에 인쇄를 하면 글자가 잘 보이지 않아서 어린이들의 시력에 좋지 않다. 표백해서 지나치게 하얀색 종이도 아이들·건강에 좋지 않으므로 되도록 인쇄 종이는 중성지에 연한 미색을 쓰는 것이 좋다.

흰 도화지

기존의 어린이용 스케치북이나 낱장 도화지는 대부분 130g/m^2인데 여기에도 훨씬 미치지 못하는 것이 많고, 재생 용지로 만든 것이 대부분이라서 그림을 그리기에 부적합하다. 그림을 그릴 때는 180~200g/m^2로 된 것을 사용하는 것이 가장 적합하다. 대부분의 어린이들이 그림에 색칠하다 실패하는 원인에는 도화지와 채색 도구의 품질이 영향을 미치는 부분도 크므로 적어도 어느 정도 기준에 미치는 도화지를 쓰도록 한다.

색 도화지

기존에 쓰던 4색 도화지는 너무 얇아서 만들기를 하기에도 적합하지 않고, 바탕 도화지로 쓰기에도 색이 너무 조잡해서 그림을 매우 난잡해 보이게 한다. 색 도화지를 선정하려면 적어도 양면 색지로 구입한다. 이때 검정 색지도 함께 구입하고, 바탕색으로 쓸 수 있는 연한 색을 포함하여 다섯 가지 색을 선정한다. 양면 색지는 4절 크기로 판매하므로 구입할 때 반을 잘라서 8절로 사용할 수 있도록 한다.

가격은 기존의 잘못된 색 도화지보다 3배 이상 비싸지만 이는 반드시 교사와 학부모, 어린이가 인식 전환을 해야만 하는 문제이다. 또 기존의 분홍색, 하늘색, 연두색, 노란색, 검은색 일색의 색 도화지는 어린이들에게 색감을 제한하는 한계가 있으므로 같은 파랑이라도 그 계열의 미세한 차이를 실감할 수 있는 색 도화지를 제공하도록 한다. 대신 쓸 수 있는 색 도화지로는 DC지(8절, 116g/m^2)와 A4 컬러 용지(25장짜리, 80g/m^2)가 있다.

화선지

문방구에서 둘둘 말아 놓고 파는 화선지는 진짜 화선지가 아니다. 당연히 붓글씨가 잘 써지지 않는다. 화선지는 2절 수록지로 구입해야 번짐이 덜하고 선명하다. 도매 상가에는 문방구에서 파는 얇은 화선지와 전문가용 연습지인 수록지, 두 종류를 모두 판다.

색종이

제품 회사가 다양하나 대부분 선호하는 색은 J사나 M사의 제품들이다. 색종이 색깔도 지나치게 원색 위주로 진해서 색종이 대신 다양한 A4 컬러 용지(40색, 25장짜리, 80g/m^2)를 마련해 놓고 쓰는 것도 한 방법이다.

3장

함께 배우고 성장하는
협력 수업

가르침과 배움이 동시에 일어나는 수업

인류 역사의 결과물을 누구나 같은 시기에 같은 방식으로 습득할 수는 없다. 그렇다면 인간 개개인의 차이를 인정하고 다양한 환경적 요인을 감안할 때 공동체 안에서 개인의 전면적 성장을 돕기 위한 수업은 어떻게 진행되어야 할까?

교육은 무엇보다 한 인간의 발달을 다루는 일이다. 인지와 정의와 인성 영역에서 학습자에게 고르게 접근해야 하며, 다양한 교육적 활동을 통해 균형 있는 경험을 제공해야 한다. 또 장기적인 관점으로 평생교육, 생애 교육을 한 인간의 전 인생을 시야에 놓고 전개해야 한다. 따라서 단순한 형식이나 만남이 아니라 수업과 공동생활의 과정에서 다각적인 협력이 필요해진다.

‘협력 수업’이란 ‘협력 교수-학습’의 다른 표현으로 가르치는 활동과 배우는 활동이 동시에 일어나는 것을 말하며, 이때 가르치고 배우는 과정이 협력임에도 다시 한 번 협력이라는 표현을 쓰는 것은 그만큼 강조하기 위해서이다. 수업에서 협력이 중심이 되었을 때 기대하지 않았던 목표가 정해지고, 그 목표에 도달하게 되며, 수업의 흐름이 또 다른 호기심으로 전환되면서 학생들에게는 커다란 성장이 일어난다.

수업 시간에 배움이 일어나는 것은 교사와 학생의 ‘접속’이 이루어지는 순간이다. 일종의 스파크가 튄 다음에 예기치 않은 도약과 발전을 한다. 이렇게 성장하는 학생들을 지켜보면서 적절하게 개입하고 자기 성찰의 과정을 거치면서 교사 역시 성장하게 된다. 교사와 학생 사이의 ‘접속과 스파크’, 이 순간을 경험하면서 학생은 기대 이상의 발달을 경험하고, 교사도 의도하지 않았던 성장을 하는 것이다. 이 과정은 비록 눈앞에 보이는 결과로 드러나지 않더라도 학생의 인생 경로에서 중요한 역량으로 작용한다.

협력 수업의 흐름과 변화

어린이는 스스로 자기 과제를 설정하고 그것을 해결하지 못한다. 다만 자신의 지적 잠재력 안에서 모방을 할 수 있으며, 그 이상의 발달을 도모하기 위해서는 반드시 협력 수업이 이루어져야 한다. 따라서 수업(교수-학습)이란 어린이가 교사로부터 개념을 알게 되는 과정, 어린이 자신이 타인에게 그 개념을 사용하는 과정, 그것을 다시 자신의 것으로 내재화하여 창의적으로 실제 생활에 적용하는 과정 전체를 말한다. 그리고 교수-학습(수업)은 수업이라는 하나의 현상으로 전개되지만 가르침과 배움이 동시에 일어나는 현장이며 이때 어린이와 어린이, 교사와 어린이는 서로 협력적인 관계를 맺으며 상호 작용한다. 다시 말해 교수-학습은 참여, 협력, 성찰을 배우는 과정이다. 물이 흐르듯 자연스럽게 흘러가야 한다는 의미에서 '흐름'이라는 용어를 사용하기도 한다.

협력 수업의 흐름

교수-학습의 흐름은 다음 4단계의 과정을 거치면서 이루어진다. 이를 '교수-학습의 흐름'이라고 정의할 수 있다.

> 체험, 탐구, 놀이(활동과 경험하기) →
> 생각과 느낌 표현하기(몸짓, 말하기, 그리기, 글쓰기) →
> 토론을 통한 반성적 사고(성찰)의 형성 →
> 의미화하기, 실천하기(추상의 과정, 실천의 근거 형성)

첫째, 체험 활동이나 탐구 활동, 놀이 등을 통해 사회적, 문화적 학습을 경험한다.

둘째, 이러한 활동과 경험을 통해서 자신이 느끼고 생각한 것을 여러 가지 방식으로 표현한다. 이때 표현하는 방식은 개인, 모둠(소집단), 전체로 할 수 있는데 이 과정은 반성적인 사고의 형성과 동시에 이루어지는 경우가 많다.

셋째, 토론 즉 개인이 아닌 사회적 집단(소집단이든 대집단이든) 속에서 자신의 생각을 드러내는 과정과 타인(개인이든 집단이든)의 생각과 자신의 생각을 비교해 보거나 차이를 이해하는 과정 속에서 반성적 사고가 형성된다.

넷째, 반성적 사고를 거친 자신의 생각을 개념화하거나 의미화하고 이를 토대로 실천의 근거를 형성하는 과정이다.

이러한 4단계 흐름은 개별 교과 전체의 교수-학습 흐름, 주제 학습에 따른 흐름, 단원이나 차시의 흐름 등 교수-학습이 이루어지는 흐름 전체를 의미한다. 수업의 흐름은 교수-학습의 목표와 내용, 활동의 유형, 어린이의 발달 특성, 교수-학습 과정에서 어린이가 받아들이는 정도에 따라 다양하게 전개된다. 따라서 한 가지 유형으로 교수-학습이 전개되는 것이 아니라 놀이 중심, 탐구 중심, 토론 중심, 체험 중심, 표현 중심, 참여 중심 등 각 유형이 유기적으로 연결되어 있다. 효과적인 수업을 전개하기 위해서는 차시나 단원, 또는 교과나 주제에 따라 각 유형의 집중과 통합을 선택할 수 있다. 다만 지금 하고자 하는 교수-학습이 어느 흐름에 중점을 두고 있느냐에 따라 드러나는 모습이 다를 뿐이다.

협력 수업의 흐름 찾기

다음에 제시하는 교수-학습은 1학년 입학 초기에 한글 익히기를 목표로 국어 교과를 중심에 두고 놀이와 접목한 협력 수업의 사례이다.

– 체험 활동

국어 교과서에 제시된 그림을 보고 'ㄲ'이 들어 있는 낱말을 찾는 수업이다. 어린이들은 까마귀, 까치, 꼬마, 꼬치, 꽃신 등을 찾는다. 교사는 어린이들이 찾은 낱말을 칠판에 쓴다. 교사는 우리가 할 수 있는 놀이로 더 많은 낱말 찾기를 해 보자고 제안한다. 어린이들은 〈즐거운 생활〉 시간에 했던 '까막잡기' 놀이를 생각해 내고 다 같이 '까막잡기' 놀이의 '꼭꼭 숨어라, ○○○가 보일라' 노래를 부르며 동그라미 안에 'ㄲ'이 들어 있는 낱말을 계속 찾았다. 교사는 어려운 낱말이 제시되면 칠판에 적으면서 또 다른 감각 활동(놀이)이 가능한지를 판단하며 진행한다.

– 생각과 느낌 표현하기

교사는 "애들아, 오늘 우리와 함께 놀았던 글자는 뭘까?"라는 질문을 통해 수업 시간의 주제를 인식하게 하고, 놀이를 한 뒤의 느낌을 이야기로 나누거나 노래, 동작으로 표현해 보게 한다. '깜깜해요', '무서워요', '재미있어요', '땀이 나요' 등 느낌을 적기도 한다.

– 반성적 사고(성찰)의 형성

칠판에는 수업을 할 때 썼던 낱말들과 놀이를 할 때 나왔던 낱말들이 하나 가득하다. 이제 칠판에 가득한 낱말을 이용해서 문장 만들기를 한다. 낱말에서 문장으로 발표하는 도전 과제를 수행하는 것이다. '까막잡기는 재미있어요', '까마귀가 날아가요', '까막잡기 술래는 안대를 해서 깜깜해요' 등 표현이 드러날 때마다 공감하는 어린이는 덧붙이는 말을 이용하여 교사가 기대했던 것 이상의 풍부한 표현을 만들기도 한다.

– 의미화하기

오늘 배운 낱말을 칠판에서 찾아 쓰는 활동이 이어진다. 1학년 어린이들이 할 수 있는 받아쓰기 1단계이다. 선생님이 '까마귀'라고 불러주면 공책에 혼자 쓸 수 있으면 쓰고, 정확하게 낱말을 쓰기 어려운 어린이는 칠판을 보고 찾아 쓰게 한다.

협력 수업의 또 다른 흐름, 순환과 변환

수업의 흐름, 즉 교수-학습의 흐름은 각 단계가 단절되거나 분절적으로 이루어지는 것이 아니라 순환하면서 이어진다. 어느 시점에서는 토론을 통한 반성적 사고를 먼저 할 수도 있으며, 이후의 과정도 딱히 정해져 있지는 않으므로 끊임없이 역동적으로 진행한다. 이런 흐름을 순환과 변환의 수업이라고 한다. 순환과 변환 수업은 발달의 잠재성을 이끌어 낼 수 있으며, 어린이들은 이미 정해진 교육과정을 따라가는 것이 아니라 활동하는 과정 속에서 어린이끼리의 협력, 교사와 어린이의 협력에 의해 또 다른 과정을 탄생시킨다. 중요한 것은 전면적 발달의 발생 영역에서 수업의 흐름과 순환, 변환이 형성될 수 있는 조건을 만들어 주는 것, 잠재적 발달 수준의 흐름과 순환을 가속화하는 것, 또 이런 흐름의 변환이 솟아오를 수 있도록 계기를 만들어 내는 일이다. 변환의 솟아오름은 '교사와 학생의 접속과 스파크'라고 바꿔 말할 수 있다.

협력 수업이 이루어지려면 교사가 단순히 교수-학습의 훌륭한 방법을 찾는 데만 몰두해서는 안 되고, 내용(교육과정)과 과정(인간 발달)에 대한 실천적 연구가 필요하다. 다시 말해 어린이의 발달 특성에 대한 이해를 넓혀야 한다. 교수-학습의 흐름과 순환 및 변환 과정에서 변이가 일어나도록 상황적 맥락에 대한 새로운 이해 방식과 활동 형태들을 민감하게 포착하여 진행하고 그것들을 잘 활용할 수 있어야 한다.

순환과 변환 수업 들여다보기

3학년 사회는 우리 고장의 지리, 공간, 인문, 자연환경에 대한 이해와 체험을 하는 시간이다. 아래 수업은 우리 고장의 축제나 행사를 조사하고 경험하기를 재구성한 사례이다. 실제로 단오절에 사회 교과 수업의 일환으로 같은 학년의 뜻을 같이하는 교사들이 함께 진행하여 우리 문화를 적극 경험하면서 절기를 익혔다. 모든 차시에 단오절의 특징과 하는 일, 경험할 것들에 대한 소개를 하고, 미리 구상하거나 준비할 것들에 대한 안내를 하면 어린이들의 호기심을 자극할 수 있다. 국어, 미술, 창체, 체육 등에서 과목별로 진행할 수도 있다.

 – 체험 활동

초등 교육은 오감으로 경험하고 그 내용을 체계적으로 개념화하는 특성이 있어서 개별적으로 체험 활동을 진행하기에는 어려움이 따르는 교과 내용이 많다. 이때 함께 경험하는 시간을 마련하여 수리취떡 만들기, 장명루 만들기, 단오 부채 만들기, 단오놀이 경험하기를 계획해서 1학기를 끝내며 반성하고 서로 격려하는 행사로 진행한다. 경험하기를 할 때는 결과물을 줄 대상을 생각하고, 교사는 어린이들이 어려워하는 지점에서 적절히 개입하고 판단하면서 진행한다.

 – 생각과 느낌 표현하기

교사는 "얘들아, 우리가 경험한 행사는 언제 하는 것일까?"라는 질문을 통해 수업의 주제를 인식하게 하고, 느낌을 이야기로 나누거나 노래 및 동작으로 표현해 보게 한다.

- 흐름의 변환과 반성적 사고(성찰)의 형성

첫째, 부채 만들기 활동을 한다면 간단한 도구 사용법 정도만 제시해 주고, 2주 전부터 어떤 부채를 만들 것인지와 선물할 대상을 생각하며 도안을 구상하도록 예고한다. 여기서는 3학년 발달 특성에 대한 이해가 필요하다. 3학년은 자기표현이 폭발적으로 늘어나며 작은 경험이라도 드러내 놓고 이야기하기를 즐기는 특성이 있다. 서로 이야기를 나누며 자신의 도안을 수정하고, 교사는 칠판에 수업할 때 썼던 낱말과 활동하면서 느꼈던 낱말들을 기록한다.

둘째, 장명루 만들기 활동을 한다면 손가락 실을 엮는 과정이 포함되므로 짝과 협력하여 진행하도록 한다. 교사의 시범 이후, 진행이 빠른 여학생들은 만드는 과정만 보고도 별도의 지도 없이 진행할 수 있다. 여기서 모둠별로 시범을 보여야 한다는 교사의 계획은 바로 수정된다. 다른 사람에게 선물을 주는 경험을 하면서 느낀 점을 충분히 이야기하고, 더 만들고 싶거나 하고 싶은 것이 있으면 함께 의논해서 조상의 놀이 문화를 체험하는 활동을 한다.

- 의미화하기

부채나 떡살 등의 도구가 우리의 삶을 어떻게 변화시켰는지 이야기를 나누며 학생들의 제안으로 더 나은 도구를 만들어 본다. 교사가 기획하지 않았던 '도구의 발명' 시간을 갖는다. 우리 조상들의 행사를 친구들과 함께 체험하는 기회를 통해 앞으로 내가 경험하고 싶은 우리 조상들의 축제나 행사도 찾아보게 하면서 여름 방학 과제로 제시해도 좋다.

협력 수업의 원칙

- 학습이 발달을 선도해야 한다.
- 협력이 장기적이고 유연한 과정임을 인식한다.
- 학급의 운영 원리와 일치해야 한다.
- 다양하게 적용할 수 있어야 한다.

협력 수업의 실제

협력 수업의 여러 가지 사례를 다룰 때 특별한 모형이나 프로그램으로 정형화시켜서 진행하는 것은 바람직하지 않다. 다음의 분류는 이해를 돕기 위한 방식일 뿐 협력의 과정은 수업의 시작과 끝 그리고 그 이후의 과정에서도 역동적으로 작용하여 교사와 학생에게 성장의 계기를 제공해야 한다.

교사와 교사의 협력 수업

– 동 학년 공동 수업 연구와 교육과정 재구성

초등 교사는 한 사람이 7~8개 이상의 과목을 맡고 있으면서 같은 학년의 교사들은 같은 내용을 각각의 교실에서 각자 준비하여 수업한다. 매시간 1차시로 끝나는 새로운 수업을 위해 연구하고 자료를 준비해야 하며, 하루에 4~5차시 이상의 수업을 이런 방식으로 하려면 어려움이 따른다. 같은 학년끼리 수업 연구회와 협의회를 활성화하면 이런 어려움을 줄일 수 있다.

구체적으로는 각자 담당 과목을 선정하여 연구한 수업안을 토의를 거쳐 공동 수업으로 진행하는 것이다. 이러한 과정을 통해 연구와 자료를 공유하고, 수업의 질을 확보하며, 나아가 문제점을 찾고 대안을 모색할 수 있다. 이때 교사 개인의 성장이 이루어짐으로써 이후에 동일한 영역이나 과정에서 한층 밀도 높은 수업 진행이 가능해진다.

– 교과별 교육과정 재구성을 통한 공동 협력 수업

교과 연구회나 협력 수업 동아리에서도 연구한 내용을 확산, 공유하도록 한다. 특히 교과서의 내용이 너무 어렵거나 양이 많을 때 교사가 주도하여 예시용으로 다루고 넘어가야 할 것과 학생들끼리 협력을 발휘하면서 좀 더 길게 수업을 진행할 것들에 대한 판단을 함께 해야 한다. 실제로 수학의 몇몇 단원에서는 발달 특성에 비해 수준이 어려워서 힘겨워하는 어린이들이 많다.

또 지역에서 가까운 곳을 현장 학습하거나 교내 체험 학습을 연계하는 방법이 있다. 우리의 전통문화를 직접 체험해 봄으로써 조상들의 친환경적이고 생태적인 삶을 느끼도록 한다. 이때 다른 교과와 통합 주제를 뽑고 학습 목표와 적용 시기를 결정하여 교육과정을 재구성한다. 협력 수업은 교육과정의 재구성을 기반으로 실현할 수 있다.

■ 언주초등학교 3학년의 사례

학습 주제	활동
우리 고장의 위치	지역화 보조 자료 함께 만들기, 동서남북 놀이하기, 나침반으로 방향 확인하기(과학과 연계).
우리 고장의 공공기관, 역사, 인물	공공기관에 근무하는 분들께 감사의 편지 쓰기(듣기, 말하기, 쓰기), 활동 후 편지를 전달하며 공동체 의식 고취하기(도덕).
우리 고장의 자랑거리	고장의 어르신 찾아뵙기, 양재천 답사 후 다양하게 표현하기 (포스터에 생태 환경을 보존하자는 메시지 담음), 자랑거리 조사하고 인터뷰하여 가족 그래프 그리기.
고장의 축제	팀별로 단오 행사 진행하기(국어, 미술, 과학, 체육 등).
교외 체험	용인민속박물관 체험하기, 양재천 환경 교실 참가하기, 양재천 모내기 행사 참가하기.

교사와 어린이의 협력 수업 ①

대부분의 교사들은 계획과 지도안을 잘 만들어 놓으면 수업 준비가 끝났다고 생각한다. 그러나 과연 그럴까? 다시 한 번 생각해 보아야 할 것은 없을까? 준비된 수업은 학생들의 심리적, 환경적, 인지적 조건을 고려하여 계획을 재조정할 준비가 되어 있을 때 유효하다. 가령 3학년 수학의 '289−169' 문제를 다룰 때 교사는 주도적으로 문제를 풀면서 수업을 진행해야 한다. 아이들의 인지적 조건이 준비가 안 되어 있기 때문이다. 물론 다른 학년에 나오는 배분 법칙의 개념으로 설명을 할 수도 있을 것이다. 또 교사는 수업 시수의 분배에도 융통성을 발휘하여야 한다. 길이에 대한 개념이 형성되지 않았다면 1m 종이 자를 만들어 보는 활동으로 구체적 조작 활동을 하고, 길이에 대한 문제를 풀면서 mm, cm, m의 개념을 자연스럽게 알 수 있도록 한다. 추상적 개념을 익힐 때는 학생들의 개념 형성 과정에 필요한 시간을 확보해야 한다. 자신의 생각 정리하기, 드러내기, 반성하며 재정리하기 등의 과정은 개별적이고도 장기적으로 진행해야 한다.

수업은 본질적으로 교사와 어린이의 협력 활동이다. 교사의 입장에서 협력 활동은 추상적인 것에서 구체적인 것으로 나아가는 과정이고, 어린이의 입장에서 협력 활동은 구체적인 것에서 추상적인 것으로 나아가는 과정이다. 이런 상반된 인지 과정의 흐름이 협력을 통해 수업 참가자 모두에게 개념 형성으로 이어진다. 이것은 또한 일회적이지 않고 개별적으로 오랜 기간에 걸쳐 지속되는 과정이다. 이 과정에서 상상하지도 못했던 성장이 학생과 교사 모두에게 일어난다.

어린이가 현재 습득한 내용을 더한층 발달시킬 수 있도록 하려면 수업의 축을 어린이의 수준에만 맞추지 말고 발달에 맞추어서 교수-학습을 해야 한다. 그러려면 한 교사의 개인적인 노력보다 동료 교사와 수업의 계획, 과정, 결과 전반을 협의하고 숙달하는 과정을 거치는 것이 효과적이다. 어린이들의 의견과 교사의 교과 내용에 따른 판단이 협력적으로 작용하여야 수업이 다양한 형태로 전개될 수 있다. 활동 유형(개별, 모둠, 전체 활동)을 시기별로 적절하게 선택하고, 어린이 교육의 물리적, 환경적 조건도 충분히 고려해야 한다.

교사와 어린이의 협력 수업 ②

- 주5일제, 학년 내 체험 학습 증가, 각종 교내 행사 등으로 하루에 어떻게 수업을 전개할 것인지 논의하기(수업 계획 전반에 대한 어린

이들의 의견 개진 : 기상 조건이나 수업 장소, 어린이들의 상황, 교과 시간의 배치 등).

- 스파크와 성장이 일어나는 순간의 예시

> - 학년 수학 시간의 목표 : 각을 그릴 수 있다.
> - 교사가 기획한 수업의 흐름 : 개념 확인 → 사례 찾기 → 다양한 그리기 방법 모색 → 그리기.
> - 실제 진행한 수업의 흐름 : 개념 확인 중에 각의 개념에 대한 다른 적용이 등장(둔각은 각이 아니라고 주장하는 학생, 이유는 교과서에 모난 부분을 지칭한 접근으로 학생들의 개념화가 어려운 상황, 혼란이 옴) → 토론 수업 → 교사 주도로 각의 의미 확인 → 둔각의 의미 공유 → 예상보다 더 다양한 각 그리기 가능 → 몸으로 그리기를 제안하는 학생 등장 → 다 같이 몸으로 나타내며 몸풀기 활동으로 수업 마무리.

위와 같은 상황에서 교사와 학생 모두의 성장이 이루어질 수 있다. 이런 경험은 이후 아이들에게 수학 시간에 좀 더 집중하고 도발적으로 참여하는 분위기를 만든다. 이때 교사의 역할이 상당히 중요한데 전체적인 수업의 구조를 만드는 것도 그렇지만 순간순간 관찰하면서 개입하는 시점을 잘 잡는 것이 수업을 활성화시키는 원동력이기 때문이다.

추상적 개념을 학습하는 경우 교사는 먼저 문화 전달자의 입장에서 개념 또는 낱말이 무엇을 의미하는지를 설명하고, 구체적인 내용의 예를 든다. 어린이들과 이야기(발표 또는 표현하기)를 나누며 구체적인 내용과 다양한 상황을 모으고(한 낱말이 지닌 일반화에 적합한 구체적인 것들을 협력 활동으로 채우기), 수업의 마무리에서는 "재미있었나요?", "무엇이 새로웠나요?", "다음에도 또 이런 걸 할까요?"를 물으면서 수업에 대한 태도와 정서적, 인지적 평가를 한다. 또 숙제를 정할 때도 과제의 목적을 공개하고 어린이들의 의견을 수렴하면 과제 학습을 할 때 교수-학습에서 있었던 상황들을 떠올리며 문제 해결을 위한 실마리를 얻기도 한다.

어린이와 어린이의 협력 수업

실제로 학생들끼리의 협력 수업이 가능하려면 반드시 교사의 주도가 있어야 한다. 다음은 최근 3학년 학생들 사이에서 일어난 몇 가지 협력 수업의 사례이다. 학생과 학생의 협력 수업은 교사가 드러나지 않게 분위기와 상태 등을 파악하면서 적절히 개입하면 목표에 도달하는 정도가 달라진다. 다음 사례들에서는 결과적으로 교사가 의도했던 것보다 훨씬 높은 목표에 도달할 수 있었다.

- 사례 1 : 수업이 끝나고 방과 후 활동 때문에 집에 돌아가지 않고 교실에 남아 있는 아이들이 있었다. 이때 남자아이와 여자아이가 사이좋게 이야기를 나누다가 교사의 제안으로 곱셈 구구단 외우기를 했다. 이미 수업 시간에 구구단 외우기의 필요성을 공감해서인지 시작하기 전에 몇 단까지 자유롭게 외우는지 서로에게 물어보았다. 한 아이는 전부 다 외울 수 있다고 했고, 다른 아이는 6~8단을 못 외운다고 하자, 그 범위 안에서 문제를 내기로 했다.

- 사례 2 : 학급에 문제가 생기면 아이들의 제안으로 그때마다 사회

자를 바꾸면서 논의를 한다. 의견을 구하는 과정에서 '동의'나 '찬성'이라는 용어보다 '맞는다고 생각하니?' 하고 묻는 아이가 많았지만 회의를 진행하는 데는 무리가 없었다. 최근에 국어 시간에도 '동의'라는 표현이 나오면서 차츰 가려 쓰는 상황을 발견하고, 어린이들이 자발적으로 주의를 하고 있으며 개념 형성으로 이어지고 있다는 사실을 확인할 수 있었다.

- 사례 3 : 3학년 아이들이 자신을 드러내기를 무척 좋아한다는 사실을 알고 이런 특성을 어떻게 지원해 줄까 고민하다가 '장기 자랑'을 제안했다. 3월 말에 있었던 장기 자랑에 참여하지 않았던 몇몇 아이들이 적극 참여했으면 좋겠다는 바람만 전하고, 자치 회의를 통해 자발적으로 진행하되 수업에 방해되지 않도록 점심시간에 하게 했다.

도움반 어린이(갑)와 일반 어린이(을)의 협력

- 갑은 노래를 좋아한다. 학급 학생들에게 갑이 가장 좋아하는 노래가 '곰 세 마리'라는 것을 알려 주었다. 을은 오카리나 자유 연주 때 갑이 좋아하는 '곰 세 마리'를 연주했다. 갑이 귀를 기울이면서 작은 목소리로 노래를 따라 불렀다.

- 을은 수영을 좋아해서 3학년 수영 수업 시간에 물속에 들어가 킥판을 밀며 수영을 했다. 갑은 과잉 행동 유형으로 미술 치료를 받고 있다. 물을 무서워해서 첫날에는 얼굴에 물이 튀니까 울었다. 교사는 물속에서 그냥 편안하게 있자고 제안했다. 을이 갑에게 관

심을 가지면서 수영을 가르쳐 주겠다고 나섰다. 어느덧 갑은 킥판을 이용해 물속에서 헤엄을 칠 수 있게 되었다.

그 밖의 협력 활동

– 교사와 학부모

놀이 한마당, 현장 체험 학습, 과목별 협력 수업 등 교사와 학부모들의 협력으로 활동의 내용과 질이 달라질 수 있다. 먼저 교사는 학부모들과 교육 철학과 학급 운영의 원칙을 공유해야 한다. 학부모와 담임의 협력은 어린이 개인의 특성, 가정환경, 건강 상태 등을 소통하는 것부터 시작한다. 또 편지글, 홈페이지 운영, 상담 등 온라인과 오프라인을 통해 협력 방식을 확대해 나갈 수 있다.

– 교사와 지역 사회

학교는 더 이상 교사들만의 활동 공간이 아니다. 오후에는 방과 후 활동과 학습 부진아 지도를 위한 도우미 선생님 등 많은 지역 사회 활동가들이 학교를 찾는다. 최근에는 수업과 연계한 다양한 활동을 적극적으로 도입하는 것이 어린이의 발달에 결정적인 영향을 미친다는 사실이 입증되기도 했다. 이를 활용하는 것도 효과적이다.

학생 **평가** 뒤집어 보기

학생 평가의 풍경들

교육과정 총론을 살펴보면 1968년에 중학교 입학시험 제도를 폐지하면서 1973년에 공포한 제3차 교육과정부터 모든 학생들이 교육 목표를 성공적으로 달성할 수 있도록 하는 목표 지향 평가로 전환되었다. 그럼에도 학교 현장에서는 선다형 지필 평가를 고수하거나 교과서를 벗어난 문제를 출제하는 것을 아직도 낯설게 느낀다. 교사들 역시 지필 평가를 벗어난 평가를 받아보지 못한 채 학교에 다녔기 때문일 것이며, 무엇보다 대학 입시 문제가 가장 큰 원인으로 작용하기 때문일 것이다. 하지만 지금의 교사들이 가르치고 있는 학생들은 기성세대와는 전혀 다른 세상에서 살게 된다. 이제 낡은 평가 방법을 버리기 위해 교사들이 몸부림쳐야 할 시점이 되었다.

학업 성취도 평가의 문제점

우리나라 초등학교 6학년이라면 누구나 치러야 하는 '전국단위학업 성취도평가', 즉 '일제 고사'가 있다. 이번 대통령 공약에서는 일제 고사를 지양하겠다고 했지만 구체적인 정책이 없으므로 지금까지의 관례를 보아 전국의 학생들을 같은 날, 같은 시험지로 평가하게 될 확률이 높다. 출제한 문제들을 보면 타당성과 객관성에 무척이나 고민한 흔적은 보이지만 이런 시험을 전국적으로 치러 일괄적으로 평가한다는 것은 여러 가지 문제를 안고 있다.

전국 일제 고사를 한날에 치르는 6학년 학생의 입장에서 생각해 보자. 시험 당일, 교실에는 담임과 다른 교사 한 명이 시험 감독으로 들어온다. 초등학교 6학년 학생들로서는 처음 사용하는 OMR 카드에 실수를 했을 때 수정 테이프를 붙여 주기 위해서이다. 일제 고사 초기에는 가림판까지 올려놓는 진풍경이 벌어지기도 했으나 많은 논란 속에 가림판은 내려졌고, 옆 반과 교체했던 감독도 지금은 담임이 다른 교사 한 명과 하는 체제가 되었다.

시험을 치르는 시간은 교과마다 50분, 초등학교 정규 수업 시간을 넘기는 집중력이 요구된다. 1교시 국어는 듣기, 읽기, 쓰기, 문법, 문학, (말하기) 영역을 평가하기 위한 시험이다. 국어는 수학능력시험 형태와 비슷해서 긴 지문을 읽고 2~3문제를 풀어야 한다. 50분 안에 긴 지문을 읽고 문제를 풀기란 무척 어렵다. 게다가 2012년 국어에서는 쓰기 평가를 한다고 설명하는 글까지 쓰도록 했다. 보통 수행 평가로 30~40분을 할애해야 글쓰기가 가능한데도 말이다. 영역을 골고루 평가하기 위해 어쩔 수 없다지만 시험을 치르는 학생들 입장에서는 무척 버거운 일이다. 학생들을 관찰해 보니 글쓰기를 문제지에 썼다가 답안지에 옮기는 과정에서 시간이 초과되어 다 옮기지 못하는 경우도 있었다.

한편, 문제의 질을 떠나 6학년 담임들은 문제를 검토해 볼 시간조차 없다. 일단 시험 시간이 되어야 문제를 개봉할 수 있기 때문이며, 시험을 치르는 동안에는 OMR 답안지에 실수한 학생을 돕느라 바쁘고, 시험이 끝나면 답안지와 문제를 다 걷어서 교무실로 내려보내야 하기 때문이다. 이런 식으로 시험이 끝나면 교실에 답안지와 문제지가 하나도 없다. 6학년 담임들은 이 시험에서 철저히 배제되는 것이다. 학생들이 시험을 마치면 궁금한 문제도 있으련만 시험지가 없으니 궁금증을 해소시켜 줄 수 없다.

시험이 끝나면 6학년 교사들과 학생들은 굳이 시험에 대해 생각하지 않으려고 애쓴다. 그리고 몇 달이 지나면 '잘함, 도달, 미도달'로 결과가 나온다(개별 통지). 미도달을 받은 학생 수를 전체 학생 수로 나눠서 그 비율로 전국 초등학교를 서열화한다. 전국단위학업성취도평가에서는 교사와 학생이 철저하게 소외되고 학교의 서열화만 남는다.

시험지

학교 단위 일제 고사나 학급 단위 단원 평가 시험지를 빨간 펜으로 채점하다 보면 '100'이라는 점수가 떠오른다. 100점을 목표로 했을 때 항상 부족한 점수를 보면서 학생들은 과연 무슨 생각을 할까? 시험지 결과만을 자신의 능력과 수준을 판단하는 근거로 삼는다는 사실에 상처를 받지는 않을까?

문제 따로 학력 따로

교사가 수업을 하면서 수행 평가나 단원 평가를 준비할 시간이 충분하다면 보다 좋은 문제를 출제할 수 있겠지만 문제를 검토해 볼 시간이 없어서 가끔 인터넷 사이트에서 출력해서 치르게 하는 경우가 있다. 시험이 끝나고 나서야 문제가 있다는 사실을 깨닫는다.

4학년 1학기 국어

독서 감상문을 고쳐 쓰는 방법으로 알맞지 <u>않은</u> 것은 어느 것입니까? (　　)

① 맞춤법이 틀린 부분을 고쳐 쓴다.
② 꾸며 주는 말을 많이 넣어 고쳐 쓴다.
③ 제목이 내용과 어울리는지 확인해 본다.
④ 띄어쓰기가 틀린 부분을 찾아 고쳐 쓴다.
⑤ 글의 목적에 맞지 않는 내용을 찾아본다.

(출처 : 아이스크림)

위의 문제를 잘 푼 사람이 정말로 독서 감상문을 제대로 고쳐 쓸 수 있을까? 위의 문제를 푸는 것과 글을 고쳐 쓸 수 있는 능력은 전혀 다른 것인데 말이다. 지금까지 선택형 문제의 답을 찾는 것은 학생들의 학습 능력과는 거리가 멀다. 국어 문제를 잘 해결한다고 해서 글쓰기 능력이 향상되는 것도 아니다. 실제 교수-학습을 통해서 기르고자 하는 기능과 목표 달성에 맞는 평가를 해야 한다.

수업 따로 평가 따로

반 아이들이 좋아하는 놀이를 한 명 한 명 물어보면서 수업을 한 적이 있다. 아이들이 좋아하는 놀이를 이름과 함께 칠판에 써서 직접 문제를 해결하는 방식이었다. 그런데 마침 1학년 1학기 말이라 단원 평가를 시험지로 치르면서 황당한 경험을 했다. 시험지를 나눠 주고 문제를 풀라고 했더니 아이들이 수군거리는 것이다. 한두 명이 아니라 대부분의 아이들이 떠들기에 조용히 하라고 주의를 주었는데도 계속 수군수군. 아이들은 수업 시간에 했던 그대로 반 아이들이 좋아하는 꽃을 물어보고 나서 문제를 풀려고 했던 것이다. 교수-학습과 평가를 다른 방식으로 해서 발생한 문제였다.

1학년 1학기 수학

우리 반 어린이들이 좋아하는 꽃입니다. 물음에 답하시오.

영희		소영		민우		건영	
장미		국화		튤립		해바라기	
현수		동학		의제		재호	
튤립		장미		장미		해바라기	
주희		인옥		영미		민철	
해바라기		장미		국화		튤립	

우리 반 어린이들이 좋아하는 꽃은 무엇인지 이름을 적어 분류하여 보시오.

(출처 : 아이스크림)

수행 평가의 장면

학기 말이 되면 그동안 하지 못했던 수행 평가를 하느라 교사도 학생도 분주하다. 학기 중에는 진도를 맞추고 학교 행사를 치르느라 수행 평가를 놓치게 되는 경우가 많기 때문이다. 수업을 하면서 확인하지 못했던 평가를 하려고 보고서 과제를 내 주거나 공책 정리한 것을 확인하기도 하고, 악기 연주를 챙기면서 정신없이 학기를 마무리하고 통지표를 작성한다. 심지어 방학이 정말 올까, 푸념까지 늘어놓는다. 급하게 평가를 하다 보니 과제를 안 낸 학생은 '노력 요함', 과제를 내면 최소한 '보통'은 준다고 학생들에게 하소연하기도 한다. 또 평가 영역 가운데 관찰법으로 해야 할 때는 당일 하루의 모습만으로 평가를 당하는 경우도 생긴다.

교육과정에서 제시하는 학생 평가

■ **2011 개정 교육과정 총론**
(초등학교 교육과정, 교육과학기술부 제2011-361호 별책)

학교에서 실시하는 평가 활동은 다음과 같은 사항을 고려해서 이루어져야 한다.

(가) 평가는 모든 학생들이 교육 목표를 성공적으로 달성하기 위한 교육의 과정으로 실시한다.

(나) 학교는 다양한 평가 도구와 방법으로 성취도를 평가하여 학생의 목표 도달도를 확인하고, 수업의 질 개선을 위한 자료로 활용한다.

(다) 교과의 평가는 선다형 평가보다는 서술형 평가 그리고 수행 평가의 비중을 늘려서 교과별 특성에 적합한 평가를 실시하도록 한다.

(라) 실험-실습의 평가는 교과목의 성격을 고려하여 합리적인 세부 평가 기준을 마련하여 실시한다.

(마) 정의적, 기능적, 창의적인 면이 특히 중시되는 교과의 평가는 타당한 평정 기준과 척도에 의거하여 실시한다.

(바) 학교와 교사는 학교에서 가르친 내용과 기능을 평가하도록 한다. 학생이 학교에서 배울 기회를 마련해 주지 않고, 학교 밖의 교육 수단을 통해서 익힐 수밖에 없는 내용과 기능은 평가하지 않도록 유의한다.

(사) 창의적 체험 활동에 대한 평가는 창의적 체험 활동의 내용과 특성을 감안하여 평가의 주안점을 학교에서 작성, 활용한다.

수행 평가

초등학교에서 중점을 두고 진행하는 평가는 수행 평가이다. 수행 평가를 하는 방법으로는 서술형 또는 주관식 시험, 논술, 구술시험, 찬반 토론, 실기 시험, 실험-실습, 면접, 관찰, 자기 평가 보고서, 연구 보고서, 포트폴리오 등이 있다. 수행 평가를 계획할 때 주의해야 할 사항은 아래와 같다.

- 교과 교육과정 목표 분석하기.

- 학년별 교과별 평가 영역 정하기.

- 평가 영역에 맞는 평가 목표 정하기.

- 선정한 평가 목표를 평가하기 위한 방법 정하기.

- 평가할 때 관찰할 관점 정하기.

- 평가 영역은 반드시 한 학기에 모두 평가하지 않아도 됨.

- 지필 평가의 경우 100점으로 환산하지 말 것(서열화 지양).

- 수행 평가 계획은 반드시 학년에서 논의한 후 계획하기.

- 도덕 교과가 전담일 경우 담임과 전담 교사가 상호 협력하여 평가하기.

- 학기 초에 계획한 수행 평가는 수업 진행에 따라 변경할 수도 있음.

- 학생들에게 서열을 드러내는 작업 하지 않기(총점, 평균, 반 평균, 등수).

공정한 평가를 하려면?

교사와 학생은 수업 시간에 수없이 많은 상호 작용을 한다. 또 학생들끼리도 상호 협력을 하며 수업을 이끌어 간다. 수업은 교사와 학생, 학생과 학생 간의 상호 작용을 통해서 만들어진다. 학생들이 학습에 도달해 가는 과정이 부족하면 보충을 하고, 쉬운 내용은 수업을 빨리 진행하기도 한다. 그 속에서 교사들의 전문적인 수업 능력과 평가에 대한 안목이 발휘된다. 수업을 하는 매 순간은 평가와 직결되므로 이런 수업의 흐름은 비계획적이며 비의도적이지만 학생들 입장에서는 평가를 반영하기 때문에 중요할 수밖에 없다.

수업이 달라지면 평가도 달라질 것이다. 따라서 바람직한 평가를 하려면 수업이 잘 이루어져야 하고, 수업을 잘하려면 교사가 교육과정을 가지고 놀 수 있어야 한다. 전체 교육과정의 틀을 이해하고, 학년의 교육과정 목표와 교과의 교육과정 목표 그리고 그 내용들을 잘 알아야만 수업의 재구성이 가능해지기 때문이다.

교과별 분절적인 수업은 학생들의 발달을 돕는 데 한계가 있다. 요즘은 교과 전담 교사들이 많아져서 담임이 주제를 통합해서 수업을 하기가 어려워졌다. 이러한 한계를 극복하기 위해서는 교사 간 협의회를 상시로 운영해야 한다. 교육과정을 함께 의논하는 학년 교사 모임은 교사를 성장하게 만들고, 교사가 성장하면 학생들의 성장을 돕는 수업과 평가를 할 수 있게 된다. 또 교사가 교육과정을 가지고 놀 수 있게 되면 마음에 여유가 생겨서 학생들의 반응을 관찰할 수 있고, 그들을 어떻게 도와야 하는지 감을 잡을 수 있게 된다. 교사가 이런 감각을 체득하면 교사도 학생도 같이 성장하는 수업을 할 수 있게 된다.

발달 과정 중심의 평가

바람직한 평가는 학생들의 발달을 돕는 것이어야 한다. 학생 한 명한 명의 발달 과정에 관심을 갖는 평가가 되어야 한다는 뜻이다. 학생들을 서로 비교하면서 등급을 나타내는 평가는 학생들과 학부모, 교사에게 의미가 없다. 학생들은 교수-학습을 통해 성장하고 발달하므로 평가는 한순간의 모습을 담기보다 학생들이 발달하는 과정 속에서 앞으로의 모습에 대한 정보를 담아낼 수 있어야 한다.

예를 들어 4학년 1학기에 나오는 나눗셈에서 '세 자리÷두 자리' 또는 '두 자리÷두 자리'를 학습할 때 많은 학생들이 목표에 도달하지 못한다. 나눗셈의 원리를 이해하는 데 시간이 많이 걸리기 때문이다. 그러므로 나눗셈 단원을 마치면서 당장에 평가를 하거나 목표에 도달하지 못했다고 미도달로 평가해서는 안 된다.

또 하나의 예로 1학년 1학기에 학생들이 글쓰기를 했을 때 무슨 뜻인지 알기 어려운 글을 썼다고 치자. 이때 '한글 해득하기'를 미도달로 평가하는 것이 아니라 소리 나는 대로 쓸 수 있는 정도인지, 받침을 이해하지 못하는 수준인지를 파악하여 앞으로 어떤 도움을 주어야 하는지를 고려해서 평가해야 한다. 학생이 한글을 알아 가는 과정에서 어느 정도 단계에 와 있으며, 어떤 연습 과정과 도움이 필요한지를 알려 주는 것이 발달 과정 평가이다.

수업을 하는 동안 반복적인 연습이 필요하다면 연습을 하고, 시간이 흐른 뒤에 다시 한 번 평가를 하면서 목표에 도달하도록 도와야 한다.

협력 중심의 평가

교사와 학생, 학생과 학생 간의 소통과 협력으로 이루어지는 것이 진정한 수업이다. 교사는 학생들 상호 간의 협력과 교사와 학생 간의 협력이 수시로 이루어질 수 있도록 분위기를 조성하는 데 촉매 역할을 해야 한다. 그리고 학생과 학생이 공동체 안에서 서로 소통하고 협력하는 가운데 발달하는 모습을 평가해야 한다. 학생들끼리 학습에 도달할 수 있도록 교사가 적절하게 끼어드는 과정은 교사를 전문가로 만들어 주기도 한다. 시험지 점수로만 평가하지 말고 친구들에게 문제를 설명하고 놀이에 함께 참여하는 과정에서 상호 의사소통하는 능력을 키울 수 있도록 하는 것이 중요하다.

지금까지의 평가는 시험지 점수에 따른 평가로서 협력과 소통을 무시한 채 개별적인 성과와 결과만 중시하는 학생들을 길러 왔다. 그러나 지금의 어린이들이 성장해서 살아갈 미래는 많은 사람들과의 소통과 협력 없이는 힘들어질 것이다. 어린이를 다른 사람과 소통하고 협력하는 어른으로 길러 내기 위해서는 수업과 평가가 일관성 있게 협력을 중시하는 쪽으로 가야 한다. 가령 국어 시간에 토의를 할 때는 옆 사람의 말을 귀 기울여 듣는지, 반응을 보이면서 듣는지, 친구가 한 말에 자기 의견을 이야기하는지 등을 관찰해야 한다. 모둠 활동을 할 때는 다양한 능력을 가진 학생들이 모둠을 이끌기도 하고, 도움을 받기도 하는 그 과정을 평가해야 한다. 오직 활동의 결과물로 평가를 하는 것이 아니라 그 과정에서 협력하는 모습을 칭찬해 주고 격려하여 학생들에게 협력하는 기쁨을 느끼게 해 주어야 한다.

평가의 실제

6학년 1학기 사회과 평가

6학년 1학기 1단원은 우리나라 지형과 생활 모습을 학습하는 것으로 지필 평가를 했으며, 2단원은 우리나라 경제의 특징과 과제에 대한 것으로 실생활에서 경제를 익히고 알아보는 토의·토론 수업을 진행했다. 평가는 토의·토론에 참여하는 태도와 토론 후에 자기 생각을 정리한 논술 방식을 적용했다. 3단원은 생태적 환경을 만들기 위한 노력에 중점을 두고 학생들이 환경 보호를 위해 실천할 수 있는 과제를 선정했으며, 선정한 과제를 실천하는 캠페인과 홍보 활동에 참여한 모습을 평가에 담았다. 학습 주제에 맞추어 다양한 평가를 시도해 보았다.

■ 6학년 1학기 사회과 평가 사례

교육과정 학습 내용

1. 우리 국토의 모습과 생활
① 우리나라 국토의 위치와 영역을 지도와 지구본을 활용하여 확인한다.
② 우리나라 국토의 자연적 특성을 지형, 기후 등의 측면에서 이해한다.
③ 전형적인 사례 지역을 선정하고, 이를 통해 우리나라의 자연적 특성을 이해한다.
④ 자연적 특성을 기준으로 지역을 구분하고, 지역의 차이를 생활 모습의 측면에서 이해한다.
⑤ 전형적인 사례 지역을 선정하고, 이를 통해 우리나라의 인문적 특성을 이해한다.
⑥ 우리나라 국토의 인문적 특성을 인구, 산업, 교통, 문화 등의 측면에서 이해한다.
⑦ 북한 지역의 자연, 인문 지리적 특성을 이해한다.
⑧ 우리나라의 자연, 인문 지리적 특성을 지도, 그래프, 도표로 나타내고 그 다양한 자료에서 필요한 정보를 읽을 수 있다.

평가 방법			
우리나라 국토 만들기		국토 모습과 생활 지식 이해	그래프, 지도 분석
참여도	분석		
관찰	공책 정리	지필 평가	지필 평가

교육과정 학습 내용

2. 우리 경제의 성장과 과제
① 우리 경제의 특징을 자유와 경쟁이라는 측면에서 이해한다.
② 우리 경제의 변화를 성장, 위기, 극복이라는 국면으로 나누어 살펴본다.
③ 여러 경제 정보를 활용하여 우리 경제의 현황을 파악한다.
④ 우리 경제가 국제 거래를 통해 다른 나라 경제와 상호 의존하며 경쟁하고 있음을 이해한다.
⑤ 국제 경쟁력 증진을 위한 기업가, 근로자, 정부의 역할을 이해한다.
⑥ 경제 성장 과정에서 나타나는 여러 문제를 확인하고 이에 대해 대안을 모색한다.

평가 방법		
경제의 특징 조사	토론 참여도	경제 주체가 한 일 이해
숙제, 공책 검사	관찰	논술식 평가

교육과정 학습 내용

3. 환경을 생각하는 국토 가꾸기

① 인간이 자연 생태계를 구성하는 일부분임을 이해한다.

② 인간은 자연환경의 영향을 받고 있음을 국토 수준에서 파악한다.

③ 인간은 기술을 활용하여 자연의 제약을 극복할 수 있음을 국토 수준에서 이해한다.

④ 자연과 공존할 수 있는 방향으로 국토 개발이 이루어져야 함을 이해한다.

⑤ 국토 개발과 환경 보전에 대한 균형적인 사고를 할 수 있다.

⑥ 산업 활동의 입지 선정과 지역 문제 해결 과정에서 합리적인 의사 결정을 할 수 있다.

⑦ 국토 가꾸기와 환경 문제에 대하여 미래 지향적인 관점과 태도를 가진다.

평가 방법		
자연 놀이 참여도	환경 문제 해결을 위한 과제 선정	문제 해결 과정 참여
체험 활동	토의 과정 관찰	홍보지, 캠페인, 실천하기 보고서 작성

수학과 평가

수학과 평가는 수업 시간에 단원을 마무리하면서 지필 평가와 작도 등 수행 평가를 한다. 지필 평가를 할 때는 점수로 결과를 기록하는 것이 아니라 평가한 문항을 분석하여 개념 이해와 연산 및 응용 능력을 구분하여 '문제를 해결하는 능력'을 평가하면 학생들에게 필요한 정보도 제공할 수 있다.

■ 수학과 평가 사례

번호	이름	분수			학부모, 학생에게 줄 수 있는 정보
		개념	대소 비교	변환	
1	***	△	◉	◉	분수의 종류와 개념 공부 필요
2	!!!	○	◉	○	분수 학습 목표 도달
3	###	×	△	△	분수의 종류와 개념 이해 공부 필요
4	%%%	◉	◉	◉	분수 학습 목표 도달
5	@@@	◉	○	◉	분수 학습 목표 도달

국어과 평가

수업을 하면서 해당 주제에 맞춰 적절한 평가를 한다. 예를 들어 설명하는 글을 쓰는 능력이라면 글쓰기로, 토의나 토론이 목표라면 토론 장면에서 평가를 한다. 그러려면 수업 시간에 학생들의 모습을 보면서 반응을 확인하고, 글을 쓰거나 토론하는 모습, 글을 읽고 내용을 이해하는 정도를 평가에 반영해야 한다. 수업을 계획하고 수행하면서 학생들이 수업 과정에서 보여 주는 두드러진 반응들을 관찰하고 기록하여 각자에게 의미 있는 내용을 서술하도록 한다.

■ 4학년 2학기 국어 수업 장면 및 평가 방법 계획

수업 장면 및 관련 성취 기준	평가 영역	관련 단원	평가 방법	평가 시기
강화도 집중 공부 •설명하는 말을 듣고 중요한 내용을 이해한다. •소개하는 말을 듣고 능동적으로 반응한다. •조사한 내용을 친구들이 이해하기 쉽게 발표한다. •필요한 정보를 얻기 위해 사전 찾는 방법을 익힌다. •국어의 높임법을 이해한다.	듣기, 말하기, 읽기, 문학	2, 4, 5	관찰 보고서, 가족 평가	가을

■ 평가 : 국어과 강화도 집중 공부 수업 관찰 기록장

번호	이름	6하 원칙 찾기	요약하기 (처음)	요약하기 (마지막)	사전 찾기	쉽게 설명	학부모, 학생에게 줄 수 있는 정보
1	***	◉	혼자X	◉	◉	◉	강화도 관련 이야기를 요약하는데 처음에는 한 문장도 못 쓰다가 여러 차례 연습을 통해 요약하기 능력이 향상했음.
2	###	◉	○	◉		◉	이야기 구성 요소를 잘 찾을 수 있으며 요약하는 능력이 여러 차례 연습을 통해 발전하고 있음.
3	%%%		△	◉	△		이야기를 요약하는 능력이 향상함.
4	&&&	X	○	○	◉	◉	사전 찾기의 필요성을 알고 활용을 잘함.

평가 통지 양식

교무업무시스템(NEIS)상의 평가 기술 방법

– 관찰한 사실이나 특성을 그대로 기술한 경우

● 쉬는 시간에 틈틈이 책을 즐겨 읽으며 특히 역사책을 좋아합니다. 학급 문고에서 스스로 책을 찾아 읽습니다.

● 문제 상황에 즉각 반응하기보다 한두 번 생각한 다음에 반응하는 경향을 보입니다.

– 도움을 구체적으로 요청하거나 표현한 경우

- 독서를 통한 지적 경험의 확대와 글쓰기를 통한 자기반성, 복습 노트를 통한 자기 성찰을 강화할 필요가 있어 보입니다.

- 가족들과 대화를 자주 나누거나 몸을 부딪어 하는 놀이 등을 통해 상호 작용을 많이 하면 좋겠습니다.

– 변화(과정)를 기술한 경우

- 약수와 배수에 대한 이해가 더뎠지만 보충 활동으로 극복하고, 이를 활용하여 통분과 약분을 하고 대분수의 덧셈과 뺄셈을 할 수 있게 되었습니다.

- 학기 초와 비교하여 수업 시간에 집중하는 태도가 좋아졌습니다.

– 협력성을 강조한 경우

- 대표 토론자로서 논제에 맞는 주장과 근거를 준비하고, 논리적인 발표와 진행으로 친구들이 토론의 절차와 방법을 익히는 데 구체적인 도움을 주었습니다.

- 계산 속도가 매우 빨라 도우미 활동을 많이 하고 친구들을 잘 돕습니다.

– 이미지나 시적으로 표현한 경우

- ○○○를 보면 푸른 기운으로 올곧게 자라는 대나무가 떠오릅니다. 옳은 일을 추구하려는 열망이 하늘로 길게 자라는 대나무를 닮았습니다.

- 힘든 상황에서도 장점과 희망을 찾아내는 '긍정의 힘'을 지닌 멋진 어린이입니다.

– 장애가 있는 학생인 경우

- ○○○은 이제 친구들 학용품에 적힌 이름을 보고 주인을 정확하게 찾아줄 수 있을 만큼 자랐습니다. 과학 수업 내용에 어울리는 책(식물을 주제로 한 책)을 교사에게 추천할 정도로 인지적 측면에서도 성장을 보였습니다. 가을 운동회 때는 혼자 힘으로 1km나 되는 거리를 힘차게 뛰었습니다.

혁신학교의 평가 통지 양식

■ ○○의 학교생활

4학년	해반	00번	이름	○○○	담임	최혜영	출결 상황	결석(2)

해반 아이들의 전체적인 모습과 ○○○의 모습을 함께 담았습니다.

가을 학기의 시작과 함께 해반 학부모님들의 모임이 있었습니다. 그 속에서 4학년 아이들의 특성, 우리 반 아이들만의 장점, 가정에서 보여 주는 또 다른 모습과 부모님께 받은 영향을 알게 되면서 아이들에 대한 관심과 애정이 더욱 깊어졌습니다.

가을은 책을 읽기에 참 좋은 계절이기에 책을 소개하는 활동으로 문을 열었습니다. 아울러 학교 도서관도 문을 열면서 독서하는 분위기가 자연스럽게 퍼졌고, 수업 시간에도 관련 도서들을 많이 활용했답니다.

사전과 단어장을 활용하여 어휘력을 키우고, 글을 읽고 이해하며, 요약하고 정리하는 방법을 배웠습니다. 또 다른 사람에게 알기 쉽게 전달하는 방법을 찾기 위해 직접 소개하는 말을 해 보거나 보고서를 발표하는 과제를 수행했습니다.

우리가 지금 사용하는 숫자를 인간이 발명했다는 사실을 배우며 깜짝 놀라는 아이들이 많았습니다. 또 다양한 사람들의 모습처럼 식물도 저마다 다르게 환경에 맞춰 살아가고 있다는 사실을 공부하며 생명의 다양성과 소중함에 대해 많은 이야기를 나누었습니다.

감각을 깨우고 자연스럽게 의사소통을 할 수 있도록 돕는 몸의 움직임에 대해 공부하고, 생활 속 문화·예술 교육이 이루어지도록 기존의 형식적인 수업에서 벗어나 체험과 표현을 중심으로 하는 창의적인 음악 수업을 진행했습니다.

아이들은 우리가 발 딛고 서 있는 지구에 대해 막 관심을 갖기 시작했습니다. 겨울 학기에도 지구에서 일어나는 신비한 현상들을 탐구해서 아이들의 호기심을 충족시켜 줄 계획입니다. 또 세상에는 여러 가지 직업이 있다는 것을 알아보고, 자신의 적성과 흥미를 고려한 직업 탐색도 하게 될 것입니다.(전체 학생 동일)

○○○은 이제 친구들 학용품에 적힌 이름을 보고 주인을 정확하게 찾아줄 수 있을 만큼 자랐습니다. 과학 수업 내용에 어울리는 책(식물을 주제로 한 책)을 교사에게 추천할 정도로 인지적 측면에서 성장을 보였습니다. 가을 운동회 때는 혼자 힘으로 1km나 되는 거리를 힘차게 뛰었습니다.

■ 나의 가을 학기 되돌아보기(학생과 가정에서 작성)

가장 기억에 남는 일 (힘든 일, 즐거운 일)	
가장 많이 달라진 점	
그 밖에 하고 싶은 말	

학생의 발달을 지원하는 소통

평가 결과를 통보하는 과정에서 학생의 발달을 지원하기 위해서는 학교에서 보내는 일상의 모습을 가정과 소통하는 것이 중요하다. 교사가 다양한 방법으로 학부모와 소통하면 교사의 교육 철학을 알릴 수 있고 서로 협력하는 통로를 만들 수 있다. 소통 방식으로는 학부모 전체를 대상으로 학급의 소식을 전하는 방법과 학생과 교사 간에 대화나 상담을 통해서 하는 방법이 있다. 교사의 소통 노력은 곧 학생들의 발달을 지원하는 중요한 임무이기도 하다.

학생 전체, 학부모 전체와 소통하는 방법

– 알림장을 통한 소통

알림장에는 단지 숙제만이 아니라 학급에서 진행할 수업에 대한 안내, 집에서 복습해야 할 부분, 학생을 바라보는 교사의 교육 철학, 부모 도움 주기, 부모 도움 요청하기, 학교 소식 등에 대한 내용을 담는다. 하루 동안의 학교생활, 학급 문화와 학급에서 일어난 일들을 알려서 학부모가 교육의 주체로 참여할 수 있도록 도와야 한다. 학부모가 지속적으로 학급 문화와 소식을 접하면 학교에서 요구하는 도움을 적절하게 자녀에게 제공할 수 있게 되며, 이러한 소통을 통해 학생의 발달에 필요한 도움을 가정과 학교에서 한 방향으로 지원할 수 있게 된다.

– 반 모임, 학년 학부모 모임을 통한 소통

학부모 반 모임이나 학년 단위 모임을 할 수 있다. 학부모가 교사에게 궁금한 것을 직접 물어보거나 교사의 교육적 의도 등을 터놓고 이야기하는 장을 펼침으로써 학부모와 교사 간 소통의 한계를 극복할 수 있다. 반 모임을 통해 학부모들과 솔직하게 이야기하는 모습은 학생들의 성장에도 큰 도움이 된다. 또 학년 협력이 잘 된다면 학년 학부모 모임을 시도해 보는 것도 좋다. 학년에서 수업을 기획해서 그 학년 학부모들이 만나 공통의 과제를 놓고 이야기함으로써 학부모도 성장시킬 수 있다. 처음에는 교사의 주도로 움직이더라도 시간이 지나면서 학부모 동아리 형태로 자율적으로 운영할 수 있도록 지원해 주는 것이 좋다. 학부모가 성장하는 기회를 통해 결과적으로는 학생 발달을 도울 수 있을 것이다.

– 소식지나 편지를 통한 소통

학부모와 교사가 소통하는 또 하나의 방법은 소식지를 만드는 것이다. 학급 학생들이 쓴 글을 모아서 만들 수도 있고, 학급의 이런저런 소식들을 모아 정리해서 만들 수도 있다. 다음은 학부모 총회 때 '한 해살이'에 대한 안내를 한 자료이다. 총회 때 참석하지 못한 학부모들에게는 학생 편에 보내면 된다. 소식지의 내용과 형식은 주도하는 교사에 따라 다를 수 있으며, 주간 단위 또는 월간 단위로 할 수 있고 그 형태도 학급 신문, 학급 문집, 학부모 편지 등 다양하게 만들 수 있다.

꿈꾸는 1반 더불어 행복한 어린이	꿈꾸는 4학년 1반 소식지	발행일 : 2011. 5. 13(토) 담임 : 홍순희 선생님

학부모님 상담을 하고……

지난 며칠 동안 열 분 넘는 학부모님들이 상담을 하러 오셨습니다. 또 앞으로 몇 분이 더 하러 오실 예정입니다. 전화 상담을 하시는 분도 계셨습니다. 상담을 하면서 우리 꿈꾸는 1반 아이들이 더 소중하다는 생각을 하게 되었습니다. 상담을 마치고 아이들이 학교생활을 좀 더 잘 하려고 노력하는 모습도 보였습니다. 앞으로도 자녀에 대해 궁금하거나 상담이 필요하시면 언제든지 연락 주세요. 학교 업무가 많고 바쁘더라도 가장 먼저 도와드리겠습니다. 바쁜 시간 내서 상담하러 와 주신 분들께 감사드립니다.

우리 반 아이들이 변하고 있어요

이제 4월에 접어들었습니다. 3월 첫날의 모습과 지금 우리 반 아이들의 모습을 보면 많이 성장했다는 것을 느낍니다. 학부모님께 우리 아이들이 성장하고 바르게 자라는 모습을 알려 드리고 싶습니다. 크게 소리를 치며 말했던 아이들, 수업을 방해하던 아이들, 다소 예의 없던 아이들, 아침에 소란스럽던 아이들이 점점 변하고 있습니다.

이제 교과 교실에서도 교실에서 하는 것처럼 바르게 생활하는 일이 남았습니다. 각 가정에서도 다른 사람에 대한 예의와 화가 나더라도 말로 표현하도록 지도해 주신다면 아이가 학교생활을 하는 데 도움이 될 것입니다.

세시 풍속으로 풀어 가는 재량 시간

꿈꾸는 1반 재량 시간은 세시 절기로 풀어 가고 있습니다. 지난 4월 5일은 음력으로 3월 3일, 삼짇날이었습니다. 삼짇날은 강남 갔던 제비가 돌아오고 꽃이 만발한다는 날입니다. 우리 조상들은 삼짇날에 진달래 화전을 해서 마을 사람들과 나누어 먹었고, 서서히 농사지을 준비를 했다고 합니다. 우리 반도 삼짇날에 진달래 화전을 해 먹을 예정입니다. 이제 완연한 봄이고, 공부도 본격적으로 시작될 것입니다. 아이들이 생동감 넘치게 활동할 수 있도록 학부모님들의 많은 관심 부탁드립니다.

학급 홈페이지 개설

학급 홈페이지를 만들었습니다. 우선 학습 활동 사진을 바로바로 ○○○ 선생님(통합 지원 교사)이 올려 주고 있습니다. 또 학부모방에 학급 소식지를 게재합니다. 과제 제출방과 학급 문집방은 학생들이 활동할 방입니다. 주간 학습 안내방은 일주일에 1회씩 학습 계획안을 올려놓는 곳입니다. 이곳에는 4월 15일부터 자료가 올라갑니다. 학급 홈페이지는 학부모, 학생, 교사가 함께 가꾸어 가는 공간입니다. 학부모님들과 학생들의 많은 방문 부탁드립니다.

청소와 급식 당번 운영

교실 청소와 급식 당번 운영 방식을 변경했습니다. 기존에 1인 1역 운영 방식으로 하다 보니 아침 독서에 깊이 빠질 수가 없어서 바꾸게 되었습니다. 청소와 급식은 번호 순서대로 7명씩 4조로 구성했습니다. 급식은 배식과 뒷정리로 나누고, 청소 담당은 7명이 의논하여 각자의 역할을 정해서 하고 있습니다. 학급 봉사 활동에 성실하게 참여하는 학생들도 늘어나고 있습니다.

학급 자치 조직

학급 자치회를 구성했습니다. 학습자료부, 환경봉사부, 행사진행부, 편집부로 구성했고, 학급 임원들이 부장을 맡고 있습니다. 각 부서에서는 각자 할 일을 논의할 예정입니다. 학생들이 자치 조직을 활성화하여 학교의 주인으로서 그 역할을 충실히 할 수 있도록 돕겠습니다. 참고로 일본 지진 피해 돕기 성금 모금을 우리 반에서 제안하여 전교 어린이회에서 이 안건을 받아 진행했습니다. 우리 반 어린이들이 학교를 움직이는 데 큰 역할을 한 것입니다. 앞으로도 수서초등학교를 발전시키는 데 꿈꾸는 1반이 많은 제안을 하게 될 것입니다.

―――――――――――――――――― 자르는 선
(소식지를 보고 학부모님과 학생의 소감 쓰기)

개별 학생을 지원하는 방법

학습이나 학교생활에서 개별적으로 도움을 필요로 하는 학생이 있을 수 있다. 이런 학생을 적절히 지원하기 위해서 교사는 평소에 세심하게 관찰하고 파악해 두어야 한다. 또 특별히 문제가 되는 학생의 부모하고만 소통하는 것이 아니라 학생의 가족 가운데 꼭 한 명과는 꾸준하고 원만한 소통을 하도록 해야 한다.

– 개인 지원

학생 개인에 대한 도움이 필요하다고 판단했을 때는 도움을 줄 수 있어야 한다. 수업 시간 또는 쉬는 시간에 말 한마디를 해 주는 것부터 따로 상담을 하는 형태까지 다양한 방법이 있다. 교사가 학생에게 진정성 있는 도움을 주려면 학생들이 편하게 의사소통을 할 수 있는 학급 문화를 만드는 것이 우선이다. 교사와 학생 간의 신뢰가 바탕이 된 조언은 학생과 학부모에게 오해를 일으키지 않는다.

수업을 방해하는 학생이 있다면 학생과 학부모 상담을 통해 어떻게 도와야 할지 방법을 찾아야 한다. 교사가 학생이나 부모와 불편한 관계가 되는 것을 꺼려서 피하면 적기에 필요한 도움을 제공할 수 없게 된다. 또 발표를 하기 힘들어하는 학생이 있다면 돌아가면서 모두가 말할 수 있도록 자주 기회를 주는 것이 좋다. 발표를 할 때 의사 전달이 잘 안 된다면 크게 말하라고 하지 말고 "○○야, 입 모양이 작아서 그런 것 같아. 입 모양을 크게 하면 다른 사람이 이해하는 데 도움이 될 것 같은데"처럼 구체적으로 도움을 주는 게 좋다. 학습에 어려움을 겪는 학생이라면 수업 시간에 그 자리까지 다가가서 직접 도와주는 것이 바람직하다.

　개인적으로 상담할 내용이 있다면 따로 시간을 내어 이야기하는 기회를 만드는 것도 필요하다. 개인 상담을 통해 심리적인 문제를 해결하면 수업 시간에 집중할 수 있게 된다. 교사는 학생들을 세심하게 지켜보면서 심리 상태를 읽어 낼 수 있어야 한다.

　– 학부모 상담

　학생 상담을 통해 해결하지 못한 문제나 가정에 원인이 있는 것으로 보이는 문제라면 학부모 상담을 해야 한다. 상담 내용은 지극히 개인적인 부분이겠지만 올바른 학생 지도를 위해서는 반드시 필요하다. 요즘에는 학교에서 강제로 기간을 정해 놓고 학부모 상담을 하게 하는데 이런 방식보다는 비주기적으로, 또 수시로 하는 것이 더 효과적이다. 가장 바람직한 방향은 학기 초에 학생의 학습 목표를 정할 때 학부모와 함께 진행하고, 학기 말에 통지표를 전달하면서 원하는 경우 성과 등에 대해 상담을 하는 방식이다.

좋은 수업, 가치 있는 평가

　수업은 곧 평가이다. 학생 평가를 잘하기 위해서는 먼저 수업이 잘 이루어져야 한다. 자연히 평가에 대한 고민은 교사에게 수업을 어떻게 해야 하는지를 연구하게 만든다. 교사가 각 교과별, 단원별 특징을 분석하여 학생의 성장과 발달을 도모하는 수업을 계획할 때 가치 있는 평가도 가능해진다. 이런 치열한 고민 끝에 나온 수업이라면 결과적으로 학생을 성장시킴은 물론 교사를 진정한 교사로 설 수 있게 해 줄 것이다.

건강하고 행복한
우리 반 **한해살이**

어린이의 가능성을 믿는 교사

2010년 1학년을 맡았을 때 일이다. 1학년 네 반이 다 통합 학급이었는데 우리 반에 배정된 아이의 부모는 완전한 통합 교육을 원했다. 저학년 때만이라도 온전히 통합 교육을 받기 원하는 부모의 마음은 충분히 이해가 갔다. 다행히 시간이 지나면서 아이도 어머니도 적응을 잘했고, 여러 가지 면에서 발전이 있었다. 특히 감동적이었던 일은 어머니조차 안 될 거라고 포기했던 줄넘기를 넘게 된 일이다.

4, 5월에 대부분의 아이들이 점심시간에도 줄넘기를 하며 놀고 있을 때 그 아이만은 유난히 줄넘기를 가지고 나오지도 않았고 다른 곳을 배회했다. 그런데 6월이 되자 줄넘기를 들고 나오기 시작했다. 넘지는 않았지만 빙빙 돌리기도 하고 양손으로 잡고 친구들 사이를 오가

면서 관심을 보였다. 이때 기회다 싶어 줄을 한 번만 넘어 보라고 했더니 줄을 땅에 늘어뜨리고는 한 번 뛰어넘었다. 그다음 날도 스스로 줄넘기를 들고 나왔기에 두 번만 넘어 보자고 했더니 한 번 폴짝 뛰어넘고, 또 한 번 폴짝 뛰어넘었다.

여름 방학을 하기 전날 급식 지도를 마치고 교실로 돌아가는데 아이들이 "○○가 줄넘기를 엄청 잘해요!" 하고 소리를 쳤다. 다시 해 보라고 했더니 연속으로 세 번을 넘었다. 너무 기뻐서 아이들과 함께 박수를 치며 축하해 주었다. 개학한 뒤에는 스무 번도 넘게 줄넘기를 하면서 친구들과 어울려 놀았다.

그해에 ○○를 지켜보면서 교사가 아이의 가능성을 믿으며 다그치지 않고 기다려 주는 것이야말로 민주 교육의 기본 태도여야 한다는 사실을 깨달았다.

우리 반 한해살이의 철학과 방향 세우기

교육 철학과 방법론이 일치하는 교사의 삶

교사로서 나의 꿈은 무엇인가? 그리고 그 꿈을 교실에서 어떻게 실현하고 아이들이 경험하게 할 것인가? 교사라면 누구나 수도 없이 이런 고민을 할 것이고 그 해답을 찾기 위해 날마다 애쓰고 있을 것이다. 또한 끊임없이 자신의 교육 철학, 또는 교육 방식이 맞는 것인지를 확인하고 성찰하는 시간도 가질 터이다. 교사가 올바른 교육관을 정립하지 않은 채 학급 활동이나 행사를 진행하면 의미 없는 '활동'만 남기게 된다. 교사는 자신에게 맞는 교육 철학을 세우고, 자신의 삶의 과정에서 이를 실천해야만 한다.

한해살이의 목표 정하기

어린이들을 참된 인간으로 키워 나가기 위해서는 세상을 자기 마음대로 하려 하지 말고 함께 나누며 같이 잘 살아갈 수 있도록 해야 한다. 자기 몫의 의무를 다하고 경쟁보다 협력을 중심으로 생활하도록 가르쳐야 한다. 무엇보다 배움이 인간을 즐겁고 행복하게 하는 일이라는 사실을 경험하게 하려면 발달 경로가 다양한 아이들의 특성을 잘 이해하고 적절하게 지원해 주어야 한다. 또 학부모는 동원의 대상이 아니라 참여하고 협력하는 교육의 주체로 거듭날 수 있도록 이끌어야 한다. 이러한 인식 아래 학급의 한해살이 목표를 다음과 같이 정리해 볼 수 있다.

- 어린이, 교사, 학부모가 행복한 학급 만들기.

- 어린이들의 성장과 발달을 돕는 배움이 일어나게 하기.

- 서로 존중하고 배려하는 평화로운 학급 만들기.

- 민주적으로 소통하고 다른 사람을 존중하고 배려하기.

- 폭력 없는 평화로운 공동체 만들기.

- 학급의 삶과 활동에 생기가 넘치게 하기.

- 어린이 자치 살리기.

- 일과 놀이, 체험 활동을 통해 몸으로 겪어 보기.

– 받아들이기보다 내뿜기(말하기, 글쓰기, 그림 그리기 등으로 표현하기).

한해살이 준비하기

학급 어린이와 만나기

낯선 환경에 처음 발을 내미는 것은 어른이나 아이에게 똑같이 어색하고 두려운 일이다. 교사도 마찬가지 감정을 느끼기에 아이들과 새 학년 첫 만남을 어떻게 시작할 것인지, 1년간 어떻게 관계를 맺고 풀어 갈 것인지, 학급의 삶을 어떻게 가꾸어 가는 게 좋을지, 많은 고민을 하게 된다.

3월 첫날, 첫 만남을 의미 있게 만들기 위해서는 2월에 미리 새 학년 어린이들을 만날 준비를 해 두는 것이 좋다. 이름도 익혀 두고, 인사말도 준비하고, 아이들에게 자기소개를 어떤 방법으로 하게 할 것인지, 친구들 이름은 어떤 식으로 익히게 하면 좋을지, 어떤 놀이를 할 것인지 꼼꼼하게 챙기면 어린이들의 부담을 덜어 주는 즐거운 만남이 될 수 있다.

3월 한 달은 1년 동안 학급의 한해살이를 잘하기 위해 수업 시간과 쉬는 시간, 점심시간을 활용해 교과와 생활 전 영역에서 어린이들을 지속적으로 관찰하고 기록하면서 이해하는 시간을 갖도록 한다. 특히 특별한 지원과 배려를 필요로 하는 어린이들을 파악하는 것이 중요하

며, 아이들이 마음에 상처를 입는 일이 생기지 않도록 세심하게 주의
한다.

같은 학년 교사와 소통하기

새 학년을 맡아 1년을 행복하게 지내려면 같은 학년 교사와 잘 소통
하고 협력해야 한다. 학년 교사와의 소통은 교사 개인에게도 그렇지만
교육과정을 운영하는 데에도 매우 중요하다. 교육과정 협의회 성격으
로 학년 모임을 운영하면서 협력 학습과 소통의 고리로 삼는다. 학년
교육과정을 짤 때나 행사를 기획할 때도 동료 교사를 존중하고 배려
하는 마음으로 의견을 나누고 민주적으로 의사 결정을 해야 교사로서
서로 자긍심을 북돋울 수 있다.

교과 전담 교사와 소통하기

3학년 이상 학년은 교과 전담 교사와 어떻게 만나고 소통할지에 대
해서도 고민이 필요하다. 담임교사가 교과 전담 교사를 어떻게 대하느
냐에 따라 어린이들이 교과 전담 교사를 대하는 태도도 달라진다. 해
당 학년의 수업을 한 시간이라도 하는 교과 전담 교사라면 담임교사
와 동일한 교사라는 사실을 공식적으로 알린다. 교과 전담 교사를 적
극 지원하는 태도를 가져야 1년 동안의 교육과정 운영에서도, 생활 교
육 측면에서도 원활한 지원을 받을 수 있다. 학년 교육과정을 짤 때나
행사를 계획할 때 교과 전담 교사와 협의하면 다양한 교육 활동을 전
개할 수 있다는 점도 명심해 두어야 한다.

특수 교사와 소통하기

만약 통합 학급의 담임이라면 특수 교사와 긴밀하게 소통해야 바르게 지원할 수 있다. 장애의 종류와 정도에 따라 어떤 상황에서 어떻게 지원해야 하는지 달라지므로 지속적으로 소통하고 협력한다. 특히 많은 사람들이 지나치게 친절하고 온정적으로 대하면 스스로 성장하고 발전할 기회를 잃을 수도 있다. 담임교사가 지원하는 방법, 어린이들이 친구로서 지원하는 방법 등을 꾸준히 협의하는 것이 좋다.

학부모 만나기와 상담

교육은 학교에서만 이루어지는 것이 아니다. 교육 활동의 든든한 동반자이자 도움을 받아야 할 학부모와의 관계를 잘 풀어 가려면 강한 신뢰를 쌓아야 한다. 학부모와의 만남이 정성스럽고 기쁠 때 그 관계는 더욱 돈독해질 수 있기에 교사는 자신의 교육관이나 교육과정, 한 해 동안 꾸려 갈 학급의 삶에 대해 학부모와 어떻게 소통할 것인지를 고민해야 한다.

아이의 전면적 발달을 도모하기 위해 학부모와 수시로 만남을 가져야 하며, 학교를 방문하는 것이 부담스럽지 않도록 편안한 분위기를 만들어 주어야 한다. 상담을 하러 온 학부모를 친절하게 맞이하고, 따뜻한 차를 대접하며, 말 한마디라도 자상하게 건넴으로써 긴장을 풀어 주도록 한다. 교사가 학부모를 존중할 때 학부모도 교사를 존중하게 된다. 상담은 1년 동안 언제든지 자유롭게 할 수 있도록 하되, 1주일 전쯤 신청을 받아서 상담 내용을 확인하고 필요한 자료를 준비해 놓는다.

집중 상담 기간을 1년에 2회 운영해 본 결과, 자유 상담보다 집중 상담 기간에 참여하는 비율이 월등히 높았다. 학년 초인 3월에 실시하는 집중 상담 기간에는 학부모가 들려주는 아이의 특성을 듣고, 1학기 말이나 2학기 초에는 교사가 그동안 아이를 관찰하면서 느낀 점, 교육한 내용 등을 중심으로 이야기를 나누는 것이 좋다.

집중 상담 기간 동안 학부모가 맞벌이를 해서 밤이나 토요일에만 상담이 가능한 경우에는 교사가 무척 힘들다. 앞으로는 학부모 상담을 교사의 헌신성에만 의존하지 말고, 학부모가 학교를 방문할 때는 공가 처리를 할 수 있도록 사회적 시스템이 구축되어야 한다.

다양한 방법으로 학부모와 소통하기

교육은 학교에서만이 아니라 가정교육의 바탕 위에서도 이루어지므로 학부모와 교사가 서로 긴밀한 관계를 가질 때 효과가 커진다. 학부모와 원활하게 소통하기 위한 방법으로는 한 달에 한 번씩 정기적으로 편지 보내기, 학급 통신 보내기, 학급 신문 보내기, 학습 계획 안내문 보내기 등을 활용할 수 있다. 학급에서 교육과정을 운영하면서 학부모의 협조가 필요한 일이나 아이들의 학교생활에 대한 내용, 학교 교육 전반에 대한 안내 또는 학부모가 자녀를 이해하는 데 도움을 줄 수 있는 내용들로 구성한다. 교사는 학부모가 교육의 주체로 참여하여 문제 해결에 적극적으로 나설 수 있음을 알려야 한다. 그 밖에도 날마다 쓰는 알림장이나 전화, 이메일, 문자를 적절하게 활용하면 보다 원활한 소통이 이루어질 수 있을 것이다.

학부모들의 인식도 예전과 많이 달라져서 교육의 주체로서 학교의 교육 활동에 적극적으로 참여하는 경우가 늘고 있다. 하지만 아직도 교사와 학부모 사이를 불편하게 만들고 소통을 가로막는 가장 큰 적은 촌지이다. 학부모에게 신뢰받는 교사가 되려면 촌지는 확실하게 거절하고, 무엇보다 처음이 중요하므로 교육과정 설명회나 편지(학급 통신)를 통해 명확하게 표현하는 것이 좋다.

교육과정 설명회

교사가 학부모와 소통하는 가장 대표적인 방법이다. 교육과정 설명회는 담임교사 인사 및 소개, 학급 교육과정 소개, 한해살이 계획 등을 주요 내용으로 준비하고, 미리 안내문을 보내 많은 분들이 참석할 수 있도록 한다. 당일에는 간단한 다과를 준비하고, 따뜻한 웃음으로 반갑게 맞이하는 등 교사가 먼저 진심을 다함으로써 참여도를 높여야 한다. 또 학부모가 동원의 대상이 아니라 참여하고 협력하는 교육의 주체로 자리매김하는 계기로 삼아야 한다.

건강하고 행복한 삶을 가꾸는 우리 반 한해살이

현행 교육과정의 가장 큰 문제점은 어린이의 발달 수준에 비해 교육 내용이 너무 어렵고, 양이 많으며, 학급당 학생 수가 많다는 것이다. 또 어린이들이 직접 경험하거나 체험하는 활동과 공동체 놀이가 부족하며, 다른 사람을 배려하고 존중하는 태도를 기르는 내용도 부족한 편이다. '교사는 교과서가 아니라 교육과정으로 가르쳐야 한다'는 말은 시간마다 다른 교과를 가르쳐야 하고, 해마다 학년과 업무가 바뀌는 초등 교사에게 참 힘든 주문이다. 하지만 초등 교사야말로 특정 교과나 분과주의에 얽매이지 않고 교육과정을 통합적으로 재구성할 수 있는 적임자이기도 하다. 학년과 학급의 교육과정은 학생의 발달 수준을 고려하여 교과 활동과 일상 활동으로 체계화하되, 성장과 발달을 지원하는 활동이 되도록 교육 철학을 정립하고, 그 철학을 학급의 삶에 스며들게 하는 것이 무엇보다 중요하다.

경쟁에서 협력으로 평화로운 교실 만들기

– 교사 비폭력 선언하기

폭력 없는 평화로운 공동체를 만들기 위해서는 교사부터 비폭력을 선언해야 한다. 아이들은 교사의 의지와 기대, 교육관에 대해 끊임없이 관심을 갖고 탐색하기 때문에 교사가 평화에 대한 강한 의지를 표현하는 일은 매우 중요하다. 체벌을 하지 않겠다는 것과 괴롭힘을 당하는 아이는 반드시 지키고 도울 것이라는 내용으로 평화로운 교실 만들기 선언을 하면 아이들도 교사에 대해 믿음을 갖게 된다.

– 벌과 보상이 없는 한해살이 계획하기

숙제와 발표, 규칙 지키기에 대해 상벌 제도를 운영하면 경쟁이 너무 심해져서 다른 사람을 배려하는 마음을 갖기 힘들어진다. 오로지 1등을 하겠다는 경쟁심만 남는다. 내적 동기가 없는 상벌제보다 평화로운 교실을 만들기 위한 규칙을 학급 회의에서 정하고, 문제가 생겼을 때는 해결하는 능력을 길러 주는 것이 바람직하다.

– 성장과 발달을 지원하는 평가

교사가 교수-학습 활동 가운데 필요에 따라 수시로 평가하고, 그 결과를 다시 수업에 반영하여 어린이에게 필요한 도움을 주는 평가 과정은 평화로운 분위기 형성에도 무척 도움이 된다. 교사의 비폭력 선언과 어린이들이 정한 학급 규칙은 교육과정 설명회나 학부모에게 보내는 편지에 알려서 다 같이 공유하도록 한다.

몸과 마음을 깨우는 하루 열기와 닫기

– 하루 열기

아침은 하루를 여는 중요한 시간이다. 아침부터 이런저런 이유로 힘든 아이는 학교에서 배움이 즐거울 수 없고, 친구들을 배려하기도 어렵다. 교사는 아침 열기 시간을 활용해 돌봄이 필요한 아이가 있는지, 마음이 상한 채 학교에 온 아이는 없는지 몸과 마음을 살피고 풀어 준다. 하루 열기는 교실에 들어오는 어린이들을 반갑게 맞이하기, 서로 인사 나누기, 가볍게 산책하기, 시 낭송하기, 하루 일과 계획하기, 음악 감상하기, 노래하기 등으로 운영할 수 있다. 또 수업과 연계된 활동으로 진행할 수도 있다. 수업 시작 바로 전에 10분 동안(또는 1블록 수업 시간의 처음 10분 동안) 하루 열기를 하고, 날마다 같은 패턴으로 되풀이하면 어린이의 감각 발달을 꾀할 수도 있다. 교사는 활기찬 하루 열기를 위해 컴퓨터를 켜지 않도록 한다.

– 하루 닫기

그날 공부한 내용에 대한 성찰, 하루 일에 대한 반성, 학급 전체에

하고 싶은 말, 칭찬하고 싶은 친구나 사과할 일 등을 이야기한다. 익숙해지면 사회자를 정해서 아이들끼리 직접 진행하게 한다. 하루 일과를 돌이키며 성찰하는 시간을 갖고 간단하게 기록하는 방식으로 진행할 수도 있고, 그 결과를 학급 전체가 공유하는 시간을 가질 수도 있다. 하루 닫기 활동을 지속적으로 진행하면 구성원들이 주체적으로 학급 활동에 참여하면서 자존감을 북돋우는 계기가 될 수도 있다.

놀이 시간 확보하기

어린이들에게 자기 힘으로 놀이를 조직하게 하고 제도적으로 놀 기회를 제공하면 더 건강하게 성장한다. 40분 단위의 수업 시간만으로는 배움을 몸으로 익히기에 부족하다. 노는 시간 동안 어린이들은 자신을 마음껏 발산하면서 마음의 여유와 평화를 찾고, 쉼이 곧 배움을 스며들게 해 주는 촉매제 역할도 한다. 따라서 하루에 30분, 노는 시간을 확보해 주는 것은 중요한 일이다.

하루에 30분씩 노는 시간을 확보하려면 2시간씩 묶어서 블록 수업을 해야 한다. 블록 수업을 형식적으로 도입해도 충분히 교육 활동을 바꿀 수 있다. 주제 통합 교육이나 프로젝트 학습에 대한 부담감 대신, 노는 시간을 충분히 확보해 주는 것이 더 의미 있는 일일 수도 있다. 요즘 어린이들은 친구들과 어울려 노는 데 익숙하지 않고 놀이도 잘 모른다. 교과 시간과 창의적 체험 활동 시간을 활용하여 전래 놀이를 비롯해 다양한 놀이 방법을 지도하여 어린이들 스스로 놀이 문화를 형성하도록 돕는 것도 필요하다.

계절의 흐름으로 엮는 학급의 한해살이

주5일 수업으로 주말에 휴식 기간이 있다고는 해도 한 학기에 다루는 교육 내용이 지나치게 많고 어려운 상황에서는 중간에 '쉼'이 있는 흐름이 꼭 필요하다. 최근 혁신학교에서는 봄과 가을에 짧은 방학을 두어 집중과 휴식이 조화로운 생활 감성을 지니도록 4학기제를 운영하고 있다. 4학기제를 운영하기 어렵다면 학년이나 학급 단위에서 교육과정 재구성을 통해 한 학기의 중간과 기말에 체험 중심의 학습을 집중 배치하여 효과를 누리는 방법도 있다. 관련 계획을 세울 때는 같은 학년 교사나 교과 전담 교사와 협력하면 더 좋은 성과를 얻을 수 있을 것이다. 다음 예시 자료를 활용하여 학년이나 학급에 따라 그 내용이나 수준을 적절히 구성해 볼 수 있을 것이다.

■ 학년, 학급 수준 4학기제 흐름을 위한 활동 예시

계절	집중 활동	절기 행사	항상 가능한 활동
봄	봄꽃 찾기, 화전 부치기, 쑥 캐기, 씨앗 심기, 감자 심기, 고구마 심기, 학급 옷 만들기, 자연 염색(풀잎 염색), 자연 생태 놀이	삼짇날 : 화전 만들기, 버들피리 만들기, 풀각시 만들기, 풀 씨름하기	인형극, 연극, 역할극, 음악극, 음식 만들기, 학급·학년 단위 체험 학습, 놀이마당, 발표회
여름	목공, 바느질, 수영, 감자 캐서 쪄 먹기, 자연 염색, 화초 놀이(자연 생태 놀이), 물놀이	단오 : 수리취떡 만들기, 부채 만들기, 씨름하기, 장명루 짜기, 화채 만들기	
가을	추석 관련 활동 : 강강술래, 전래 놀이, 가을걷이, 자연 생태 놀이, 가을 운동회	추석 : 송편 만들기, 강강술래 노래와 놀이, 씨름	
겨울	썰매나 스케이트 타기, 민속놀이, 뜨개질, 자연 생태 놀이, 학년 마무리 잔치	동지 : 동지 팥죽, 짚공예, 책력 만들기	

아름다운 마무리

다음 학년 소개하기

대부분의 아이들은 새로운 만남, 학습에 대한 두려움, 불편함 등을 이유로 다음 학년에 대해 거부감을 갖기 쉽다. 다음 학년에 배울 학습 내용이나 새 교사와의 관계를 설명해 주고 궁금증을 해소하는 시간을 갖는다면 얼마간 긴장이 풀릴 것이다. 다음 학년 소개하기는 어린이 스스로 마음가짐을 새롭게 할 수 있는 유의미한 마무리 활동이다.

학급 문집 만들기

학급 어린이들이 1년간 쓴 글을 모아서 학급 문집을 만들면 소중한 추억이 된다. 학급 문집의 내용과 발간 횟수는 학년 초에 학급 회의를 통해 결정해서 진행한다. 우리 반 한해살이의 활동 모습이 담긴 사진을 함께 싣는 방법도 권할 만하다. 개인 사진과 모둠 사진을 넣어 만든 문집은 어린이와 학부모들에게 사랑받는 한해살이의 마무리 활동이다. 학교 예산에 문집 발간 비용이 편성되어 있는 경우라면 쉽게 제본을 할 수 있고, 그렇지 못한 경우라면 학습 준비물실에 비치된 제본기를 활용하여 만든다.

작품집 만들기

보통 1년 동안 쓴 글들을 모아 문집을 만드는 경우는 많은데 그림은 그냥 나눠 주거나 접어서 클리어 파일에 정리하게 하는 편이다. 작품

집 만들기는 자신이 그린 그림을 소중하게 여기게 하자는 생각으로 시작했는데 저학년이나 고학년 모두 만들고 나서 무척 뿌듯해했다. 작품집을 만드는 방법은 간단하다. 먼저 각자 개성을 살려 표지에 붙일 이름을 짓고, 표지 그림도 자유롭게 그린다. 그다음에는 모아 놓은 그림과 꾸미기 작품들을 도화지에 붙여서(크기가 다양하므로) 잘 정리한 다음에 묶으면 된다. 학년에 따라 난이도를 고려하여 마무리를 한다. 대부분 스테이플러로 묶거나 제본 테이프를 붙여서 처리하는데 저학년은 교사가 많이 도와주어야 한다.

마무리 잔치

마무리 잔치는 대체로 발표회와 놀이, 간식 나눠 먹기 등으로 계획한다. 발표회의 경우 하고 싶은 것을 제한 없이 마음대로 하도록 하거나, 1년 동안 배운 것 가운데 정해서 하도록 한다. 인원도 자유롭게 구성한다. 다만 학급 구성원 모두가 참여하는 것을 원칙으로 하되, 참여하지 않으려는 아이가 있으면 친구들과 교사가 도움을 주어 참여하도록 한다. 구체적인 마무리 잔치 계획은 학급 회의를 통해 결정하고, 마무리 잔치에 필요한 예산은 학급 운영비를 사용한다.

그 밖에 고민해야 할 학급 활동

교실 공간의 구성

교실은 어린이와 교사의 학습 및 생활을 위한 기본 공간이므로 학습 활동의 종류와 필요에 따라 가구, 학습 영역, 놀이 공간, 개인 좌석 등이 융통성 있게 정해져야 한다. 교실 뒷면의 작품 게시판은 학습 활동 시간에 협력해서 구성하도록 한다.

수업의 질을 높이는 교구와 학습 준비물 갖추기

요즘은 시도 교육청과 지자체에서 교수-학습 활동에 필요한 준비물 비용을 지원하고 있어서 잘 갖추고 있는 편이다. 입학 선물은 필통, 진한 심 연필 세 자루, 지우개, 종합장, 이름표, 비닐 폴더, 뚜껑 있는 개인 컵(1학년의 경우) 등으로 준비한다. 진급 선물은 3월 초에 준비하려면 너무 늦으므로 미리 구입해서 포장해 놓은 다음 학년을 마치는 종업식 때 건네면서 축하해 준다. 그 밖에 교수-학습 활동과 학급 운영에 필요한 학습 준비물과 교구들을 미리 준비해 놓는다.

책 읽어 주기와 돌려 읽기

학교 도서실에서 구입한 책을 빌리는 방법으로 학급 문고를 조성한 다음 돌려 읽기를 하면 효과적이다. 독서 지도를 하는 방법은 다양하지만 먼저 교사가 책을 가까이하고, 책을 읽어 주어서 관심을 갖게 하는 방법이 가장 좋다. 고학년 아이들도 교사가 책을 읽어 줄 때는 집중해서 잘 듣고, 이런 활동이 호기심을 자극하여 도서관에서 빌려 읽게 만들기도 한다. 책을 읽으면 반드시 독후감을 쓰게 하는 교사들이 있는데 독후 활동에 너무 치중하면 오히려 책을 멀리하게 만들 수도 있다.

급식 지도

학교 급식은 '성장기 학생들에게 필요한 영양을 공급함으로써 심신의 건전한 발달을 돕고, 편식 교정 및 올바른 식습관 자세를 기르며, 민주 시민으로서 갖추어야 할 자질과 덕성을 함양하는 국민 식생활 개선에 기여하기 위해 학교에서 일정한 지도 목표를 설정하여 계획적으로 실시하는 단체 급식'이다. 올바른 식습관 가운데는 밥을 먹는 시간도 포함된다. 30분 동안 천천히 씹어 먹어야 비만을 예방할 수 있고 건강해진다는 것이 정설이다. 적어도 밥 먹는 시간을 20분은 확보해 주고 스무 번 이상 씹어서 먹도록 지도한다.

청소와 역할 분담 활동

교실 청소는 즐거운 교육 활동 가운데 하나여야 한다. 따로 당번을 두어서 청소하지 말고 언제나 자기 자리를 깨끗이 하는 습관을 들이되 하교할 때 간단하게 자기 주변을 청소하도록 한다. 나머지 공간은 역할을 분담해서 해결한다.

교과별 수업 내용 재구성하기

삶과 교육이 하나인
국어

아이와 교사가 함께 자라는 수업

교사가 국어 수업을 하면서 가장 전달하고 싶은 내용은 무엇일까? 국어 수업을 통해 어린이들과 나누고 싶은 삶은 어떤 것일까? 무엇보다 어린이들이 어떻게 성장하길 바라고 있을까? 교사라면 누구나 수없이 고민해 보았을 이 질문들은 어쩌면 국어과만의 문제가 아니고 모든 교과에서 묻고 대답해야 할 주제일 것이다. 나아가 학급 운영 전반에서 그리고 '학교살이'라는 일상에서도 늘 염두에 두어야 할 과제일 것이다.

교사에게 있어 교육이란 '어린이들과 삶을 나누는 일'이다. 무엇을 억지로 힘들여서 하는 게 아니라 내가 그렇게 살면서 보여 주는 것이 진짜 교육일 것이다. 그래서 교육은 교사의 입에서가 아니라 뒷모습에서 일어나는 일이라고 말하기도 한다. 곧 '아이들을 어떻게 교육할 것인가'라는 물음은 '교사가 어떻게 살아갈 것인가'와 같은 뜻이다. 어떻게 살까를 고민하지 않거나 고민만 하고 삶에서 일관성 있게 보여 주지 못한다면 그 어디에서도 교육은 일어나지 않는다. 반대로 아이들에게 이래라저래라 하기 이전에 교사가 먼저 그렇게 살려고 노력한다면 교육은 저절로 일어날 것이다.

이런 고민을 하는 교사들이라면 '어린이들의 삶을 고스란히 수업 속으로 들여와야 한다'는 생각에 동의할 것이다. 아이들이 자기 주변의 이야기를 하면서 삶을 들여다보고 또 가꿀 수 있는 사람이 되어야 한다고 믿을 것이다. 그리고 자기 삶이 수업 속으로 들어왔을 때 비로소 아이들도 자신에게 필요한 어떤 일(활동)을 할 수 있게 된다.

좋은 국어 수업을 위하여

– 아이들이 당면한 현실을 자연스럽게 풀어 가기

교과서를 벗어나 구체적인 어린이들의 삶을 수업의 소재로 끌어들이는 일은 말처럼 쉽지만은 않다. 그러나 이러한 시도는 아이들을 자기 삶의 주인으로 세우는 가장 소중하고 우선적인 일이다. 교과서의 벽과 한계를 넘어 아이들의 삶에 집중하는 수업을 통해 자연스럽게 입을 열고 참여하도록 도와야 한다.

– 교육과정과 아이들의 발달 특성을 고려한 재구성

교과서는 교육과정을 토대로 만든 수업 자료이지만 교사는 그 가운데서도 지금 우리 반 아이들에게 가장 필요한 것을 가려 뽑아야 한다.

아이들이 호기심을 갖고 함께할 수 있는 활동이 되어야 흥미롭게 주체적으로 참여할 수 있다.

－ 평가는 측정이 아닌 학습의 과정이라는 관점으로

객관적이고 신뢰도 높은 측정을 하겠다고 나섰다가 정작 사람을 놓치는 경우가 있다. 우리가 목표로 하는 것이 아이들의 성장과 발달이라면 모든 평가는 곧 학습의 과정이 되어야 한다. 한 가지 시점으로 그리고 단절적으로 평가하던 방식에서 벗어나 지속이고 과정 중심적인 질 높은 평가로 패러다임을 전환해야 한다.

－ 충분히 말할 수 있도록 허용하고 차분하게 쓸 수 있도록 배려하기

기다림과 배려가 없는 곳에서는 편안하게 자신의 이야기를 풀어놓을 수 없다. 무엇이든 충분히 말할 수 있고 차분하게 쓸 수 있도록 해 주어야 한다.

－ 원작을 다루려 애쓰고 그 속에 충분히 빠질 수 있는 여유 갖기

교과서에 짧게 편집되어 들어간 글 자료들은 어딘가 모르게 퍽퍽하고 삐걱거리는 느낌을 준다. 원작이 지닌 재미와 분위기, 주제 의식 등을 직접 느껴야 하는데 발췌해서 실은 짧은 글만으로는 충분히 빠질 수 없기 때문이다. 교사는 좋은 글 자료를 얻기 위해 평소에 어린이 책을 많이 읽어야 한다.

－ 아이들의 글 자료를 가능한 한 많이 활용하기

아이들이 쓴 글은 어른들이 쓴 글 못지않게 수업의 좋은 재료가 된다. 아이들의 삶이 고스란히 묻어 있기에 더 공감이 가고 울림을 준다.

어린이의 발달 특성을 토대로 재구성하기

교육과정을 재구성하기 위해서는 아이들의 발달 특성에 대한 이해가 전제되어야 한다. 또 교육과정에서 제시하는 주요 성취 기준을 계열적으로 파악하고 있어야 한다. 이 두 가지가 교육과정을 재구성하는 씨실과 날실이다.

1, 2학년의 특성과 국어 교육

학교생활에 첫발을 내딛는 시기이므로 적응과 기본 생활 습관 형성, 기초 학습 능력 정착에 주안점을 두고 지도한다. 특히 한글을 터득하고 입학한 경우와 그렇지 않은 경우가 공존하고 있는 상황이어서 학년 초에 교사의 각별한 배려가 필요하다. 말하고 듣는 활동을 충분히 한 다음 자연스럽게 문자 학습으로 이어지도록 하며, 적어도 한 학기 동안은 한글 익히기에 중심을 두고 지도한다. 전 교과에서 국어 수업을 한다는 생각으로 우리말과 우리글 지도에 집중한다.

2학년이 되면 도구의 사용이 능숙해지고 움직임의 범위도 커진다. 혼자만의 놀이에서 벗어나 여럿이 어울려 노는 경향을 보인다. 말이 제법 유창해지고, 새로운 낱말에 대한 호기심으로 질문을 자주 하며, 이야기 듣기와 책 읽기를 즐긴다. 이에 비해 학습 활동에 대한 주의 집중 시간은 여전히 짧은 편이다. 또 전체 내용을 조직적으로 엮기보다 낱낱의 낱말에 집중하는 경향이 강하다. 매우 자기중심적이며, 일대일 대화에는 능숙하지만 사람들 앞에 나가서 말하는 데는 취약하므로 모둠별로 논의하면서 문제를 해결하도록 요구하기에는 아직 이르다.

문법적인 내용에서는 홀소리와 닿소리, 간단한 문장 부호, 호흡에 맞춘 띄어쓰기, 표기와 소리가 다른 경우를 주로 다룬다. 읽기에서는 의미 단위로 띄어 읽을 수 있는 정도면 된다. 우리말에 관심을 가지면서 낱말 사이의 의미 관계를 이해할 수 있도록 평소에 유의어, 반의어에 자주 노출시켜 주는 것이 좋다. 여러 가지 말놀이를 통해 어휘 수를 늘려 나갈 수 있도록 하고, 글을 쓸 때 분량은 3~5문장 정도로 하여 부담을 주지 않는다.

저학년은 문학 작품과 친해지는 초보적인 독서기로, 교사가 읽어 주거나 학생이 소리 내어 읽는 방법을 통해 책에 대한 관심과 흥미를 유도할 수 있다. 또 그림책을 보는 다양한 방법을 소개하여 충분히 즐길 수 있도록 이끈다.

3, 4학년의 특성과 국어 교육

3학년은 교육과정이 크게 바뀌는 시기로 학교생활 적응에 어려움을 호소하는 아이들이 많아진다. 특히 오후 수업이 늘고, 교과서가 많아지며, 사용하는 어휘가 어려워져서 내용을 이해하기 힘들어한다. 수업에서 소외되는 아이들이 나오기 시작하는 것도 이 시기이다. 그런 만큼 각 교과 및 교과서에 대한 친절한 안내가 필요하다. 다행인 것은 새로운 교과에 대한 흥미와 호기심이 높아서 수업에 활발하게 참여하려고 한다는 점이다. 서서히 자기중심적인 생각에서 벗어나고 객관적인 인식이 생기면서 남을 배려할 줄 알게 되고, 세상에 대한 호기심으로 활동 범위가 넓어진다.

4학년이 되면 집중할 수 있는 시간이 길어지면서 어느 때보다 성실하게 학교생활을 한다. 3학년부터 어려워진 교과 내용과 어휘력, 독해력의 차이로 학습에 개인차가 나타난다. 독서량의 차이는 독서에 대한 태도로 이어져 책 읽기를 완전히 포기하는 학생도 보인다. 중학년은 그림책에서 글의 분량이 많은 책으로 넘어가는 전환기로 개인의 독서 역사에서 고비를 맞는 시기라고도 할 수 있다. 이때 긴 글에 대한 두려움을 없애는 것이 가장 중요하므로 분량이 많아도 내용이 쉽고 재미있는 책을 선정하여 읽힌다.

저학년 때 문자 해득을 중점적으로 지도했다면 중학년 시기에는 어휘력과 독해력을 기르는 데 중점을 두고 수업 시간마다 새롭게 등장하는 어려운 어휘를 알아 가는 과정을 소중하게 다룬다. 국어사전을 바로 찾아보게 하지 말고 먼저 앞뒤 문장을 읽고 낱말의 뜻을 추측해 보는 활동을 한다. 그다음에 국어사전으로 정확한 의미를 확인하면 어휘를 알아 가는 즐거움을 맛볼 수 있다. 새로 알게 된 어휘는 '단어장'을 만들어 기록하게 하고, 그 뜻과 사용하는 예, 유의어·반의어 등을 적어 두면 어휘를 불리는 데 큰 도움이 된다. 글의 분량은 한 문단에서 두 문단 정도로 잡아 부담을 줄여 주고, 서술어 중심으로 문장 성분을 분석하면서 되도록이면 완성된 문장으로 글을 쓰도록 지도한다.

5, 6학년의 특성과 국어 교육

5, 6학년은 사춘기라는 현상 앞에서 신체와 정신에 커다란 변화가 시작되는 시기이다. 가족보다 친구나 이성에 대한 관심이 높아지고 특히

외모에 신경을 쓴다. 또래끼리 집단의식이 강해져 대부분의 판단을 그 집단에 맡기는 경향을 보이며, 이것이 무리 짓기나 패거리 형성 등 배타적인 또래 문화를 만들기도 한다. 교사는 아이들의 이러한 성향을 수업의 소재로 삼아 교과는 물론 생활 교육까지 아우를 수 있도록 한다.

사회에 대한 관심이 증가하면서 비판 의식도 강해지는데 간혹 저항감이나 반항심으로 나타나기도 한다. 이는 논리적 사고가 발달했다는 뜻으로 토의·토론 학습에 대한 흥미가 높아진다. 다른 사람의 의견을 경청하면서 다양한 생각을 공유하고, 자신의 의견과 비교하면서 생각이 깊어지고 성숙해진다.

토의·토론에서는 실생활과 관련이 있는 주제를 될 수 있으면 학생들이 직접 찾아내도록 한다. 이때 결정한 내용은 반드시 실천할 수 있도록 상황과 조건을 마련하여 논의 과정이 헛되지 않고 아이들의 삶에 의미 있는 활동이었음을 깨닫게 해 주어야 한다. 활동 후에는 글로 쓰면서 자신의 생각을 일관된 흐름으로 정리하는 기회를 갖도록 한다. 처음의 생각과 토의·토론을 거치면서 달라진 생각을 따라가면서 집단 지성의 힘을 끊임없이 몸으로 체험하도록 한다. 이런 과정을 통해 아이들은 자연스럽게 협력의 소중함도 알게 된다.

고학년의 독서 양상을 관찰해 보면 책을 선택할 때 자기가 좋아하는 분야에 집중적으로 탐닉하는 경향을 보이며 서서히 비판적 읽기가 가능해진다. 작품을 읽고 이해하는 폭이 넓어지며 다양한 관점에서 해석할 줄 알게 되므로 독서 토론 활동이 잘 맞는다.

생활문 중심이던 저·중학년과 달리 다양한 종류의 글을 접하면서 그 특성을 이해할 수 있도록 하고, 글을 쓸 때는 세 문단 정도로 하되 들어가는 말, 본격적으로 하고 싶은 말, 마무리의 형식과 완결성을 갖추도록 한다.

국어 수업의 사례

국어 수업을 잘하기 위해서는 반드시 재구성이 필요하다. 교과서는 좋은 예시 자료일 뿐이므로 교사는 교육과정의 성취 기준과 어린이의 발달 특성을 고려하여 수업을 자유롭게 넘나들 수 있어야 한다. 가장 적절한 재구성의 형태는 갈래별(장르별)로 하거나 언어 사용의 목적에 따라 묶는 방법이다.

'어린이 시'로 시와 가까워지기

– 어린이 시란?

학기 초에 아이들의 마음을 열고 가까워지는 방법으로 시만큼 좋은 것이 없다. 분량이 짧아 부담이 없고 시에 대한 편견을 바로잡으면서 아이들과 친해질 수 있다. 교과서에 나오는 시들은 주로 어른들이 어린이를 위해 쓴 소위 '동시'들이다. 즉, 어린이의 눈으로 바라본 세상이 아니라 어른들이 어린이들에게 해 주고 싶은 이야기로 가득한 시들이다. 동심 천사주의, 계몽성 등은 그간 문제로 지적해 온 우리나라 어린이 문학의 걸림돌이었다. 운율, 리듬감, 정제미 등 많은 장점이 있음에도 진정성이나 감동을 주지 못하다 보니 아이들에게 공감을 불러일으키지 못했다. 오히려 '시는 어렵다'거나 '대단한 작가들이나 쓰는 것'이라는 생각을 갖게 했고 말장난과 기교의 예술로 오해당하기 십상이었다. 이에 반해 어린이들이 직접 쓴 어린이 시는 아이들의 진솔한 생각과 감정이 잘 드러나 있어 친근하게 받아들이며 누구나 쓸 수 있는 것이라는 자신감도 갖게 해 준다.

– 어린이 시와 놀기

어린이 시를 들려줄 때는 먼저 교과서에 나와 있는 시와 어린이들이 직접 쓴 시를 비교하는 활동을 해 본다. 이 과정에서 아이들은 교과서의 시는 '무슨 말인지 정확히 모르겠다', '멀리 있는 것이나 풍경을 보고 쓴 것 같다', '멈춰 있다'라고 말했으며, 어린이 시는 '무슨 말인지 알 것 같다', '재미있다', '내 얘기 같다'라고 반응했다. 굳이 비교하여 설명하지 않아도 자연스럽게 차이를 알아냈다.

교사는 물론 어느 시가 더 좋고 나쁜지를 설명해서는 안 된다. 사실 어느 시가 더 좋다고 결론을 내릴 수 있는 문제도 아니다. 다만 마음의 문을 두드리는 시, 울림이 있는 시가 당연히 아이들에게 더 의미가 있다는 점만은 분명하다. 이런 활동을 하는 사이에 아이들이 먼저 '선생님, 우리도 시 쓰면 안 돼요?' 하고 입을 열 것이고, 다음에 소개하는 시는 그런 상황에서 나온 작품 가운데 한 편이다. 당시 아이들의 요청으로 선정한 시의 주제는 '더러운 이야기–조금 더럽고 창피했던 기억을 떠올리며……'였다. 마지막 연은 직접 경험하지 않고는 나오기 힘든 표현이기에 개인적으로도 높게 평가한다.

계단

서울 중곡초등학교 5학년

친구랑
놀고 있었다.

갑자기 오줌이
마려웠다.

계단을
올라갔다.

너무 참을 수가 없어서
계단에다
싸 버렸다.

오줌이 계단 밑으로
줄줄 내려간다.

이야기와 함께 떠나는 내면 여행

– 이야기를 읽고 무엇을 할 것인가?

이야기를 다루는 일은 결국 작품을 읽으면서 자신의 삶이나 성격을 진지하게 들여다보고, 보다 아름답게 가꾸어 가려는 궁극적인 노력이다. 따라서 자신의 내면으로 여행을 떠나는 기회로 삼으면 좋을 것이다. 특히 이 활동은 시기적으로 막 사춘기에 접어든 고학년에 잘 맞는다.

　– 나는 어떤 사람인가? 그리고 어떻게 살 것인가?

　교과서에서는 이야기를 '인물의 성격', '인물과 사건의 관계', '인물의 다채로운 삶에 대한 이해' 등으로 다루는데 이런 활동은 아이들의 관심과 호기심을 자극해서 좋다. 인물의 성격을 알기 위해서는 이야기 전체를 읽고 내용과 주제를 충분히 파악해야 하며, 인물의 성격이 사건의 전개와 어떻게 얽히는지도 함께 판단해야 한다. 따라서 가능한 한 원작 전체를 다루려고 애써야 하는데 원작이 너무 길면 과감하게 대체 자료를 선택하고, 이럴 때는 아이들의 삶을 다룬 작품을 고르는 것이 좋다.

　등장인물의 성격은 단정적으로 말하기 힘든 부분이 많아서 함께 찾아 나가는 과정 자체에 의미를 두고 진행한다. 특히 성격을 나타내는 다양한 어휘들을 접할 수 있으며, 각각의 어휘에서 느끼는 약간의 차이, '뉘앙스'에 대해서도 경험하는 기회가 된다. 이렇게 등장인물의 성격을 분석하고 나면 자연스럽게 자신의 성격을 들여다보고 싶어 한다. 자신의 내면을 들여다보며 끊임없이 성찰하는 과정은 우리 인생에서 더없이 중요한 일이다. 다음 글은 이런 과정을 통해 나왔다.

– 마임과 즉흥극으로 다양하게 읽기

이야기를 재미있게 읽는 방법으로는 '대사 실감나게 읽기', '마임으로 읽기', '즉흥극 만들기' 등이 있다. 이야기를 충분히 감상한다는 목적으로 같은 글을 여러 번 읽는 것이 간혹 아이들을 지루하게 만들 수도 있으므로 새로운 방법으로 읽히고 싶을 때 적용하면 좋다.

대사를 실감 나게 읽는 것은 누구나 알고 있으므로 마임으로 읽기부터 소개한다. 이 방법은 교사가 글을 읽는 동안 아이들이 모두 자리에서 일어나 이야기 속 인물이 되어 쉼 없이 움직임으로 표현하는 것이다. 내용 파악이 된 글을 다시 읽는 경우에 활용할 수 있는데, 한 가지 역할만 집중해서 할 수도 있지만 여러 역할을 번갈아 하는 편이 더 재미있다. 특히 인물이 아닌 동식물이나 물건의 역할까지 하다 보면 잠시도 쉴 틈이 없는 흥미로운 작업이다. 마임은 표정과 함께 온몸으로 표현해야 하는 활동이므로 내용에 대한 이해가 충분하지 않으면 몸을 움직일 수 없다. 감정이나 성격에 대한 이해가 있어야 섬세한 표현이 나오며, 이런 디테일은 캐릭터에 대한 이해 없이는 불가능하다.

즉흥극은 이야기를 읽다가 꼭 장면으로 표현해 보고 싶은 부분이 있을 때, 인물의 마음을 느껴 보고 싶을 때 활용한다. 이때 대강의 내용은 파악이 되었으므로 책 없이 즉흥적으로 하는 것이 좋다. 책 속의 정확한 문장을 구사하려고 너무 욕심을 내면 몰입에 방해만 되고, 앞에 나와서 책 읽기를 하는 것과 별 차이가 없다. 전체적인 흐름만 공유하고 연습이나 준비 없이 바로 진행한다. 이런 활동들은 결국 작품을 자신의 입장에서 주도적으로 해석하는 창의적인 감상법으로 연결된다.

정보 전달

– 생활 속에서 설명을 하는 경우

설명이라고 하면 왠지 전문가들이나 하는 일 같지만 알게 모르게 우리는 생활 속에서 다양한 설명 활동을 경험하며 살고 있다. 물론 아주 간단한 설명부터 복잡하고 머리 아픈 설명까지 그 종류는 매우 다양하다. 이런 것들을 수업에 적절히 활용하면 삶과 연결 짓는 '맥락이 있는 국어 수업'으로 이끌 수 있다.

> • 사람, 동물과 식물, 물건 등의 대상을 다른 사람에게 소개할 때
> • 어떤 사건의 경위를 밝힐 때
> • 놀이나 요리, 장소 찾아가는 법, 물건 사용법 등을 설명할 때

위의 예에서 알 수 있듯이 설명은 '문자'보다 '말'로 주고받는 경우가 더 많다. 그러므로 평소 아이들에게 말로 설명할 수 있는 기회를 충분히 주어야 한다. 이후에 글로 설명하는 과정을 밟으면 설명문 쓰기에 대한 부담을 줄일 수 있다. 설명문 쓰기에서는 특히 전문적인 내용을 전달해야 한다는 부담이 많은데 자신이 가장 잘 알고 있을 때 남에게 설명도 잘할 수 있는 법이다. 주변의 사소한 것, 자신이 직접 경험하면서 알게 된 내용을 쉽게 풀어서 말할 기회를 많이 주는 것이 설명문 쓰기의 지름길이다.

– 설명문 써 보기

① 공동 창작

아이디어를 모아서 쓰는 방식으로 무엇을 써야 할지 잘 모르는 아이

들에게 도움이 된다. 모둠 구성원들이 한 문장(분야) 정도씩 아이디어를 내고, 그것을 모아 한 편의 글을 완성한다. 반 행사 가운데 '생일잔치'를 부모님께 소개하는 글이라면 생일잔치를 하는 시기, 주인공, 진행 순서, 준비물로 분야를 나눈다. 각 꼭지별로 칸을 나누어서 그 꼭지를 맡은 사람이 한두 문장 정도를 해당 칸에 쓴 다음, 구성원들이 쓴 문장들을 잘 모아서 엮기만 해도 한 편의 설명글이 완성된다.

② 활동하며 쓰기

가령 놀이에 대한 설명글을 쓴다면 직접 놀아 본 다음에 쓰게 하는 것이 가장 좋다. 음식 만들기나 과학 실험도 마찬가지다. 활동과 함께 설명글을 쓰면 훨씬 생생하고 정확한 정보를 담을 수 있다. 놀이 설명문이라면 먼저 모둠별로 어떤 놀이를 소개할지 정한다. 처음에는 그냥 놀이하는 방법을 쓰게 하되, 다른 모둠 친구들이 이 설명을 읽고 놀이를 할 거니까 되도록 자세하고 정확하게 쓰라고 말한다. 그런 다음 그 글을 다른 모둠에 전달해서 설명대로 놀아 보게 하고, 설명이 부족했거나 이해가 안 되는 부분을 이야기해 주는 시간을 갖는다. 그러고 나서 다시 설명문을 보완하도록 한다. 이런 활동을 반복하면 오해를 줄이기 위해 설명이 훨씬 친절해지고 쉬워진다. 또 미처 생각하지 못했던 부분까지 점검을 받게 되어 섬세한 설명문이 나온다.

③ 그림과 함께 설명하기

말이나 글로는 해석이 잘 안 될 때 그림을 곁들이면 이해하기 쉬워진다. 생활 속에서 접하는 설명서에도 그림이 함께 그려져 있는 경우가 대부분이다. 마찬가지로 우리가 쓰는 설명글도 그림이 같이 있을 때 훨씬 전달력이 좋아질 수 있다. 이 방법은 특히 글쓰기보다 그림 그리기가 편한 아이들에게 적절하다.

④ 고쳐 쓰기

쓴 글을 살펴보면서 다시 쓰는 단계로 설명의 정확도를 높이는 과정이다. 정보 전달을 목적으로 하는 글은 다른 사람과의 소통을 전제로 하기에 정확성이 가장 중요한 조건이다. 글을 읽고 난 뒤에 더 알고 싶은 것이 많은 글일수록 고칠 부분이 많다는 뜻이므로 질문하기를 통해 다시 생각하는 시간을 갖는다. 먼저 자신이 읽으면서 흐름이나 호응이 어색한 곳을 찾아서 고치고, 그다음에 짝이나 친구들에게 보여 준다. 이때 글을 봐 주는 사람은 어디가 이상하니까 고치라고 직접적으로 말하지 말고, 이해가 잘 되지 않는 부분을 질문하는 형식으로 하게 한다. 결국 마지막에 글을 고치고 마무리하는 일은 본인이 직접 해야 한다.

설득하기

– 불편한 진실 찾기

학생이나 교사가 익숙하게 반복하는 일상에서 불편함을 찾기란 쉬운 일이 아니다. 민주주의에 대한 생각이나 인권에 대한 감수성이 자라지 않은 상황에서는 생활 속 불편함이 보이지 않는 일도 많다. 간혹 찾는다고 하더라도 그것을 해결하기 위한 노력이 벽에 부딪히는 일이 많아서 쉽게 나서려고 하지 않는다.

하지만 사소해 보이는 그 불편함을 찾아서 개선하려는 노력은 인간의 존엄성을 지키는 일이므로 학교에서 중요하게 다뤄야 한다. 내 삶에서 불편함을 찾아내고, 그 불편함을 개선하기 위한 민주적인 소통 방식을 배우는 것, 내가 주인이 되어 세상을 변화시켜 나가려고 노력하는 것은 학교 교육의 전 영역에서 강조되어야 할 교육의 목표이기도 하다.

– 학급 회의로 풀어 가기

불편함을 찾아냈다면 그것을 해결해 가는 과정을 몸소 겪어야 한다. 학급 회의는 사소하더라도 학급의 실질적인 문제를 구성원들이 머리를 맞대고 문제를 풀어 가는 가장 민주적인 방법이다. 서로 부대끼는 데서 발생하는 소소한 문제들이 모두 학급 회의의 안건이 될 수 있다.

회의를 할 때 힘들어하는 것 가운데 하나가 회의 용어인데 억지로 사용하게 하면 가뜩이나 회의에 익숙하지 못한 학생들을 더욱 주눅 들게 할 수 있다. 자연스러운 회의 문화 속에서 꾸준히 사용하면서 익숙해지도록 하는 것이 바람직하다. 또 형식적인 회의가 되지 않도록 결정 사항을 꼭 실천하도록 해야 한다. 학생들의 결정을 존중하고, 결정 사항을 교사와 학생이 다 같이 실천해야 회의가 의미 있어진다.

– 글로 정리하기

논의를 하기 전에 자신의 생각을 글로 써 보거나 논의를 마치고 난 뒤에 변화한 생각을 정리하는 일은 중요하다. 머릿속에서 생각만 하면 그 흐름이 통일감 있게 정리되지 않는다. 하지만 글로 적어 내려가면 생각의 '한 줄 서기'가 가능해진다. 글로 쓰는 과정을 통해 아이들은 자신의 입장이나 생각이 다듬어지고 뚜렷해진다.

수업이 곧 평가, 평가가 곧 수업

어린이의 발달을 돕는 진정한 평가라면 다시 수업으로 연결되어 수업과 평가 사이의 경계가 사라져야 한다. 수업이 곧 평가이고, 평가가 곧 수업인 셈이다. 바람직한 평가(수업) 장면을 정하기 위해서는 우선 교육과정의 성취 기준과 아이들의 발달 상황을 고려해야 하며, 이를 종합하여 1년 또는 한 학기 동안 집중할 활동을 몇 가지 정한다. 다음의 예는 이런 과정을 통해 결정한 주요 활동 가운데 하나이다. 4학년에서 국어과 성취 기준을 중심으로 과학, 미술을 통합하여 재구성했다. 각자 소개하고 싶은 식물을 정해 자료를 찾은 뒤, 글과 그림을 섞은 보고서를 만들고, 그것을 친구들 앞에서 발표하는 일련의 활동이 이어졌다. 즉, 수업이 곧 평가였다.

■ **4학년 국어과 성취 기준을 중심으로 한 활동**

수업 장면(주요 활동) 및 관련 성취 기준	영역	단원	관련 교과	방법	시기
식물 소개 • 설명하는 말을 듣고 중요한 내용을 이해한다. (듣기) • 소개하는 말을 듣고 능동적으로 반응한다. (듣기) • 조사한 내용을 친구들이 이해하기 쉽게 발표한다. (말하기) • 필요한 정보를 찾기 위해 사전 읽는 방법을 익힌다. (읽기) • 글을 읽고 어휘 사용의 적절성을 평가한다. (읽기) • 글과 그림이 잘 어울리게 그림책을 만든다. (쓰기) • 문장을 구성하는 성분을 분석한다. (문법)	듣기, 말하기, 읽기, 쓰기, 문법	2, 4, 5	과학, 미술	보고서, 발표	학기 중

수업에 아이들의 삶이 빠져 있다면 그것은 진정한 교육 활동이라고 보기 어렵다. 또 성장과 발달은 아이들에게만 일어나는 일이 아니다. 아이들과 교사 모두가 자신의 삶을 가꾸는 과정에서 성장하고 발달한다. 좋은 수업은 그 속에서만 태어날 수 있을 것이다.

사고력을 키우는
수학

수학 교육의 현실

서너 살짜리 어린아이들이 노는 모습을 보고 있으면 신기하다. 수학을 배운 적이 없는데도 노는 모습이 꽤 수학적이다. 장난감을 색깔별로 나누거나 크기와 모양대로 모아 놓는다. 신발을 짝을 지어 늘어놓는가 하면 전집을 색깔별로 분류해 놓기도 한다. 과자를 주면 모양대로 모으고, 자신만의 어떤 기준을 가지고 먹는 순서를 정한다. 결과에 대해 만족을 느끼고 좋아서 웃기도 한다. 이런 모습을 보면 인간이 지닌 수학적 사고력은 본능적인 즐거움이 아닐까 하는 생각이 든다. 그런데 이렇게 본능적으로 즐거움을 느끼던 아이들이 학교에 다니고 학년이 올라갈수록 수학을 싫어하게 된다. 심지어 고학년이 되면 수학 성적이 좋은 아이들조차 끔찍하게 싫어하기도 한다.

PISA 등 국제 성취도 평가 결과, 우리나라는 최상위 성적을 냈지만 정의적 평가에서는 최하위 결과를 나타냈다(2003년 40개국 가운데 성취도 2위, 50개국 가운데 성취도 2위, 즐거움과 자신감 40개국 가운데 37위, 50개국 가운데 47위). 또 중학생과 일반 고등학생의 50%가 수학을 포기한다는 연구 결과도 나왔다. 많은 시간을 들여 공부하지만 수학의 가치를 느끼기는커녕 싫어하는 아이들이 많은 것이다. 이렇게 학년이 올라갈수록 수학을 싫어하게 되는 원인은 무엇일까? 말할 것도 없이 교육과정과 교과서, 학습 환경(대학 입시, 전국 성취도 평가, 과도한 선행 학습 위주의 사교육, 문제 풀이 중심의 학습) 때문일 것이다.

이런 문제 인식 아래, 초등 수학 교육과정과 교과서의 내용 체계를 살피면서 해결 방안을 찾아보고, 모든 어린이들이 즐거운 마음으로 수학을 공부할 수 있는 사례와 바람직한 수학 수업의 원칙을 제시해 보려고 한다.

초등 수학 교육과정의 목표와 내용

초등 수학 교육과정의 목표

초등 수학 교육과정의 목표는 기본적으로 어린이들이 수학에 대한 관심과 흥미를 가지고 수학의 가치를 이해하며, 수학에 대한 긍정적 태도를 기르는 데 있다. 나아가 수학적으로 사고하고 의사소통하는 능력을 통해 생활 주변에서 일어나는 현상들을 창의적이고 합리적으로 해결하는 데 있다. 어린이들은 수학의 기초적인 개념과 원리, 법칙을 이해함으로써 사회 및 자연 현상을 관찰, 분석, 조직, 표현하는 경험을 할 수 있게 된다.

■ 2007 개정 초등 수학 교육과정의 내용 체계

영역＼학년	1, 2학년군 (2009 개정 교육과정 내용)	3학년
수와 연산	• 네 자리 이하의 수 • 두 자리 수의 덧셈과 뺄셈 • 곱셈	• 10000까지의 수 • 네 자리 수의 덧셈과 뺄셈 • 곱셈, 나눗셈 • 분수, 소수의 이해
도형	• 입체 도형의 모양 • 평면 도형의 모양 • 평면 도형과 그 구성 요소	• 각과 평면 도형 • 평면 도형의 이동 • 원의 구성 요소
측정	• 양의 비교 • 시각 읽기 • 시각과 시간, 길이	• 시간, 길이 • 들이, 무게
확률과 통계	• 분류하기 • 표 만들기 • 그래프 그리기	• 자료의 정리, 자료의 특성 (막대, 그림)
규칙성과 문제 해결	• 규칙 찾기-물체, 무늬, 수	• 규칙에 따라 무늬 꾸미기 • 여러 문제 해결

영역＼학년	4학년	5학년	6학년
수와 연산	•다섯 자리 이상의 수 •사칙 연산, 혼합 계산 •여러 가지 분수, 소수 •분수의 덧셈과 뺄셈 •소수의 덧셈과 뺄셈	•약수와 배수 •약분과 통분 •소수와 분수 관계 •분수의 사칙 연산 •소수의 사칙 연산	•분수의 나눗셈 •소수의 나눗셈 •분수와 소수의 혼합 계산
도형	•각과 여러 가지 삼각형 •다각형의 이해	•기본적인 평면 도형 •입체 도형의 구성	•각과 평면 도형 •평면 도형의 이동 •원의 구성 요소

측정	• 각도 • 평면 도형 둘레 • 직사각형의 넓이 • 수의 범위, 어림하기	• 평면 도형의 넓이 • 무게와 넓이의 여러 가지 단위	• 원주율과 원의 넓이 • 겉넓이와 부피 • 원기둥의 겉넓이와 부피
확률과 통계	• 꺾은선 그래프 • 자료에 맞는 그래프	• 줄기와 잎 그림 • 그래프 • 평균	• 비율 그래프 • 경우의 수, 확률
규칙성과 문제 해결	• 다양한 변화 규칙을 수로 나타내고 설명하기 • 규칙을 추측하고 말이나 글로 표현하기 • 규칙적인 무늬 만들기 • 규칙과 대응 • 단순화하기, 논리적 추론으로 문제 해결하기 • 문제 해결 과정 설명	• 비와 비율 • 하나의 문제를 여러 가지 방법으로 해결하기 • 주어진 문제에서 필요 없는 정보, 부족한 정보 찾기 • 문제 해결의 타당성 검토하기	• 방정식 • 비례식 • 2연비와 비례 배분 • 정비례와 반비례 • 문제 해결 방법 비교 • 문제의 조건을 바꾸어 새로운 문제 만들기 • 문제 해결 과정의 타당성 검토하기

2011 개정 교육과정에서 바뀐 내용

- 학년군 창의성 강조, 추론, 의사소통 능력, 문제 해결력 강조.

- 규칙성과 문제 해결이 규칙성으로 바뀌고 문제 해결은 전 영역에 적용.

- 분수, 세 자리 수 덧셈·뺄셈 2학년에서 3학년으로 이동.

- 평면 도형의 둘레와 넓이 4학년에서 5학년으로 이동.

- 회전체, 방정식, 연비 중1로 이동, 할푼리 중2로 이동.

- 가능성 신설, 간단한 그림그래프 5학년에서 3, 4학년군으로 이동, 줄기와 잎 그림 5학년에서 중1로 이동.

교사가 바라보는 교육과정과 교과서

– 문제 1(2007 개정 교과서)

〔3□□-□□7-4□□-□57-□□□.〕

2학년 1학기 1단원 수학 교과서 '문제 해결'에 나와 있는 것으로 70씩 '뛰어 세기'를 해서 빈칸에 알맞은 수를 찾으라는 문제이다. 이 문제는 세 자리나 두 자리의 뺄셈을 능숙하게 이용해야 해결할 수 있다. 그런데 2학년 1학기 학습 내용에는 두 자리 수의 '받아 올림'이 있는 덧셈과 뺄셈이 없다. 교과서의 문제 해결에는 이렇게 체계를 무시한 내용을 문제로 제시하는 경우가 있다. 또 뛰어 세기는 흔히 일상생활에서 수를 빠르게 세기 위해 사용한다. 70씩 뛰어 세기를 하면 오히려 시간이 걸리고 불편할 수 있다. 어린이들은 수학을 공부해서 편리한 게 아니라 불편하기만 하다고 생각하게 된다.

– 문제 2(2007 개정 교과서)

〔527+694의 합은 1221입니다. 왜 그런지 서로 다른 3가지 방법으로 설명하여 보시오.〕

이것은 2학년 2학기 4단원의 학습 내용이다. 사고력과 의사소통 능력을 기르기 위한 목표로 제시된 내용인 듯하지만 3학년 아이들이 서로 다른 3가지 방법으로 계산을 할 수 있어야 하는지, 또 그것을 설명할 필요가 있는지, 대다수 어린이들이 설명할 수 있는 문제인지, 우리는 여기에 대해 고민하고 의견을 나누어야 하지 않을까. 가령 857+346을 계산할 때는 여러 가지 방법으로 하는 것이 오히려 더 복잡하다. 특수한 경우를 학습할 때는 특수한 경우를 인지할 수 있을 때만 수학적으로 유용하다. 3학년이 세 자리 수를 직관적으로 크다, 작다, 또는 어림해서 받아들일 수 있는 발달 단계인지도 고려해야 한다. 이런 교과서의 내용 때문에 오히려 수학을 혐오하게 만드는 결과를 낳을 수도 있다.

– 문제 3(2007 개정 교과서)

〔책상을 정리하기 위해서 수학 교과서를 책상 위 한쪽으로 밀었습니다. 수학 교과서의 모양은 어떻게 변할 것이라고 생각합니까? 왜 그렇게 생각합니까?〕

3학년 1학기 5단원의 학습 내용이다. 의사소통 능력을 기르기 위해 왜 그렇게 생각했는지를 묻는 문제인데 이 상황에서 의사소통이 가능할 것 같아 보이지 않는다. 아이들이 기꺼이 궁금해하고, 왜 그런지 스스로 생각해서 이유를 말하고 싶도록 해야 수학적 사고력이 길러지고 의사소통 능력도 기를 수 있지 않을까.

– 문제 4(2007 개정 교과서)

〔덧셈식을 보고 뺄셈식을 써 보시오. 62+24=86, □−□=□, □−□=□.〕

1학년 2학기 4단원의 학습 내용이다. 어른들은 수를 직관적으로 파악하기 때문에 또는 덧셈식이라는 추상적 기호에 익숙하기 때문에 역연산 문제를 자연스럽게 받아들일 수 있다. 그러나 1학년 어린이들은 62라는 큰 수의 구조와 덧셈의 답을 구하는 원리를 겨우 익힌 상태이다. 직관적으로 두 자리 수를 세지도 못하는데 역연산의 관계가 중요하다고 문제를 해결하라는 것은 발달 단계와 학습 상태를 고려하지 않은 결과이다. 이 학습의 주제는 다른 방법으로 활동하게 하는 것이 바람직하며 2, 3학년에서는 한 자리 수 위주로 학습하는 것이 맞다. 세 자리 수의 계산을 배우고 나면 세 자리 수의 덧셈과 뺄셈, 역연산의 관계를 알아야 한다고 생각하는 교과서의 편성은 바뀌어야 한다. 어린이의 활동을 세심하게 관찰하고, 이에 맞는 도전적 과제로 교과서 내용을 편성해야 어린이들이 수학에 대해 긍정적인 태도를 유지할 수 있을 것이다.

– 문제 5(2007 개정 교과서)

〔12는 18의 얼마인지 알아봅시다.〕

3학년 1학기에 나오는 학습 내용이다. 분수를 2학년 때 학습했으니 얼마를 차지하는지 두 수의 비율을 분수를 사용해서 나타낼 수 있다고 본 듯하다. 그러나 2학년 어린이들이 분수의 개념을 익히기는 매우 어렵다. 어떤 모양이든 전체에서 차지하는 부분이 같을 때 같은 분수가 된다는 추상화 과정은 많은 경험을 필요로 한다. 아이들은 일상생활에서 경험해 본 적이 별로 없으므로 수업 시간에 보는 그림과 몇 번의 나누기 경험으로 분수를 익혔다. 집합수를 전체로 보고 부분을 나타내는 것이니 분수 학습이라고 생각하겠지만 이 주제는 분명히 비율 학습이다. 비율은 6학년 어린이들도 익히는 데 시간이 걸리는 개념이다. 대다수 어린이들이 이해하기 어려운 개념을 어린 학년에서 배우는 것은 고문이나 다름없다.

교과 재구성의 필요성

수학 수업을 진행하다 보면 교육과정에 문제를 느낀다. 5개 영역을 한 학기에 모두 학습하도록 체계를 짜다 보니 필요한 학습 시간을 확보하기가 어렵다. 1학년의 수, 덧셈과 뺄셈, 2학년의 곱셈, 3학년의 곱셈과 나눗셈 등을 어린이들이 학습하는 데 많은 시간이 필요하다. 숙제로 내 주거나 혼자 공부하도록 하지 말고 정규 수업 시간에 익힐 수 있도록 차시가 배정되어야 한다. 2009 개정 교육과정은 학년군으로 편성해서 1, 2학년의 도형을 한 번에 학습하도록 장치가 마련되어 있기는 하지만 교사가 연임을 하기 힘든 현실을 생각하면 여기에도 문제가 있다. 교과서는 어린이들이 개념이나 원리를 충분히 이해할 수 있도록 만들어져야 한다.

몇 년 전에 학부모로부터 전화를 받은 적이 있다. 자녀의 학습을 도우려고 수학책과 익힘책의 모든 질문에 답을 적어 보았다고 한다. 그런데 답을 적을 수 없는 것, 적기에 무리가 있는 내용들이 너무 많아 아이가 수학을 못하는 이유를 교과서 때문이라고 생각하게 되었다는 것이다. 학부모들이 교과서의 문제를 해결하기는 쉽지 않다. 그러나 교사는 가능하다. 교과서의 내용을 어린이의 눈으로 바라보고 학습 내용을 재구성할 수 있다. 지금의 교과서를 살펴보면 교사가 교육과정의 목표에 맞게 내용을 재구성하는 방법밖에 해답이 없기도 하다. 수업이 아름다운 이름이 되려면 반드시 교사의 고민과 노력이 동반되어야 한다.

초등 수학 수업의 사례

수업은 진화해야 한다

교사 경력이 10년쯤 되던 해부터 수학 수업을 연구하기 시작했다. 다른 교과의 수업을 하면서는 아이들과 자연스럽게 교감할 수 있었는데 수학 시간만큼은 그게 되지 않았기 때문이다. 아무리 열심히 자료를 만들어도 아이들은 반짝 집중할 뿐 문제 풀기에 급급하거나 자기들끼리 수군거리면서 수업에 참여하지 않았다. 괴로운 나머지 수학 수업을 어떻게 할 것인가에 온 힘을 기울였고, 방법을 찾지 않으면 안 되겠다고 결심했다.

먼저 50명의 아이들과 개별 수업을 진행하기로 했다. 교과서의 내용을 모두 문제로 만들어 번호를 매기고 한 문제씩 가져가서 공책에 붙이게 했다. 통과하면 다음 문제를 풀게 했다. 아이들은 자기 혼자 개념을 이해해야 하니까 오려 보기, 나눠 보기, 만들기, 교실 뒤에 붙여 놓은 설명 읽기 등을 총동원했다. 교과서에 나온 문제는 모두 풀지 않고 몇 개씩 골라서 풀도록 구성했다. 효과는 만족스러웠다. 무엇보다 아이들이 무척 좋아해서 2시간을 연속으로 해도 싫증을 내는 아이가 한 명도 없었고 늘 더 하고 싶다, 숙제로 내 달라고 했다. 일요일에는 진도가 늦은 아이들과 교무실에서 보충을 했다. 그럼에도 아이들 간에 차이는 계속 벌어져서 결국 전체 수업으로 한 번에 진도를 마칠 수밖에 없었다.

그러나 이 방법은 나중에 졸업한 아이들이 찾아와서 가장 기억에 남는 수업이었다고 말할 만큼 획기적인 시도였다. 이 일을 계기로 수학 수업에 대한 생각과 아이들을 대하는 태도가 완전히 바뀌었다. 수업 결과에 대한 책임은 온전히 교사에게 있다는 사실을 깨달았고, 아이들이 모두 수학을 잘하게 될 수 있다는 사실도 확인했다. 아이들에게 몇 번이고 자세하고 친절하게 설명을 해 주어야 하는 교사의 의무를 실천하면서 보람도 느꼈다. 아이들이 잘 배우도록 다양한 활동을 생각해 내고, 그에 부합하는 자료를 만드는 일은 온전히 교사의 몫이었다. 처음에는 아이들이 쉽게 공부할 수 있도록 이야기를 만들고 잘 이해할 수 있도록 조작 도구를 만드는 데 시간을 들이면서 번거롭다는 생각도 들었지만 즐겁게 배우는 모습을 보면서 아이들을 책임지고 있다는 기쁨도 맛볼 수 있었다. 교사를 기쁘게 해 주는 아이들이 귀해 보였고, 수학 수업만이 아니라 다른 과목과 일상생활에서도 어떻게 해야겠다는 깨달음이 왔다.

요즘 '배움'이 일어나는 학교가 되어야 한다고 노력하는 교사들이 많다. 배움이 수업 변화에 대한 외부적 자극이라면 교사에게는 일상적이며 자발적인 변화가 더 중요한 듯하다. 교사들은 해마다 다른 아이들을 만난다. 학년이 다를 뿐 아니라 사회가 변화하면서 그에 따라 아이들의 생각이나 행동도 달라진다. 전에 했던 수업 활동이 다음 해 아이들에게 들어맞지 않는 이유도 그래서이다. 아이들과 즐겁게 수업을 하기 위해서는 작년의 활동을 바탕으로 올해 또 다른 활동을 고안하는 노력이 필요하다. 수업은 계속 진화해야 하고, 교사는 수업을 준비하고 결과를 반성하면서 감동과 배움을 경험해야 한다.

구체적 조작 활동과 놀이

어린이가 수학의 추상적 개념을 이해하기 위해서는 조작 활동이 필수적이다. 우리는 실생활에서 만나는 초등학생들을 마치 추상적 논리를 진행할 수 있는 어른으로 보는 경우가 많다. 그러나 실행 연구를 해 보면 초등학생 대다수는 구체적 조작을 해야만 추상적인 개념을 이해할 수 있다. 따라서 1학년에서 6학년까지 추상적 수학 개념은 구체적 조작 활동을 통해 공부해야 순조롭게 이해할 수 있으며 수학적 사고력도 기를 수 있다.

구체적 조작 활동을 통한 학습은 수리 쪽에 소질이 있는 아이에게는 개념과 연산 방법을 스스로 발견해서 논리적으로 설명할 수 있도록 하며, 일반적인 아이에게는 수학 개념을 무난하게 이해할 수 있도록 돕는다. 또 수리 쪽에 소질이 없는 아이에게도 이해력을 높여 주는 장점이 있다. 수학의 개념 가운데는 오랜 시간 인간의 경험으로 축적된 내용들이 많은데 그 내용을 초등학생이 한두 시간의 학습으로 이해하기는 어렵다. 반복해서 경험을 쌓아야만 이해할 수 있는 개념이다. 반복해서 여러 번 같은 활동을 하기에 적합한 것은 놀이로 어린 시절의 놀이는 가장 선한 활동이자 본능적 기쁨을 준다. 수학 학습에 이용했을 때 몇 배의 효과를 볼 수 있다.

조작 활동과 놀이의 사례

- 1, 2학년

- 1학년 입학 적응기의 산가지 놀이, 짝짓기 놀이, 모양 모으기 놀이, 길이 비교.

- 1학년 쉼 도착하기 놀이, 열까지 뛰기 놀이.

- 2학년 100을 만든 기념식 : 10씩 모아서 100 모으기 놀이.

- 2학년 생각하며 곱셈 구구 외우는 조작 도구.

– 3, 4학년

- 3학년 나눗셈 익히기 조작 활동.

- 4학년 곱셈 익히기 조작 활동.

- 조작 활동 결과 계산 과정 설명하기.

- 분수의 비율 의미 알기 조작 활동.

– 5, 6학년

- 5학년 $1m^2$ 넓이 개념 익히기 조작 활동.

- 5학년 최소 공배수 구하는 방법 조작 활동.

- 6학년 입체 도형 만지고 설명하기 활동.

- 6학년 신문지로 입체 도형 만들기 활동.

- 6학년 분수의 나눗셈 조작 활동.

이야기로 수학적 사고력 기르기

초등학교 수학의 내용은 많은 부분 수학사와 밀접한 관계가 있으며 오랜 시간 동안 생활에 필요해서 발전시킨 내용들이다. 따라서 수학의 개념이 나타나게 된 과정을 이야기로 들려주면 단지 종이 위에서 하는 수학이 아니라 역사 속에서 생생하게 배우는 즐거움을 줄 수 있다. 상상은 어린이들의 특권이자 자발적 행위이다. 또 재미있는 이야기 듣기를 싫어하는 아이는 없다. 수학사뿐만 아니라 수학의 개념을 효과적인 이야기를 만들어서 들려주면 새로운 수학을 공부하는 즐거움을 배가 시킬 수 있다.

이야기 수학의 사례

－1, 2학년

- 흥부 아저씨의 건망증.

- 자영이 원시인 수 세기 방법.

- 숫자의 도입 이야기.

- 길이 비교 이야기.

- 이야기하며 곱셈 구구표 만들기.

－3, 4학년

- 민이는 수박 반 통을 어떻게 나타냈을까?

- 나눗셈의 도입, 똑같이 나누기 이야기.

－5, 6학년

- 크기는 같지만 모양이 다른 분수 이야기.

- 천사 미카엘 분수의 나눗셈 이야기.

경험을 바탕으로 한 수학 학습

수학을 배워서 알려면 어떤 상태를 목표로 해야 할까? 예를 들어 초등 3학년 때 1km를 배우는데 1km란 무엇이며, 1km=1000m라는 단위의 환산, 길이의 덧셈과 뺄셈 등을 공부한다. 그렇다면 3학년 아이가 1km=1000m라고 외워서 문제의 답을 쓸 수 있다고 해서 수학적 학습 목표를 이루었다고 할 수 있을까? 아닐 것이다. 1km를 직접 경험하지 않으면 '안다'고 볼 수 없으며, 1km=1000m라는 것을 공부하려면 직접 1000m를 재어 보고, 걸어 보는 활동을 해서 그 경험을 머리에 넣고 1000이라고 써야 '진정한 앎'이 될 것이다. 또 이렇게 했을 때 1000을 오래 기억하고 수학을 재미있는 공부라고 인식할 수 있다.

사람은 직접 경험하지 않으면 금방 잊는다. 의미 없는 숫자들을 실컷 나열해 놓은 복잡한 내용을 외우기만 한다고 해서 저장이 될 리 없다. 초등학교 수학은 직접 체험할 수 있는 내용으로 구성해야 그것이 확산되면서 내용의 체계가 증가한다.

경험 수학의 사례

– 1, 2학년

- 1m 단위의 필요성을 느끼는 체험 활동.

- 1m 자 만들기.

- 그래프의 필요성을 느끼는 체험 활동.

– 3, 4학년

- 1km 걸어 보기.

– 5, 6학년

- 1a 만들고 들어가기.

- 1t 무게 모으기 활동.

- 부피 개념 익히기 $1cm^3$로 채우기 조작 활동.

조작 활동, 이야기, 경험 수학의 효과

- 수학에 대한 긍정적인 태도가 증가하고 스스로 학습하려는 태도

가 늘어난다.

- 이해력, 사고력, 논리적 능력이 늘어난다.
- 수학 능력이 다른 아이들에게 각각 알맞은 학습 효과가 나타난다.
- 수학에 소질이 있는 아동 : 스스로 원리를 발견하고 설명할 수 있다.
- 일반 아동 : 수학의 개념을 자연스럽게 이해할 수 있다.
- 수학에 소질이 없는 아동 : 반복해서 또는 교사의 추가 설명으로 이해할 수 있으며, 학년이 올라갈수록 이해하는 데 걸리는 시간이 줄어든다.

평가

- 2011 개정 교육과정에 나타난 초등 수학 평가
- 선택형 평가를 지양하고 서술형, 논술형, 면담, 자기 평가, 수행 평가 강조.
- 인지적, 정의적 영역에 대해 유용한 정보를 제공해서 수학 학습과 전인적 성장에 도움을 주고, 교사의 수업 개선에 활용.
- 수학 학습에 대한 소질 개발, 수학 학습에 이해가 느린 학생 도움 주기.

교사와 아이들이 함께 행복한 수업을 꿈꾸며

교실에서 아이들에게 수학을 가르치는 큰 목적은 수학 공부를 통해 삶을 풍요롭게 가꾸도록 하기 위해서이다. 교실에서 아이들에게 수학을 가르치는 작은 목적은 아이들이 수학적으로 생각하는 힘을 기르게 하기 위해서이다. 수학 속에는 수학을 발달시켜 온 사람들의 생각의 역사가 들어 있고, 수학 속에는 현실의 문제를 해결하는 편리함이 들어 있고, 수학 속에는 생각의 범위를 넓힐 수 있는 기쁨이 들어 있다. 아이들은 누구나 수학을 성공적으로 공부할 수 있다. 교사는 수학이 아이들의 삶을 풍요롭게 가꿀 수 있다는 믿음을 버리지 말고 행복한 수업을 재구성해야 한다.

더불어 행복한
사회

가장 흥미롭고 가장 어려운 과목

초등학교 어린이들에게 가장 인기가 있는 과목은 무엇일까? 반대로 가장 인기가 없는 과목은 무엇일까? 사람마다 다르게 생각하는 선호도 자체는 취향의 문제라 치더라도 공부에 어려움을 느끼는 과목으로 손꼽히는 것은 단연 사회과 과목이다. 아이들뿐만 아니라 부모, 심지어 교사들도 사회과를 어려워한다. 도대체 이유가 무엇일까?

사실 아이들은 사회 과목 자체는 좋아한다. 사회과에서 다루는 다채로운 주제에 흥미를 느끼고, 다양한 인물과 사건을 만날 수 있기 때문이다. 그런데 정작 수업 시간에는 힘들어한다. 이것은 아무래도 사회 교과서와 기존의 수업 방식에 문제가 있기 때문이 아닐까.

사회 교과서는 너무 많은 내용과 역사적 사실들을 기계적으로 또 나열식으로 서술하고 있어서 수업을 하다 보면 지루해지기 쉽고, 결국 사회를 딱딱한 암기 과목으로 전락시킨다. 사회과의 주요 영역인 사회와 역사는 '세상 사람들의 생생한 기록'이며, 따라서 이를 가르치고 배우는 과정도 생생함을 느낄 수 있도록 해야 하는데 현실은 그렇지 못하다.

그렇다면 다양한 계층의 실제 생활 모습과 활동, 그 과정에서 일어나는 갈등, 그 결과 형성된 사회와 제도를 쉽게 이해할 수 있도록 하는 방법은 없을까? 어떻게 하면 학생들이 드넓은 세상을 재미있게 살펴보고, 현재 자신의 삶 속에서 그것들을 반추하도록 할 수 있을까?

일반적으로 교사들이 사회나 역사를 가르치면서 고민하는 것은 역사의식에 대한 문제도, 사회과 교육의 목적을 명확히 세우는 일도 아니다. 당장 학생들을 어떻게 가르칠까 하는 것이다. 수업 계획을 세우고, 그 계획에 따라 수업을 진행하는 일. 어쩌면 교사들에게 가장 단순하고 초보적인 작업일 텐데 이 과정을 제대로 진행하기가 그리 순조롭지만은 않기 때문이다. 모든 교과를 담당해야 하고, 학생들의 생활 지도까지 맡고 있는 초등 교사의 입장에서 각 과목마다 짜임새 있는 수업을 구상하고 꾸준히 실천하는 일은 생각보다 힘들다. 이런 문제들을 안고 있다는 인식을 전제로 유쾌하면서도 다채롭고 알찬 사회과 수업의 가능성을 펼쳐 보기로 한다.

교과서를 보는 새로운 눈

교과서의 매트릭스 다시 읽기

교과서를 보면 영화 매트릭스가 생각난다. 알게 모르게 우리는 교과서가 제시한 틀 안에서 교육 활동을 펼치고 있기 때문이다. 교육과정에 기초해서 잘 짜인 교과서의 대단원명과 일련의 주제들은 촘촘한 매트릭스를 이룬다. 6학년 1학기 사회 교과서의 차례를 보자.

2. 우리 경제의 성장과 과제	**3. 환경을 생각하는 국토 가꾸기**
1 우리 경제의 특징	1 자연과 더불어 사는 인간
2 우리 경제의 성장 과정	2 환경 문제의 해결을 위한 노력
3 경제 위기의 극복과 성장	3 미래를 위한 국토 개발
4 세계 속의 우리 경제	4 지역 개발과 합리적 의사 결정

위에 제시한 내용은 6학년 1학기 사회 교과과정에 나온다. 하지만 꼭 교과서가 제시한 방식으로만 수업을 해야 하는 것은 아니다. 이는 교사용 지도서에서도 늘 강조하는 사항이다.

> **6학년 사회과를 지도하실 선생님께**
> 사회과 교육과정 지도 계획은 예시적 성격을 지니고 있으므로 지역 및 학교의 실정, 학생의 발달 정도와 요구에 따라 목표 달성에 적합한 계획으로 학교에서 재구성하여 지도할 수 있습니다.

교과서의 내용은 더 이상 성전이 아니고 다양한 지식 가운데 하나의 사례일 뿐이다. 교사에게 하는 권고 사항처럼 교육은 지역 및 학교 그리고 학생의 다양한 특성을 고려해서 재구성해야 한다.

매트릭스는 누가 만들었을까?

물론 현실에서는 교과서가 제시한 매트릭스 안에서 수업이 이루어지는 경우가 대부분이다. 일부 교과 전담 과목을 제외하고 대부분의 교과를 다뤄야 하는 초등 현장에서는 교과서가 제시하는 내용이 진도와 시험이라는 중요한 기준으로 자리매김하고 있기 때문이다. 또 교과서에서 제시하는 교육 활동이 여러모로 탄탄하고 유익하기도 하다.

하지만 우리가 그동안 믿어 의심치 않았던 그 교과서가 항상 올바를 수는 없다. 교과서 매트릭스의 결정적 한계는 교과서가 이미 특정 관점에 따라 쓰였다는 사실을 망각한 채 교과서 내용이 마치 객관적이며 중립적인 지식이라고 믿는다는 데 있다.

실제 교과서 속 지식은 마치 '교양 있는 서울 중산층 사람이 쓰는 말씨'를 일컫는다는 표준어의 정의와 유사하다. 현행 초등 사회 교과서는 국정 교과서로 전국 초등학생들이 공통으로 보는 교재이다. 이로 인해 사회 교과서는 지역 특색에 맞는 내용을 담기보다 대체로 표준적이며 상징적인 내용들을 담고 있다. 그런데 이때 말하는 표준은 과연 누구에 의해서 정해지며, 과연 무엇이 표준(공식적 지식 : 마이클 애플, 〈학교 지식의 정치학 - 보수주의 시대의 민주적 교육〉, 우리교육, 2001)인가? 지금까지 여기에 대해서는 제대로 살펴보지 못한 것이 현실이다.

매트릭스 꼼꼼히 살펴보기 – 경제 단원

교과서에 수록된 공식적 지식을 둘러싼 논쟁은 뜨겁다. 이는 특히 역사와 경제 분야에서 첨예하게 드러난다. 보는 입장에 따라 경제 단원이 너무 노동 친화적이고 반기업적이라고 하는 주장과 거꾸로 지나치게 친 기업적이며 노동에 반한다는 주장이 그런 예에 해당한다. 실은 이런 편향성 논쟁이 늘 소모적인 것만은 아니다. 교과서 매트릭스가 어떻게 구성되었는지를 제대로 살펴볼 수 있는 좋은 계기가 되고, 아울러 이런 주장의 근저에 있는 어떤 교육을 펼쳐야 한다는 일련의 목표와 의도까지도 고스란히 살펴볼 수 있기 때문이다.

다만 교육 현장에서는 어느 한 쪽의 주장만이 옳은 것이 아니라 서로 반대되는 의견을 학생들과 함께 견주어 보면서 판단할 수 있도록 안내하고 제시하는 교육이 필요하다. 이제는 진보와 보수라는 이분법적 잣대로 어느 한 쪽의 내용만을 강요하는 것이 아니라 상반되는 주장을 해석하고 종합적으로 이해하는 교육이 필요한 시점이 되었다(독일에서는 이와 같은 논쟁을 '보이텔스바흐협약'을 통해 정립하면서 교사들뿐 아니라 교육에 관심이 많은 이익 단체에도 교육 방법에 대한 일련의 지침을 제공해 주었다).

매트릭스 꼼꼼히 살펴보기 – 환경 단원

환경 단원인 '3. 환경을 생각하는 국토 가꾸기'에서 주목해서 살펴볼 점이 있다. 인간이 자연과 더불어 살아야 한다는 취지는 좋다. 하지만 교과서에서 제시하는 실천과 현실 사이의 간극을 어떻게 풀어갈 것인지에 대한 고민은 필요하다. 지구 환경을 위해 자전거 타기 생활화를 권장하는 교과서와 막상 자전거 통학 금지를 요청하는 일선 학교 현장의 사례는 과연 어떻게 풀어야 할까? 이는 그저 교과서 속 지식과 현실은 차이가 많다는 식으로 얼버무리기에는 아쉬움이 너무 크다.

이런 한계는 환경 문제의 해결을 위한 노력에서도 드러난다. 현실적으로 환경 문제를 해결하는 것은 중요하지만 이때 환경 문제의 해결책으로 제시하는 방식이 과연 적절한지는 따져 볼 필요가 있다. 현재 교과서에는 환경 문제를 해결하는 방식으로 개인적 차원의 실천을 강조한다. 물론 개인의 실천도 중요하지만 현재와 같은 방식은 개인에게만 부담을 지우며 정작 문제 해결을 위해 나서야 할 책임자들에게는 본의 아니게 면죄부를 주고 있다. 환경 문제를 제대로 해결하기 위해서는 소비자로서 개인 주체의 행동보다 시민으로서 개인 주체가 나서야 한다는 발상의 전환이 필요하다.

현재 교과서 매트릭스상의 경제 단원이나 환경 단원에서는 개인은 어디까지나 소비자로 존재할 뿐 깨어 있는 시민이나 일하는 사람으로는 존재하지 않는다(박권일, 〈나에게 돈이란 무엇인가〉, 철수와 영희, 2012).

자전거 길을 만든 초등학생들

배수강, 아이들 '일'내다, 어린이 동아, 2006년 11월 17일 /
배성호, 자전거 전용 도로를 만들어 주세요, 창비어린이, 2006년 가을호 /
박남정, 초딩, 자전거 길을 만들다, 소나무, 2008 /
4학년 2학기 읽기 교과서.

게다가 아이들에게 당면한 문제들보다 어른들 세계에서도 해결하기 어려운 문제들을 제시해 놓고 있다.

몇 해 전, 교과서 속 내용과 현실의 차이를 극복해 보고자 서울 당산초등학교 어린이들과 함께 서울 시장에게 편지 쓰기 활동을 펼쳐 학교 앞에 자전거 도로를 만들었다. 이 일은 그저 현실을 있는 그대로 받아들일 것이 아니라 새롭게 개척해 나갈 때 더 나은 희망을 모색할 수 있다는 메시지를 남겼다.

루쉰은 희망에 대해 이렇게 말했다. '희망이란 원래부터 있는 것이라고 보기 어렵고 없는 것으로 보기도 어렵다. 그것은 지상의 길과 같다. 원래 지상에는 길이 없었으나 걷는 사람이 많아지면서 그것이 길이 되었다.'

유쾌하게 펼치는 사회과 수업

더불어 사는 행복한 경제 교육

'경제, 하면 무엇이 가장 먼저 떠오르나요?' 이 질문에는 어른이나 아이 할 것 없이 '돈'이라는 대답이 가장 많이 나온다. 그리고 '부자', '재테크', '투자' 등이 그 뒤를 따른다. 하지만 '부자 되세요!'의 시대는 저물고 있다. 1%의 부자를 제외한 99%의 다수가 현상 유지는커녕 점점 형편이 어려워지고 있는 실정이다. 이제는 우리가 너무 '돈의 노예'

가 되어 살아온 것은 아닌지 찬찬히 헤아려 보아야 할 시점이다. 한데 아이들과 함께 공부하는 사회 교과서에서는 이런 성찰을 찾아보기가 힘들다. 사회 교과서에서 배우는 경제는 '자유와 경쟁' 중심이며, 아이들의 삶보다 경제 이론에 초점이 맞춰져 있다.

경제는 그저 나 혼자 부자가 되고 경쟁에서 승리하는 것이 아니다. 사회적으로 재테크의 열풍이 불었지만 진정한 재테크는 돈에만 관심을 쏟는 것이 아니라 자신과 사회의 미래를 살피는 삶의 관계망 속에서 꽃피울 수 있다. 이런 일련의 문제의식을 가지고 경제 단원을 시작하면서 '돈이 많으면 행복할까?'라는 질문을 나눠 볼 수 있다. 이 질문을 통해 아이들을 비롯해 어른들도 돈과 행복의 관계를 되짚어 볼 수 있으므로 꽤 흥미로운 주제이다. 그리고 이 질문을 단순히 돈이 많으면 행복하다거나 행복하지 않다거나 하는 도식적인 방식으로 이해할 필요는 없다. '돈이 많다'는 기준은 무엇이고, '행복하다'는 의미가 무엇인지를 찬찬히 생각해 보는 그 자체가 중요하다.

실제로 아이들은 세계 10대 경제 대국인 우리나라가 정작 행복 지수에서는 100위권 밖에 있다는 사실을 알면 꽤 당황스러워한다. 이런 현상은 필연적일 수밖에 없다. 우리나라

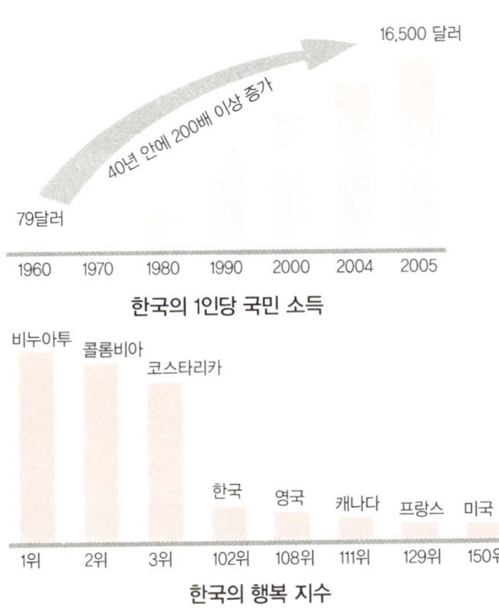

라 사회 교과서에서는 '삶의 질'보다 오로지 '경제 성장'을 중심으로 경
제를 서술하고 있기 때문이다. 하지만 경제 성장의 지표가 되는 국민
총생산 등의 수치는 행복 지수와는 많은 차이가 있다. 가령 교통사고
처럼 불행한 일이 발생하면 행복 지수는 당연히 낮아지지만 역설적으
로 국민 총생산은 늘어난다. 이런 사례를 통해 경제와 행복을 함께 생
각해 볼 기회를 마련해 주는 교육이 필요하다.

외국의 사회 교과서 – 프랑스의 시민 교육 교과

세계 여러 나라의 교과서를 살펴보면 당연하게 여겨 왔던 기존의 우
리나라 교육을 되돌아볼 수 있어서 새로운 자극이 된다. 제한된 형태
로만 사고하던 방식에서 벗어나 드넓은 활동 사례들을 통해 우리에게
적지 않은 시사점을 제공해 주기도 한다. 최근 프랑스, 영국, 미국 등에
서는 시민 교육 교과서 연구와 번역이 이루어지고 있다(김원태, 주요 외
국 학교 시민 교육 내용 연구 – 미국·영국·프랑스·독일·스웨덴, 민주화운동
기념사업회, 2006). 이 가운데서 우리에게 많은 시사점을 제공해 주는
것이 프랑스의 시민 교육 교과서이다.

프랑스 시민 교육 교과서는 노동자들의 시위와 파업, 실업자 운동,
실업으로 인한 문제, 전국 노조가 중심이 된 사회 운동에 대한 사진
자료나 신문 기사처럼 시사성이 높은 자료들을 교재로 활용한다. 이는
학교 교육이 보편적인 지식과 가치를 가르쳐야 한다는 우리나라의 일
반적인 관념과는 상당한 차이가 있다. 일상생활과 관계가 먼 보편적인
것만을 가르쳐서는 무엇보다 실천이 중요한 사회과 영역에서 교육이

제 효과를 발휘하기 어렵다. 프랑스에서는 시사성이 높은 학습 자료를 활용함으로써 학생들이 현실 문제에 보다 깊은 관심을 가지도록 유도하며, 경험이 실천으로 연결될 수 있도록 이끈다. 그렇다고 해서 보편적인 지식이나 가치를 등한시하지는 않는다. 보편적으로 추구하는 가치(평등, 정의, 인권, 시민권, 사회적 통합과 연대)에 대한 교육은 초등학교 때부터 구체적이고 세계적인 사례를 들어 가르치고 있다. 또 그런 가치들은 저절로 주어진 것이 아니라 끊임없는 갈등과 대립, 화해와 타협 속에서 오랫동안 힘들게 쌓아 온 것임도 가르치고 있다(김원태, '연대, 통합, 사회적·경제적 시민 권리 강조하는 프랑스 학교 시민 교육', 희망세상, 2007년 4월호).

프랑스의 시민 교육 교과서는 시민 교육이 요구하는 공부 방법을 다음과 같이 소개하고 있다. 이를 통해 학교에서 미디어를 비판적으로 이해하고 주체적으로 활용할 수 있도록 돕고 있다.

> 신문 읽는 법 배우기 / 비판적으로 사고하는 법 배우기 / 토론하기 / 신문 기사 작성하기 / 조직 구성도 읽기 / 인터뷰하는 법 알기 / 텔레비전 뉴스 보는 법 배우기

이 가운데 '신문 읽는 법'은 1면부터 시작한다. 각 기사의 제목을 살피고 지면의 크기와 사진과 광고 등을 보면서 찬찬히 신문 읽는 법을 공부한다. 이는 우리에게 잘 알려진 신문 활용 교육과는 조금 차이가 있다. 우리나라에서 이루어지는 신문 활용 교육은 미디어를 비판적으로 읽기보다 신문에 쓰인 내용을 수동적으로 받아들이는 데 초점을

맞춘다. 수동적인 이해만으로는 언론의 보도를 제대로 파악할 수 없고, 비판적 사고력을 키울 수 없다. 프랑스에서는 학생들의 비판적 사고력을 증진시키기 위해 같은 사건을 다른 신문에서는 어떻게 다루고 있는지도 살핀다.

사실 이와 같은 학습은 우리나라에서도 절실히 필요하다. 가령 다음과 같은 일본 신문의 보도를 통해 미디어를 어떻게 볼 것이냐는 생각을 학생들과 함께 나눠 볼 수 있을 것이다. 일본 아사히신문은 몇 해 전부터 일본 침략 전쟁의 실태를 조명하고 일제에 동조해 무비판적으로, 때론 앞장서서 왜곡을 일삼은 자사의 보도 태도를 반성하는 장기 연재물 '신문과 전쟁'을 내보냈다(일본 신문, '황국 영웅' 조작 보도에 반성, 한겨레신문, 김도형 기자, 2007년 6월 13일 기사). 이 기사에서는 중일 전쟁 때 자사가 거짓으로 꾸며 쓴 '육탄 3용사'가 사실은 조작된 기사라는 사실을 밝히며 독자들에게 사과를 구했다. 75년 전의 보도가 엉터리라는 사실을 털어놓고, 한 개 지면을 할애해 반성하는 내용의 기사를 실었다. 신문은 중국 침략 전쟁의 초기 단계에서 벌어진 자사의 영웅 만들기에 대해 '신문이 꾸며 낸 영웅', '특종 경쟁', '미담 만들기'로 규정했다. '3용사'의 실체는 현장에 가지도 않은 당시 특파원들이 전선에서 돌아온 장교의 이야기만 듣고 꾸며 낸 미담이었다고 설명했다. 신문은 '이렇게 만들어진 자기희생의 미화는 나중에 특공대의 바탕이 됐다'고 자성했다.

이는 과거 일본만의 이야기가 아니다. 우리나라에서도 불과 얼마 전까지 이런 일이 일어났다. 그 대표적인 예가 전두환 전 대통령 우상화에 동원된 방송사의 부끄러운 모습이다. 이는 전 대통령 재임 당시 방송에서 보여 준 구체적인 말과 영상 분석을 통해 실증적으로 살펴볼 수 있다(KBS 1TV 미디어 포커스, 전두환 정권 그리고 방송, 2007년 6월 9일과 6월 16일 방영 / 한국일보는 2009년 6월 9일 자 '곡필의 과거 참회하며 가슴 깊이 아로새긴 민주 언론 정신'을 게재하며 과거의 보도를 반성했다). 이처럼 사회적 공기라고 할 수 있는 언론이 정도를 벗어나 권력에 복종할 때 진실이 어떻게 어그러질 수 있는지에 대해 짧게나마 학생들과 이야기를 나누는 과정도 필요하다. 생생한 자료를 통해 교과서에서 추상적으로만 공부하던 한계를 딛고 보다 역동적인 배움의 장을 펼칠 수 있을 것이다.

세상을 바꿔 가는 아이들

'세상은 꿈꾸는 자의 것이다.' 한때 이 말이 가슴을 꽉 채울 때가 있었다. 그리고 시간이 지나면서 어느덧 아련한 추억으로만 남으려 할 때 아이들 덕분에 다시 그 꿈과 마주하게 되었다. 아이들과 생활 속에서 민주주의를 펼쳐 보려는 시도를 하면서였다. 반 아이들은 국립중앙박물관에 비바람이나 황사, 추위 등을 피해 도시락을 먹을 만한 장소가 마땅치 않다는 사실을 알고, 전자 민원을 내고 관장님께 편지도 써 보냈다. 하지만 의견은 좋은데 현실적인 여건상 안 된다는 답변을 받았다. 아이들은 여기에 좌절하지 않고 언론사에 기고하는 방식으로 도전했다. 마침내 이 내용이 다음과 같이 기사('중앙박물관 상대 민원 통해 민주주의 배웠어요', 경향신문, 송현숙 기자, 2012년 9월 11일)로 실렸다. 그리고 이 기사로 인해 상황이 바뀌었다.

애당초 아이들이 제기했던 민원에서는 문제를 해결할 방법이 없다고 답변한 박물관 측에서 입장을 바꿔 직접 연락을 해 왔다. 중앙박물관 측의 자발적인 의사 표현이라기보다 신문 보도 이후 더는 응답을 거부할 수 없었기 때문일 것이다. 박물관의 의사 표현은 후속 보도로 이어졌다('초등생의 편지 한 통, 박물관을 움직였다', 경향신문, 송현숙 기자, 2012년 9월 14일). 아이들이 제기한 도시락 먹을 장소를 제공해 주겠다는 것이다. 아이들은 자신들의 활동이 신문에 나온 것도 신기하고 반가웠지만 이 소식을 듣고 환호했다.

그런데 처음에 박물관의 입장 변화에 고마워하던 아이들은 이 제안이 마냥 반갑지만은 않았다. 박물관 측에서는 기존의 교육 실습장을 도시락 먹는 장소로 개방하겠다고 한 것뿐이었으며, 그것도 100석 정도로 한정했다. 아이들은 다시 찬찬히 박물관의 대응을 고려하면서 문제점을 찾았다. 교육 실습장은 실습장으로서 제 기능을 하고, 도시락 먹는 곳은 드넓은 박물관 부지 가운데서 따로 마련하면 된다는 사실을 짚어 낸 것이다. 게다가 불과 이틀 전까지만 해도 불가능하다고 답변했다가 언론 보도를 보고 나서야 태도를 바꾼 박물관 측의 입장에도 서운함을 느꼈다. 아이들은 박물관을 직접 답사하면서 도시락 먹을 곳을 찾아보겠다는 제안을 했다.

이런 일련의 과정에서 아이들이 문제를 제기했고, 그 사안이 해결되었다는 사실 자체가 중요한 것은 아니다. 이보다는 문제를 해결해 가는 과정에서 아이들의 생각이 부쩍 자랐고, 또 다양한 해결 방안을 모색하면서 결과보다 과정에서 많은 것을 배웠다는 사실이 더 중요하다.

민주주의는 명사가 아니라 동사이다. 주어진 것을 있는 그대로 받아들이는 게 아니라 살아 움직이면서 왜 그런지 살펴보고, 좀 더 나은 것은 무엇인지 알아보고, 그것을 아름답게 만들어 가는 모든 과정이 곧 민주주의다. 아이들은 거대하고 으리으리한 박물관의 외양과 딱딱한 행정에 기죽지 않고 소박하지만 중요한 문제를 제기하기 위해 지금 이 순간에도 움직이고 있다. 이제 국립중앙박물관은 아이들의 목소리에 진정으로 귀를 기울여 진솔하게 응답해야 할 것이다.

쌍방향 건축과 교육의 의미

아이들이 박물관에서 형식적으로 답변한 내용을 그대로 받아들이지 않고 창의적인 방식으로 문제를 해결하려는 과정을 보면서 문득 '말하는 건축가', 고 정기용 선생이 떠올랐다.

'건축가는 내가 그린 대로 살라고 주민들에게 명령해서는 안 된다.

건축가가 불확정하게 만든 것이 있다면 주민들이 원하는 삶으로 재조
직할 수 있도록 바탕을 만들어 주는 역할을 할 수 있어야 한다. 이것
이 쌍방향 건축이다.'

실제로 건축가 정기용 선생은 주민들이 필요로 하는 목욕탕을 면사
무소 1층에 설계하고, 공설 운동장은 등나무로 관람석을 덮어 경기가
없어도 여름의 따가운 햇볕을 피할 수 있도록 했다. 이것은 설계상의
필요에 의해서가 아니라 그곳을 이용하는 이용자들의 필요를 충족시
키는 방식이었다. 그의 건축 원칙은 '주민의 쓸모'에 있었다. 땅의 기후
와 풍토에 걸맞게, 놓일 풍경에 맞춰 그리고 공공건물을 사용할 사람
들의 필요에 따라 지은 것이었다(감응의 건축, 정기용, 현실문화, 2008 / 먼
길 떠난 건축의 사회적 실천가, 한겨레21 852호, 구둘래 기자, 2011년 3월 18
일 / 건축가 정기용, 지식채널e, 2012년 1월 26일 방송).

정기용 선생께서 하신 말씀은 비단 건축만의 이야기가 아니다. 교육
현장에도 고스란히 적용할 수 있다. 지금 아이들과 함께 펼치고 있는
활동도 마찬가지다. 국립중앙박물관에 아이들이 도시락 먹을 곳도 마
련하지 않는 건축의 현실과 정답만 채우라고 강요하는 교육 현실은 닮
아 있다. 이미 정해진 건축과 이미 만들어진 교과서에 아이들을 강제
로 끼워 맞출 것이 아니라 아이들이 스스로 생각하며 새롭게 의미를
형성할 수 있도록 여지를 마련해 주는 교육이 절실하다.

교과서의 틀을 넘어 공존의 관점으로

모든 과목이 다 그렇겠지만 사회과 수업을 잘 이끌어 가기는 만만치

않다. 하지만 사회과는 어린이의 생활 세계와 맞물려 있기에 다른 과목에 비해 역동적이며 매력적으로 펼쳐 볼 여지가 많은 교과이기도 하다. 가령 아이들이 즐겨 먹는 과자의 원산지 표시를 통해 무역에 대한 이야기를 나눌 수 있고, 텔레비전 광고를 통해 경제를 드넓게 살펴볼 수 있으며, 드라마를 보면서 역사를 공부할 수도 있다. 이렇게 다양한 접근 방식을 활용할 수 있음에도 교과서는 여전히 교육과정상에 제시된 개념을 안내하는 형태로만 구성되는 한계를 지닌다.

앞으로 사회과 수업에서는 드넓은 세상과 소통하기 위해 배움의 대상을 교과서와 교실로 한정하지 말았으면 한다. 교육이 펼쳐지는 장은 교과서로 통칭되는 틀 속에서가 아니라 우리가 발 딛고 사는 이 세상이어야 한다. 새로운 관점을 통한 사회과 수업으로 무한 경쟁의 승자가 되는 교육이 아니라 함께 살아가는 공존의 관점을 체득하면서 아이들이 행복해지기를 바란다.

과학으로
세상 바라보기

내가 생각하는 과학이 맞나?

인류의 발전과 함께해 온 과학은 눈부시게 신기술을 쏟아 내며 우리를 놀라게 하느라 심심할 틈이 없다. 누군가는 '과학이 죽었다' 하고, 또 다른 누군가는 '과학이 인문학과 만나야 한다'고 하는데, 고대 그리스에서 자연철학의 한 분야로 시작한 과학은 보다 분야를 세분화하면서 발전하는 중이다. 그리고 지금 과학 교육은 온통 '스팀steam 교육'과 '융합 인재 교육'이라는 방향으로 분위기를 모아 가고 있다. 과학의 진행 과정에서 '융합'을 탐하는 것은 왜일까? 우리는 그동안 과학이 자연에 대한 체계적이고 합리적인 지식이라고 생각해 왔는데 이런 문제가 돌출되는 이유는 과학만으로는 결코 앞으로 살아갈 세상과 소통을 못하는 현상, 불협화음이 존재한다는 인식에서 출발한 것이 아닐까.

서울대학교에서 청소년들을 대상으로 주최한 '과학과 인문학의 소통'이라는 강연에서 '통섭'으로 알려진 최재천 교수는 '나는 21세기 학문 중 그 어느 것도 다른 학문의 도움 없이 홀로 존재할 수 있는 것은 없다고 생각한다'고 밝혔다. 우리는 감히 과학을 거부할 생각을 하지 못한다. 그리고 과학 기술에 열광한다. 그런데 언제부터 과학의 세계에서 눈을 떼지 못하게 되었을까? 이제 과학의 세계에 빨려 들어가는 속도를 잠시 늦추고 세심하게 질문을 던져 보려고 한다. '과학'이란 무엇인가, '과학자'는 무엇을 하는 사람인가, '신약'은 신기술인가 그리고 과학의 진정한 모습은 무엇인가, 또 과학의 힘이라면 모든 것이 가능한가……. 과학을 가르치는 교사로서 과학을 바라보는 방향과 관점을 잡으며 반성적 물음을 하나씩 되짚어 보려 한다.

과학, 그 시작은 언제부터일까?

우리나라에서는 1874년 일본의 철학자 니시 아마네에 의해서이다. 그가 〈명륙잡지〉에 연재하던 '지설知說'이란 글에서 '과학'이란 말을 처음으로, 그것도 딱 한 번 사용했다. 그 당시만 해도 전문화되는 각 '분과分科의 학學'이란 정도의 뜻으로 쓴 표현이었다고 한다.

(이원복, 〈신의 나라 인간의 나라〉 '철학의 세계' 편, 두산동아)

Science란 어떤 의미인가?

'science'는 라틴어 'scientia'에서 나왔는데 16세기까지 'philosophy'와 같은 뜻이었다. 영어 'science'는 생긴 지 500년 정도밖에 안 된 말이며, 한자로 '과학科學'은 수확한 벼禾를 공정하게 나누기 위한 단위斗를 고민하는 학문으로, '곡식의 양을 재어 나누는 것'이었다고 한다.

'과학자scientist'라는 말은 언제부터 썼을까?

뉴턴 등 그 이전까지는 '자연철학자'로 불렀다. 윌리엄 휴얼은 마이클 패러데이의 친구였는데, 패러데이를 최초의 과학자로 보는 견해가 많다.

신약이란?

포털 사이트 다음의 국어사전에 따르면 신약이란 ①새로이 제조하여 판매하는 약 ②신기한 효험이 있는 약을 말한다. 또 네이버 지식 백과에는 '특별한 기능의 신물질이나 기존 물질의 새 효능을 의약품으로 만들어 보건 당국의 제조 승인을 받은 제품'이라고 나와 있다.

우리는 신약에 대해 엄청난 기대감을 가지고 있다. 그런데 미국 보건 당국인 식약청$_{FDA}$의 신약 인정 기준은 '밀가루$_{placebo}$보다 효과가 있을 것'이다. 플라시보 효과는 심리학 용어로 '엄마 손은 약손'처럼 아무런 효능이 없는 설탕물을 약인 것처럼 속여서 낫게 하는 '가짜 약'이라는 의미이다. 우리가 기대했던 것과는 너무 다르다.

과학의 두 얼굴

인간은 살아남기 위해 자연 세계에 대한 지식을 이용하고 발전시키려 노력한다. 그런데 각자가 놓여 있는 위치에서 과학의 발전을 누리는 현실, 즉 혜택에서는 현저히 다른 수준차를 겪고 있다. 과학에서도 여전히 빈익빈 부익부의 상황을 넘어서지 못하고 있기 때문이다. 과학의 혜택은 인간이 살아가는 동안 필요할 때 모두 똑같이 적용받는 것이 아니며 일부는 특혜를 누리고, 일부에게는 무서운 재앙으로 드러나기도 한다. 우리는 과학이 신의 고유 권한이라고 여겨 왔던 생로병사의 영역까지 정복하고 있음을 알기에 과학으로 세상을 바라보는 일이 그리 즐겁지만은 않다. 그 이득과 부작용 또한 현재 인간의 삶을 크게 변화시킬 것이라는 사실에 동의할 수밖에 없다.

<인생은 속도가 아니라 방향이다>라는 임마누엘 페스트라이쉬(이만열)의 책 제목에서 '인생'을 '과학'으로 바꾸어 넣으면 딱 좋을 거라고 생각한다. 과학도 무조건 앞으로만 질주하는 것이 아니어야 하지 않을까. 그리고 정답만이 있는 것도 아니다. 과학이란 이름으로 세상을 보는 눈과 관점을 갖는 일이 더 중요하다. 최재천 교수는 <호모 심비우스>에서 '공생, 공감하는 인간'을 강조하면서 경쟁을 하면서 살아온 생존 방식이 제로섬에 가깝다면 공생은 플러스알파를 만들어 내는 방식이라고 말한다. 따라서 함께 사는 인간 공동체를 만들어 가야 한다고 주장한다. 과연 과학이 이를 허락해 줄지는 모르겠지만 과학을 가르치는 우리는 적어도 과학이 누구를 위해 무엇을 만들어 내는지를 의문의 눈으로 바라보아야 한다. 다 알고 있다고 생각했는데 제대로 알 수 없었던 '눈먼 과학'에서 '성찰하는 과학'으로 접근하고, 과학과 기술과 사회가 함께 어울리는 과학 교육의 그림을 그려 나가야 한다. 그렇다면 이러한 그림은 누구에게 혜택이 돌아가게 될까? 바로 우리가 가르치는 학생들이다.

과학, 사람을 살리는 기술이 되다?

과학을 기술로만 이해하는 것은 바람직하지 않다. 다만 일상생활에서는 과학 기술과 과학이 서로 구별되지 않은 채 사용되고 있으며, 과학 기술이 미치는 영향이 행복한 삶과 관계가 깊기에 더 예민해질 수밖에 없다.

과학이 사람을 살리는 기술로서 역할을 하고 있는 부분을 알아보자.

첫째, 심폐 소생술은 순서와 방법만 알아 두면 아무런 도구 없이도 모든 사람이 공유할 수 있는 기술이다. 빈부와 신분의 차이에 상관없이 모든 인간이 그 혜택을 누릴 수 있는, 모두가 사용할 수 있는 획기적인 방법이다.

둘째, 소아마비 무료 접종의 시대를 연 소아마비 백신의 개발이다. '저 태양에 특허를 신청할 수 없다. 이 기술은 공익을 위해 쓰여야 한다'고 했던 소크Jonas E. Salk 박사는 소아마비 백신을 개발하고도 특허를 포기했다. 수많은 제약 회사가 특허를 사들이려고 했으나 그는 끝내 특허 등록을 하지 않았다. 돈벼락 맞을 기회를 포기한 것이다. 그는 〈타임〉이 선정한 20세기 100대 인물이다. 그 이유는 백신 개발 자체보다 연구 성과를 인류의 공동 재산으로 함께 공유한 과학자 정신 때문이었다. 그의 특허 포기로 세계보건기구에 납품되는 소아마비 백신의 값은 100원 정도이다. 1984년 이후 단 한 명의 환자도 보고되지 않았고, 2000년 10월에는 소아마비의 종식을 선언했다. 너무나 아름다운 가치를 심어 준 소크 박사의 소아마비 백신은 모든 인간을 살리는 기술이 된 것이다.

이와는 반대로 사람을 죽이는 기술로서 과학이 있다. 강양구의 〈세 바퀴로 가는 과학 자전거〉에서는 과학 기술이 해결해야 할 절박한 문제들을 꺼내 놓아 우리를 놀라게 한다. 핵폭탄이 만들어지고 사용되는 모습, 고기가 사람을 공격하는 광우병 문제, GMO, 유전자 문제, 굶주림과 질병 등 과학 기술로 위장한 현상들을 조목조목 반격한다. 이러한 문제를 해결하고 사람을 살리는 과학 기술을 만들어 가는 일은 우리의 시급한 과제이다.

과학 교육의 내용

개정 교육과정에서 말하는 과학 교육의 목표는 한마디로 과학적 사고력과 창의력을 기르는 데 있다. 그렇다면 증거에 기초한 판단 능력과 비판적 사고력, 창의력을 기르는 활동은 실제 수업에서 어떠한 모습으로 펼쳐져야 할까? 교육과정 내용 가운데 이해하기 어려운 것은 과감히 없애거나 쉽게 바꾸어 주고, 수업 모형을 기계적으로 적용하거나 지식만 쌓는 수업, 실험만 강조하는 수업이 아닌 어린이들이 삶에서 부딪힌 문제를 과학적인 방법으로 서로 협력하면서 해결해 나가도록 교사가 도움을 주는 수업이어야 한다. 도달하기 어려운 개념으로 진도를 나간다고 해서 창의력이 길러지는 것이 아니다. 과학을 가르치는 목표는 다른 사람과 합의하며 결론을 내는 과정에서 협력을 배우고, 과학 지식 자체를 넘어 지식을 이용하는 방법과 민주 시민으로서 사회성을 기르는 데 있다.

2011 개정 과학 교육과정의 목표

자연 현상과 사물에 대하여 흥미와 호기심을 가지고 탐구하여 과학의 기본 개념을 이해하고, 과학적 사고력과 창의적 문제 해결력을 길러 일상생활의 문제를 해결할 줄 아는 과학적 소양을 기른다.

가. 자연 현상을 탐구하여 과학의 기본 개념을 이해한다.

나. 자연 현상을 과학적으로 탐구하는 능력을 기른다.

다. 자연 현상에 대한 흥미와 호기심을 갖고, 문제를 과학적으로 해결하려는 태도를 기른다.

라. 과학, 기술, 사회의 관계를 인식한다.

2011 개정 교육과정의 목표를 보면 2007 개정의 목표 내용을 글다듬기 수준에서 그대로 반영했으며, 탐구 대상의 범위를 학습자의 주변과 실생활을 기준으로 강조했던 것을 공간적인 조건 없이 제시하고 있다.

2011 개정 교육과정의 내용 체계

학년 영역	3~4학년군		5~6학년군	
물질과 에너지	• **물체의 무게** • 물체와 물질 • 액체와 기체 • **소리의 성질**	• 자석의 이용 • 혼합물의 분리 • 거울과 그림자 • 물의 상태 변화	• 온도와 열 • 용해와 용액 • 산과 염기 • 물체의 빠르기	• **전기의 작용** • 여러 가지 기체 • **렌즈의 이용** • 연소와 소화
생명과 지구	• **지구와 달** • 동물의 한살이 • 동물의 생활 • **지표의 변화**	• 식물의 한살이 • 화산과 지진 • 식물의 생활 • 지층과 화석	• **날씨와 우리 생활** • 식물의 구조와 기능 • 태양계와 별 • 우리 몸의 구조와 기능	• **지구와 달의 운동** • **생물과 환경** • **생물과 우리 생활** • 계절의 변화

2011 개정 과학 교육과정의 목표와 내용 체계상 가장 큰 특징은 학년군제로, 2007 개정에서 4개 영역으로 나누었던 것을 '물질과 에너지', '생명과 지구' 2개 영역으로 통합한 것이다. '소리의 성질'이 3학년에 새롭게 편성되는 등 여러 부분에서 내용이 조정되었다. 과학 교과서는 2014년에 새롭게 바뀐다. 7차까지의 개정 과정에서는 충분한 시간이 주어졌는데 그 이후로는 변화된 내용을 따라가기에 바쁘다. 올해 3학년인 아이들은 지금 영역의 내용대로 가르치면 되는지, 4학년에 가서 중복되는 것은 없는지, 4학년은 그럼 또 어떨지, 몹시 혼란스럽다.

2014년 학습 결손 4학년을 구하라

교육과정이 수시로 바뀐다는 것은 결국 교사에게 교육과정을 재구성하라고 떠미는 격인데 그대로 적용할 경우 중복과 결손의 문제가 생긴다. 2013년 3학년의 경우, 2014년 4학년에 올라가면 '자석의 이용'과 '혼합물의 분리'를 또 배우게 되는 상황이 벌어진다. 반대로 '물체의 무게'는 3학년으로 내려가서 아예 못 배우게 되고, 3학년 때 배웠던 '날씨와 우리 생활'은 5학년에 가서 다시 배우는 일이 생긴다. 4학년도 마찬가지다. 3학년에 있는 '소리의 성질'에 대해서는 아예 못 배우고, 2015년에 6학년이 되면 '전기의 작용', '지구와 달'을 반복하게 되며, '산과 염기'도 못 배우고 끝난다.

반복은 그렇다 치더라도 학습 결손을 해결하려면 주어진 교육과정의 시간 안에서 보충이 가능한지 여부가 문제이다. 아울러 과학과만의 문제로 접근하기보다 학년 교육과정 전체를 다른 학년과 협의해서 재구성해야 한다.

2007 개정 교육과정의 과학 교과서는 오류도 꽤 보였다. 아무런 의심 없이 교과서를 수업 자료로 그냥 사용했다가는 '내가 하는 수업이 아이들에게 과학에 대한 잘못된 개념을 심어 줄 수 있다'는, 상상만 해도 끔찍한 일이 벌어질 수 있다.

우선 교과서의 자료와 내용이 정확한 개념과 정보인지를 확인해야 한다. 그렇지 않으면 교사의 무지한 확신으로 아이들에게 오류를 심어 주게 된다. 그대로 따라가기보다 비판적 시선으로 점검하고, 교과서를 그대로 활용할 거라면 탐색 과정에서 제기되는 예상 질문들을 준비하여 아이들이 오류를 일으키거나 포기하지 않도록 그때그때 상황에 맞게 대처하는 자세가 필요하다. 교과서에 없는 생생한 배움이 일어나게 하려면 아이들이 어느 순간에 어디에 머물고 있는지를 관찰하여 흥미로움이 지속되도록 하고, 그 해결책을 찾아가도록 지원하는 것이 교사의 역할일 것이다.

교과서에 제시되어 있는 실험 재료들을 다른 것으로 바꾸어 보거나 아예 빼고 실험을 해 보는 방법도 시도해 볼 만하다. 예를 들어 단원 마무리에 '과학 글쓰기'가 나오는데 책과 다양한 자료를 읽고, 질문하고, 실험하고, 써 보는 것, 즉 많이 읽고, 많이 써 보는 과정을 경험하는 일도 중요하다. 과학 글쓰기의 생명은 간결함과 정확함이다. 간단히 한두 줄 문장에서 시작해서 차츰 자신의 비판력을 담는 글쓰기를 해 나가는 경험이 필요하다. 과학 글쓰기가 국어 수업이 되어 버리면 안 되며, 과학적 사고 활동이 드러나는 글쓰기여야 한다.

탐구 활동이 살아나는 과학 수업

교과서에서 제시하는 기초 탐구 활동으로는 관찰, 분류, 측정, 예상, 추리, 의사소통이 있다. 통합 탐구 활동으로는 문제 인식, 가설 설정, 변인 통제, 자료 변환, 자료 해석, 결론 도출, 일반화의 과정을 안내한다. 저학년은 기초 탐구 활동을 중심으로 하며, 고학년은 기초 탐구 활동에서 얻은 자료를 이용하여 수업의 전 과정에 통합 탐구 활동이 이루어지도록 의도한다. 이때 모든 수업에서 예상 활동이 필요한지를 고민해 보아야 한다. 대체적으로 예상 활동은 수업을 시작할 때 빠뜨리지 않고 하는 과정이다. 그런데 예상은 실험 전에 맨 처음 한 번 하는 활동이 아니라 수업이 진행되는 가운데 일어나는 일들을 해결해 가는 활동이다. '~ 어떻게 될까?', '~ 어떻게 해야 할까?', '~는 ~에 영향을 미칠까?', '~은 어디에 쓰일까?' 등 실험에 대한 증거를 찾을 수 있도록 도와주는 교사와 학생들의 상호 작용이라고 할 수 있다.

■ 기초 탐구 활동 중 분류 활동이 중심이 된 수업 과정

활동 방법	활동 세부 흐름	주의할 점, 세부 활동
1. 대상 관찰	오감 이용하기	
	조작적 관찰하기	관찰 대상 자르기, 가열하기, 비벼 보기 등 어떤 조작을 가하여 하는 관찰
	부분적인 관찰	전체 관찰이 아닌 학습 특징
	정량적 / 정성적 관찰	
	여러 비교 대상의 관찰	
	변화 관찰	
2. 분류 기준 정하기	차이점과 공통점 비교	먼저 대상의 차이점을 찾고 공통점을 찾는다.
3. 분류 기준 선택하기	대상에 따른 분류	분류 기준 항목이 많으면 어려워지므로 2~3개 항목으로
4. 분류하기		오류 검증하기

과학 수업을 펼치다

그렇다면 우리가 실행하고 있는 과학 수업이 어떤 지식들의 통합 가능성을 찾고 있으며, 찾아가는 중인지 모색할 필요가 있다. 과학을 가르치는 교사로서 지금껏 우리가 해 왔던 과학 교육을 새로운 시각에서 접근하려는 의지 또한 절실히 필요하다.

"우리는 잘 가르치려고 한다. 그런데 왜 잘 가르쳐야 하는가?

우리는 더 잘 가르치려고 한다. 그런데 무엇을 더 잘 가르치려 하는가?

방향 없는 열정은 위험하다. 관점 없는 열정으로 이루어지는 교육은 가장 해롭다.

관점 없이 과학 수업을 잘 하려 하다 보면 수업 시간은 나도 모르게 기능 숙달을 위한 훈련이 되어 버린다. 아이들의 삶에 고스란히 피해를 안겨 준다.

교사의 교육적 관점은 주제마다, 단원마다, 활동마다 그 속에 녹아들어야 한다.

나는 이 단원을 왜(!) 가르치려 하는가, 나는 이 단원에서 무엇을(!) 가르치려고 하는가."

– 초등과학교육과정모임 뒤풀이 자료에서

과학 수업에 대한 반성

- 과학적 지식이 잘 갖추어진 교사가 최고의 전문가이다?
- 스스로에게 과학사나 과학 철학에 대한 물음을 던져 보지 않는다?
- 과학 실험이 곧 탐구 활동 수업의 전부이다? 과학 실험에만 몰두한다?
- 과학은 절대 진리이다? 수업도 그 명제를 따른다?
- 실수나 어리석은 질문을 허용하지 않는다?

과학 수업의 원칙 정하기(예시)

- 실험 전에 충분한 토론을 해요(역할, 실험 방법, 실험 도구, 목표 등에 대해).
- 실험은 모든 사람에게 기회가 돌아가도록 해요(결과를 얻는 과정이 중요).
- 다양한 교과와 활동 통합을 시도해요.
- 숙제가 있으면 미루지 말고 해결해요.

교사는 과학 수업을 통해 아이들을 어떻게 키우고 싶은가? 과학자, 자연주의자, 일상생활인……. 아이들이 잘 사는 데 필요한 것들 가운데 과학이 도움을 줄 수 있는 가장 큰 선물은 '과학으로 공감하기'가 아닐까 싶다. 우리는 세계의 절반이 굶주리고 5초당 한 명꼴로 굶어죽는 아이들이 있다는 사실을 알고 있다. 공감한다는 것은 '과학 기술의 발달로 식량이 넘쳐 난다고 생각했는데 그게 아니구나!' 하는 정도를 아는 것만이 아니라 이런 상황을 내 몫의 아픔으로 받아들여 문제의 원인을 인식하고, 해결하기 위한 실천력을 갖는 것까지를 말한다. 과학은 또 세상을 기다려 줄 수 있어야 한다. 교실에서도 바깥세상에서도 과학 수업은 아이들을 기다려 주지 않고 과학도 인간의 삶을 기다려 주지 않은 채 속도를 내서 달려가기만 한다. 한 번쯤 깊이 있게 생각해 보면 그 해결 방법도 쉽게 찾을 수 있을 것이다. 기다려 주는 시계, 속도를 줄여주는 브레이크는 바로 교사라는 사실을. 그렇다면 어떻게 해야 학생들이 함께 공감하고 기다려 주며 과학을 즐겁게 탐색하게 할 수 있을까? 우선 교사가 어떤 핵심적인 질문을 하는지 되돌아볼 필요가 있다.

- 단답형이나 ○ 또는 ×로 대답하는 상황의 수업인가?
- 몇 개의 대답이 나오는 질문인가?
- 아주 자유롭게 상상할 수 있는, 정답이 없는, 모두가 정답일 수 있는 질문인가?

상호 작용, 협력적인 활동을 어떻게 의도할 것인지를 판단하고, 실험은 모두에게 골고루 기회가 돌아가도록 확인하는 과정도 필요하다. 즉,

수업 내용을 어떻게 조직할 것인지를 준비하는 것이다.

수업에서 일어나는 상호 작용의 모습(예시)

수업에서 상호 작용이 일어나는 두 주체들의 관계는 교사 주도의 수업에서 배움이 일어나는 학생 중심으로 활성화되어야 한다. 이러한 구조는 순차적으로 진행되어야 하는 것도, 늘 같은 구조로 진행되어야 하는 것도 아니다. 수업에서 다양한 상호 작용의 관계들이 의도되어야 한다는 의미이다.

교사가 묻고 대답하는, 교사 혼자만의 관계 교사와 교사

교사가 묻고 학생이 대답하는 교사와 학생

학생의 물음에 교사가 대답하고 도움을 주는 학생과 교사

학생 개인 간의 협력 활동 학생과 학생(개인)

학생 모둠 대 모둠, 모둠과 전체의 활동 학생과 학생(모둠/전체)

'생태, 인권, 노동, 평화'의 가치를 담는 수업으로

■ 4-1 식물의 한살이 예

생태	• 식물이 자라는 조건을 알아보고, 여러 가지 식물의 한살이 과정을 이해한다. • 햇빛, 물, 공기, 흙과 어울리며 자라는 모습을 발견하고 이 모두가 서로에게 필요한 존재임을 확인한다. • 강낭콩 씨앗이 자라서 대를 이어가도록 노력한다.
인권	• 여러 가지 씨앗 모양, 싹튼 씨앗의 겉모양과 속모양이 다름을 통해 생명체가 가지는 다양성에 대해 이해한다. • 강낭콩의 잎, 줄기, 꽃 등 서로 다른 모습이 한데 어울려 아름다운 생명체가 됨을 안다. • 강낭콩, 봉숭아, 옥수수, 벼 등 식물마다 한살이의 과정이 다름을 안다.
노동	• 식물이 자라는 과정을 여러 가지 감각과 도구, 방법을 통해 살펴보며 관찰 기록장을 자세하게 쓴다. • 강낭콩의 생명이 한 세대 동안 잘 자라도록 정성을 다해 소중하게 기르고, 내 것뿐만 아니라 친구들의 강낭콩도 함께 돌보며 기른다.
평화	• 동일한 실험 조건을 만들고, 강낭콩을 심을 기회와 여건을 제공받는다. • 강낭콩이 자라는 모습에 대한 기쁨과 보람을 느낀다.

'아이들의 자발성과 역동성을 담은' 프로젝트 수업

프로젝트 수업은 아이들의 배움에 있어 탐구 과정과 성찰, 문제 해결, 자발성과 능동성을 강조하며 일회적이고 분절적 활동에서 벗어나 통합적으로 사고하게 하고, 자신이 하고 있는 학습에 보다 관심을 가지고 참여하게 한다. 교과목별 수업과 달리 관련된 여러 교과를 함께 준비하여 진행하는 새로운 수업 방식이다.

– 수업의 흐름

프로젝트 활동에서 시간 운영은 교사가 10~15분 동안 안내와 설명을 하고, 20분은 모둠에서 그 차시의 학습 주제를 자료를 찾으며 정리하고, 나머지 5~10분 정도는 정리한 것을 간단히 발표하거나 그대로 탐구 활동을 지속한다. 해결이 힘든 모둠은 교사가 도우면서 활동한다. 컴퓨터 시간이나 교과 통합 시간을 이용하기도 하고, 필요시에는 과제 학습으로 보충하기도 한다. 프로젝트를 시작하면서 모둠이 정한 탐구 동물은 학급 알림판에 붙여 놓아 공개함으로써 아이들 모두가 자료나 정보를 공유하고, 나누며, 도움 주기가 자연스럽게 일어나게 한다.

- 프로젝트 활동 동물 선택 예시

2인 1조로 하면 동물을 더 다양하게 탐구할 수 있으며, 교사는 학생들에게 동물이 사는 곳을 다양하게 선택하도록 안내한다.

바다에 사는 동물	강과 호수에 사는 동물	땅에 사는 동물
하늘을 나는 동물	특수한 환경에 사는 동물	멸종 위기의 동물

1모둠	2모둠	3모둠	4모둠	5모둠	6모둠
펭귄	호랑이	매	사마귀	상어	쉬리

- 활동 소감

(김○○)
내가 좋아하는 매미에 대해서 많이 알게 되어 정말 좋았다. 주로 어디에 사는지, 암수는 어떻게 구별하는지도 알게 되었다. 종류와 특징도 많이 알게 되었다. 정말 좋은 활동이었다.

(문○○)
동물 프로젝트를 하니까 재미있었다. 잠자리의 특징, 이름, 수명, 먹이, 생김새를 처음으로 알게 되었다. 이런 것을 아니까 좋은 정보를 많이 얻은 것 같아 흐뭇하다.

(박○○)
수업을 하면서 동물 박사가 된 느낌이 들어서 좋았다. 조사하면서 힘들었던 점은 피라니아는 희귀종 분류에 속해서 조사하기가 좀 어려웠다는 것이다. 프로젝트를 통해 피라니아에 대해 많이 알게 되어 재미있고 좋았다.

색 모래로 지층 쌓기

- 준비물 : 투명한 둥근 통이나 관(물병의 윗부분을 잘라서 사용해도 됨), 여러 가지 색 모래.
- 진행은 모둠별 또는 전체로 한다.
- 층리마다 지층에 대한 물음에 한 개씩 답하면서 모둠에서 차례대로 활동한다(○× 퀴즈나 설명 자료, 사진 자료를 이용해도 좋다).
- 쌓이는 중간이나 마지막에 색 모래층을 누르거나 탁탁 쳐서 힘을 주는 과정까지 해 본다.
- 물음의 예
- 오랜 시간 동안 만들어진다.
- 지층은 암석이 여러 겹으로 쌓인 것이다.
- 아래에서부터 위로, 수평으로 쌓인다.
- 여러 가지 힘을 받아 모양이 변하기도 한다.
- 전라북도 부안군 채석강(변산반도)에서 잘 볼 수 있다.
- 기울어진 지층, 수직으로 세워진 지층, 휘어진 지층, 끊어진 지층이 있다.

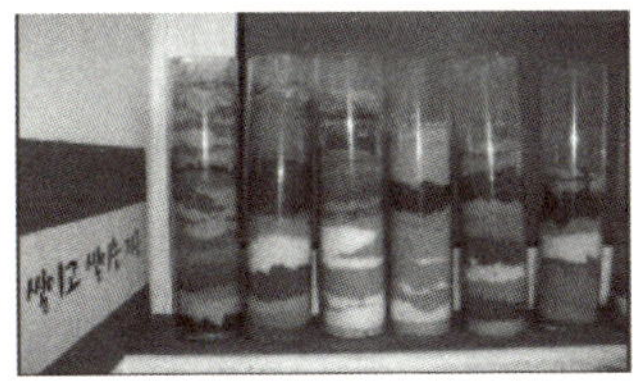

책 속의 이야기로 상상력을 살리는 수업

3학년 '동물의 한살이' 단원 '개구리의 한살이' 수업을 할 때 〈개구리 논으로 놀러 오세요〉를 읽어 주거나 읽게 하면 그림이 생생해서 효과적이다. 책을 읽고 개구리 하면 떠오르는 것을 자유롭게 이야기해 보고, '올챙이와 개구리'의 동작을 따라 하며 노래를 부르거나 개구리 소리를 내어 보는 등 몸을 움직이는 활동을 한다. 4학년 '지층과 화석' 단원에서는 〈공룡 화석을 발견한 소녀 : 메리 애닝 이야기〉를 읽어 준다. 5학년 '전기 회로' 단원에서는 '전기가 발명되기까지' 사회의 역사와 개념을 확장시키기 위해 '앗' 시리즈의 〈전기가 찌릿찌릿〉이나 〈전기 없이는 못 살아〉, 〈찌릿찌릿 패러데이, 전기로 세상을 움직여요〉 등 관련 책을 소개하고 읽게 한다. 그다음에 '전기의 역사 연표'나 '전기와 관련된 과학자 카드 만들기' 활동으로 정리해 본다.

소통을 찾는 과학 수업

과학 수업은 사회성이나 협동심을 기르는 것과 무관하다고 여길 수도 있을 것이다. 하지만 소통하는 수업은 과학-기술-사회를 아우르는 세상 바라보기 수업이며, 나와 세상과의 관계를 맺는 통합적 관점을 키우는 데 그 의도가 있다.

(5-1-2 전기 회로)

전기는 흐른다

수업 의도

모두가 소통하는 힘 찾기 / 나를 살아가게 하는 힘 찾기 / (   )도 흐른다.

활동 과정

- 도입 : 퀴즈나 '전기를 어떤 것에 비유하면 좋을까?' 등으로 브레인스토밍한다.

- 전기를 바르게 이용하는 모습 상상하기.
- 자연과 잘 어울리는 전기의 모습 찾기.
- 반도체, 그 소중한 역할 : 내 삶에서 반도체의 역할 찾기.
  (도체, 부도체, 반도체의 '어울림'과 '경계')
- 나만의 전지로 하고 싶은 일 / (전기)에 안전장치가 필요하다.

마무리 : 실로 통하는 마음 (   )도 흐른다

전체가 둥글게 모여 선다. → 맨 처음 교사가 실타래를 한 학생에게 건네며(던져도 됨) 서로 소통하고 싶은 마음이나 말을 외친다. → 실타래를 받은 학생이 다른 학생에게 (   )라고 말을 하며 실타래를 건넨다. → 다 돌 때까지 실이 오가며 무늬가 만들어진다. → 실을 붙잡고 서로의 마음을 나눈다.

평가

프로젝트 수업은 과학뿐만 아니라 모든 교과에 적용할 수 있으며, 교사가 조금만 의도하면 쉽게 응용해서 바꿀 수도 있다. 아이들의 성장과 발달을 지원하는 이런 활동을 통해 평가의 관점은 다음과 같이 생각해 볼 수 있을 것이다.

- 과정이나 결과를 점수로 표시하지 않기.
- ○×로 표현하기보다 √로 표시하는 방법 찾기.
- 지식의 양이나 속도가 아니라 사고의 과정이나 지식을 활용하는 협력적인 관계 관찰하기.
- 전체가 함께하는 수업이더라도 개별적으로 대처해 주기.

- 실패도 발달을 이루어 가는 배움의 과정으로 평가하기.
- 평가의 결과가 학생의 모든 것을 말해 주는 것처럼 단정하지 않기.

과학 수업에서 자유롭게 놀기

현대 과학은 흔히 5%의 실험 관찰과 95%의 추론으로 만들어진다고 한다(《과학 교사의 수업 전문성》, 이선경, 교육과학사, 2012). 또 학교 수업의 70~80%는 교사의 언어로 전달된다. 초등학교에서 과학 수업의 언어는 추상적 개념의 담화보다 일상의 경험과 다양한 사례들을 담아내야 한다. 통합적인 시각, 교과의 경계를 넘나드는 과학 수업이 구상되어야 하는 것이다. 교사가 수업을 고민한다는 것은 교과에 대해 아는 것과 교수 지식, 교육학적 관점과 지식, 상황적 지식을 학습자가 가장 이해하기 쉬운 지식으로 변환시키는 작업이다. 교과 간의 지식과 경험을 연결시키는 수업을 모색하면서 실제 교사가 가르치고자 하는 것과 학생이 배우는 것 사이의 거리를 좁혀 나가야 한다.

인간의 삶 속에서 걸러지고 검증된 사실들과 관계 맺는 일을 과학 수업에서는 아이들에게 어떻게 경험하게 해 주고, 사고하게 해 주어야 하는지에 대한 방법은 교사의 노력 속에 답이 있다. 물론 인류의 긴 역사 동안 이루어 온 과학적 탐색을 혼자서 재구성하기에는 너무 벅차다. 게다가 초등 교사들에게는 준비해야 할 교과의 양도 많다. 이러한 고민들을 과학을 통해 세상을 깊고 넓게 보려는 의지를 가진 동료 교사들과 함께 해결해 나간다면 큰 힘이 될 것이다.

세상과 소통하는
영어

초등 영어 교육의 관점 잡기

1997년, 찬반 논란이 있는 가운데 초등학교에 영어 교과가 정규 과목으로 도입되었다. 7차 교육과정서부터 그 역사를 현장에서 함께 겪어 왔지만 목표 달성에 이르는 길은 아직도 요원하기만 하다. 우리 시대, 우리 사회에서 '영어'가 갖는 권력이 막강하고, 학부모들의 기대 심리가 너무 크기 때문일 것이다. 그리고 권력과 기대가 크다는 것은 희소가치의 법칙에 따라 모두가 욕망하지만 결국 제로섬 게임이 될 확률이 높다는 뜻이기도 하다. 그렇기에 더욱 지난 초등학교 영어 교육의 역사를 찬찬히 되짚어 보고, 공은 무엇이며 과는 무엇인지, 앞으로 어떤 방향으로 나아가야 할지 뜻을 모아야 할 때이다.

영어 교사이기 이전에 초등 교사로서 아이들의 성장과 발달 과정을 중심으로 영어 교육을 바라보고, 이에 걸맞은 대안을 만들어 나가는 일이야말로 영어 교육의 역사를 새롭게 써 나가는 기본적이고 중요한 작업이다. 먼저 영어 교육과정에 대한 이해와 학교 현장에 어울리는 영어 교육에 대한 관점의 수립, 이에 따른 교육과정 및 교과의 재구성이 필요하다.

영어과 교육과정의 특징

2013년 현재 초등학교의 다른 교과 교육과정은 2009 개정 교육과정의 총론에, 2007 개정 교육과정에 맞는 교과서를 사용하고 있다. 1~2학년은 올해 처음으로 2011 개정 교과 교육과정을 적용하고 있다. 그런데 영어는 수시 개정에 따라 2008 개정 영어 교육과정(2008년 12월 26일 고시, 이하 2008 개정)에 따른 검정 교과서를 사용하고 있다. 실용 영어 교육 강화를 목표로 한 2008 개정은 2007 개정 교육과정이 시행되기도 전에 또 개정되어 학교 현장에 큰 혼란을 주었다.

2008 개정은 주당 영어 수업 시수를 3~4학년은 1시간에서 2시간으로, 5~6학년은 2시간에서 3시간으로 1시간씩 늘린 것이 핵심이었다. 2010년에 3~4학년부터 적용을 했는데 시수 증가에 맞는 교과서를 개발하지 못해 기존의 7차 교과서를 짜깁기한 임시 교과서를 만들어 사용했다. 그러다 2011년(3~4학년), 2012년(3~6학년)에야 교육과정에 맞는 교과서를 검정 제도를 통해 개발해서 학교별로 선정, 사용하고 있다. 여기에 2011년에는 2009 교육과정 총론 개정에 따른 2011년도 교과 교육과정을 개정(이하 2011 개정 영어)하여 2014년 3~4학년은 또다

시 새로운 교육과정과 교과서를 적용해야 한다.

■ 2012학년도 각 학년 학습자의 영어 교육과정과 교과서 적용 내용

	1학년	2학년	3학년	4학년	5학년	6학년
2009				1학년	2학년	7차 (3학년)
2010			1학년	2학년	2008 개정 임시 교과서	2008 개정 임시 교과서 (4학년)
2011		1학년	2학년	2008 개정 검정 교과서	2008 개정 검정 교과서	2008 개정 임시 교과서 (5학년)
2012	1학년	2학년	2008 개정 검정 교과서	2008 개정 검정 교과서	2008 개정 검정 교과서	2008 개정 검정 교과서 (6학년)
2013	2학년	2008 개정 검정 교과서	2008 개정 검정 교과서	2008 개정 검정 교과서	2008 개정 검정 교과서	2011 개정 (중1)
2014	2011 개정	2011 개정	2008 개정 검정 교과서	2008 개정 검정 교과서	2011 개정	2011 개정 (중2)
2015	2011 개정	2011 개정	2011 개정	2011 개정	2011 개정	2011 개정 (중3)

2012학년도 6학년 학습자들은 학교에서 그동안 어떤 교육과정과 교과서로 영어 공부를 했을까? 3학년 때는 7차 교육과정과 교과서로, 4학년부터 5학년 때까지는 2008 개정에 임시 교과서로 학습하다가 6학년이 되어 처음으로 2008 개정에 맞는 검정 교과서를 사용해 학습하고 있다. 내년에 중학생이 되면 2011년 개정 영어 교육과정을 적용받는다. 이렇게 아이들을 중심에 두고 교육과정을 바라보면 왜 아이들이 영어를 어려워하는지, 왜 단어 읽기와 쓰기를 쉽게 포기하는지 이해가

될 정도다.

교육과정과 교과서 적용 이력에 대한 이런 이해 없이 주어진 교육과정과 교과서로 수업하면 아이들이 영어 공부를 무엇 때문에 힘들어하는지, 바꾸고 고쳐서 써야 할 내용들은 무엇인지 교사도 놓치기 쉽다. 교육과정을 파악하는 것은 단지 문서에 대한 이해를 넘어서 아이들이 어떻게 학습해 왔고, 어떻게 학습해 가야 하는지를 전체적으로 조망하며 학습자를 돕는 일이기도 하다.

현행 교육과정(2008 개정)과 2014년부터 적용하는 2011 개정 영어과 교육과정의 특징과 쟁점을 간단히 살펴보자.

2008 개정 외국어과 교육과정의 특징과 쟁점

지난 7차 영어과 교육과정이 나오고 나서 '4년을 배워도 눈뜬장님을 만든다', '450개 단어를 그냥 듣고 외우라고 강요하다니 사교육을 안 받으면 부진아 되기 십상이다', '문화는 없고 앙상한 기능만 남은 교과서는 그림책일 뿐이다', '읽기 따로 쓰기 따로 가르쳐서야 총체적 언어 학습이 이루어지겠느냐' 하는 비판이 들끓었다. 이런 이유 때문에 사교육비가 늘어나고, 격차가 더욱 벌어지며, 포기하는 아이들이 늘어난다는 비판도 거셌다. 그럼에도 2008년, 교과부는 끝내 근본적인 변화 없이 수업 시수만 늘려 놓았다. 2008 개정 외국어과 교육과정의 주요 골자는 다음과 같다.

- 시수 확대 : 3~6학년, 1-1-2-2에서 2-2-3-3으로 늘어남.

- 단원 수 증가 : 8단원에서 16단원으로 2배 순증(검정 교과서마다

조금씩 차이).

- 어휘와 표현 증가 : 3~6학년 500단어에서 520단어(7차 450단어).

- 읽기, 쓰기 학습 조기 도입(3학년 2학기).

- 검정 교과서 도입.

그렇다면 무엇이 문제인지 살펴보자.

첫째, 시수 확대와 이로 인한 단원 수의 증가다. 영어 시수가 1시간씩 늘어나면 자연히 학습해야 할 내용이 늘어나고, 학습해야 할 내용이 많아지면 어휘나 표현 수가 증가해서 학습자에게 부담을 준다. 주당 수업 시간이 늘어나니 교사의 부담도 커질 수밖에 없다. 이에 대한 비판이 일자 영어 회화 전담 강사 제도를 한시적으로 도입했지만 그렇다고 학습자의 부담이 해소되는 것은 아니다. 결국 이 문제는 고스란히 아이들과 교사의 몫으로 돌아온다.

둘째, 문자 언어를 학습하는 시기를 3학년 2학기로 앞당겼다. 이것은 지난 7차 교육과정이 파닉스(음철법)를 제대로 가르치지 않고 단어를 외우게 한다는 비판에 따른 것인데, 그렇다면 외국어를 학습할 때 문자 언어는 언제 도입하는 것이 좋을까? 외국어를 학습하는 환경이 ESL(제2 언어로서의 영어)인가, EFL(외국어로서의 영어)인가, 성인 학습자인가, 아동 학습자인가에 따라 달라질 수 있다. 우리나라와 같은 EFL 환경에서 과연 초등학교 3학년 때 외국어 문자 언어를 도입하는 것이 필요한지, 효과가 있는지 여기에 대한 기초 연구나 현장 연구가 없이 이루어졌다는 것이 문제다.

셋째, 검정 교과서를 들 수 있다. 현재 3~4학년은 14종, 5학년은 7종,

6학년은 6종의 검정 교과서가 심의에 통과해 각 학교에서 사용하고 있다. 이 가운데는 교육과정 기준에 적합하지 않은 내용이 포함된 교과서도 있고, 14종이나 되는 교과서의 내용 구성이 비슷비슷해서 과연 영어 교육을 다양화할 수 있는 제도인가 하는 의문이 들게도 한다. 전출입이 잦은 초등의 경우 교과서가 달라 새로 사야 하는 불편함과 학습 결손이 생길 수도 있고, 저작권 문제로 시디 활용이 어려운 경우도 있다. 또 각 학년마다 교과서의 종류가 다를 경우 학습의 계열성 확보에도 어려움이 있어서 혼란을 부추긴다. 단, 한번 선정한 교과서를 꼭 교육과정이 바뀔 때까지 사용해야 하는 것은 아니므로 적합하지 않다는 판단이 들면 교과서 선정 위원회를 열어 재선정할 수는 있다.

2011 개정 영어과 교육과정의 특징

– 개정 배경

- 세계화, 지식 정보화 시대에 따른 요구와 필요 반영.
- 영어 의사소통 능력 신장을 위한 교수-학습 방법 및 평가 방안 제시.
- 교육과정 시행상의 문제점 개선을 위한 교육과정 내용 개선.

– 개정 방향

- 학생 중심의 교육과정 구현.
- 교육과정 내용 적정화 및 연계성 강화.
- 실제적 영어 사용 능력 향상을 위한 실용 영어 교육 강화.

– 주요 개정 내용

- 목표 : 성격과 목표를 통합하여 목표로 제시하고, 정의적·인지적·문화적 목표를 체계화하여 제시했으며, 영어 및 영어 과목의 필요성을 강조했다.

- 내용 : 학년군, 언어 4기능, 영역 학습 내용 성취 기준을 제시하고, 학년군을 고려한 필수 학습 내용 선정 및 학습 내용을 적정화했다. 초등학교, 중학교 성취 기준의 연계성을 강화하고, 체계적인 문자 지도를 위한 읽기, 쓰기 성취 기준을 보완했다.

- 소재 : 창의·인성, 다문화, 글로벌 사회 등 관련 소재를 추가했다.

- 어휘 : 기본 어휘 관련 지침을 개선하여 기본 어휘 목록 어휘 수를 2315개에서 2988개로 늘리고, 학년군별로 어휘를 제시하되 5% 범위 이내에서 가감하여 사용하도록 했다. 이본 어휘의 활용 비율을 80:20으로 확대했다.

- 교수-학습 방법 : 교수-학습 단계별 및 언어 기능별 필요 사항을 제시했다. 창의·인성 교육을 고려한 교수-학습 계획 수립과 운영, 언어 기능 간 연계 및 통합, 교수-학습 방법을 강조했다.

- 평가 : 평가 단계별 및 언어 기능별 필요한 사항을 제시하고, 언어 4기능별 평가 방법 및 유의점을 제시했다. 언어 기능 간 연계 및 통합 평가 방법을 강조했고, 말하기와 쓰기 같은 표현 능력은 수행 평가로 실시할 것을 권장했다(국가영어능력평가시험 대비 교육과정이라는 비판).

■ **교육과정 개정의 주요 내용 비교**

현행(2008 개정)	개정(2011 개정)
외국어(영어)과 교육과정	영어과 교육과정
성격과 목표를 분리해서 제시 초·중별 4개의 세부 목표	성격+목표=>목표 3개의 세부 목표
학년별로 언어 4기능의 성취 기준만 제시 학년별 어휘 : 3~6학년 520낱말 이내	학년군, 언어 4기능별 영역 및 학습 내용별 성취 기준 제시 학습 활동의 예 제시(부록) 학년군별 어휘(초등 500낱말 ±5%)
교수–학습 방법의 하위 항목 (초·중등학교 구분 제시)	교수–학습 방법의 하위 항목 제시 (계획, 방법, 자료)
평가의 하위 항목 (평가 지침, 유의점)	평가의 하위 항목 (평가 계획, 평가 목표 및 내용, 평가 방법, 평가의 활용, 언어 기능별 평가)

영어과 수업의 이해

외국어로서 영어 교육 제대로 보기

영어를 가르칠 때 영어를 외국어로 보느냐, 아니면 제2의 언어로 보느냐는 아주 중요한 관점의 차이를 내포한다.

먼저 영어를 제2의 언어로 보는 경우는 다음 두 가지에 해당할 때이다. 첫째 인도, 말레이시아, 필리핀, 싱가포르처럼 과거에 영어 사용국의 식민 지배를 받으면서 영어가 모국어와 동등한 공용어로 자리 잡은 국가에서 영어를 보는 관점이다. 영어 방송이 있고, 영어로 수업을 하고, 영어만 쓰면서 생활을 해도 아무 지장이 없는 경우다. 둘째, 영어 이외의 언어를 모국어로 사용했지만 영어권 국가로 이민을 가면서 제2

의 언어로 받아들일 수밖에 없게 된 경우이다. 이들 역시 영어적인 환경에 둘러싸여 있다.

이와 달리 영어를 외국어로 본다는 것은 영어를 한 마디도 쓰지 않아도 일상생활에 아무 지장이 없는 대다수 국가에 사는 사람들의 경우이다. 영어를 하나의 외국어로 대한다는 것은 전 국민이 일상생활에서 영어를 접할 기회가 별로 없다는 사실을 의미하며, 그렇다면 이에 걸맞은 교육과정을 계획하고 교육하면 된다. 즉, 영어는 외국어이므로 초등학생들에게 '아침 먹었니?', '기분이 어떠니?', '오늘이 무슨 요일이니?', '너, 지금 뭐하니?' 하는 일상 회화가 그다지 중요하지 않다는 뜻이기도 하다.

한국 사회에서 영어는 제2의 언어가 아니라 외국어이다. 학교에서 배워도 거의 써먹을 일이 없는데 무엇 때문에 초등학교 저학년 때부터 원어민 강사를 데려다 엄청난 돈을 쏟아 부으며 아이들을 주눅 들게 만드는 것일까? 어쩌면 우리나라 아이들은 학교의 원어민 강사와 대화하기 위해서 영어 학원에 다니는 것일지도 모르겠다. 외국인을 만났을 때 말 몇 마디 해 보게 하려고 영어 교육을 시작했는데 그것 때문에 아이들이 영어 학원에 다니고, 영어 학원에 다니면서 원어민을 만나는 아이들이 생기자 학교 교육의 질이 떨어진다는 말이 나오고, 사교육을 받은 아이들과 그렇지 못한 아이들의 격차가 심해지면서 이번에는 사교육을 못(안) 받는 아이들을 위해 학교에서 영어를 더 많이 가르쳐야 한다는 말이 나오고……. 악순환의 반복이다.

아이들이 원어민 강사가 있는 영어 학원에 다니거나 교육 당국이나 지자체에서 원어민을 '수입'해 오지 않는 한 우리 아이들이 일상생활에서 원어민을 만날 일은 거의 없다는 것, 이것이 영어 교과를 외국어로 보아야 한다는 관점의 출발이다. 즉, 우리의 영어 교육 환경이 EFL이라는 것을 인정하고 초등 영어 교육의 목표를 분명히 해야 한다.

언어에 담긴 문화와 역사를 먼저 배워야

현행 2008 개정 영어 교육과정은 영어에 대한 흥미와 관심을 가지고 일상생활에서 사용하는 기초적인 영어를 이해하고 표현하는 능력을 기르는 것을 목표로 한다고 제시했다. 그러나 우리 아이들은 학원이나 학교에서 원어민 강사를 만나지 않는 한 일상생활에서 영어로 의사소통할 실제적이고 직접적인 경험이 거의 없다. 학교에서 배워도 써먹을 기회가 없으므로 금세 잊어버린다. 일주일에 영어 수업이 1시간이든 2시간이든 3시간이든 별 차이가 없는 것이다. 몰라도 생활에 지장이 없는 영어 때문에 사교육비가 늘어나고, 아이들을 질리게 하고, 아예 영어를 포기하게 만들기도 한다.

초등학교 영어는 정말 필요한 과목인가? 날씨, 요일, 기분, 나이, 생일, 가격 따위를 묻고 대답할 줄 알면 영어로 기초적인 의사소통이 가능해지는 것인가? 사실 이런 정도의 의사소통 구문은 인지 능력이 더 발달한 중학생 때 더 빨리, 더 쉽게 배울 수도 있다. 외국어로서 영어를 배우는 데 '회화'는 어쩌면 부수적인 것일 수도 있다.

하지만 영어는 이미 우리에게 권력이자 또 없어서는 안 될 내용을 담는 심리적 도구이며 기호가 되었다. 지난 2천 년 동안 서구 유럽의 문화적·사상적 토양을 흡수한 인류의 문화적 자산이기도 하다. 5세기 말 브리튼 섬을 정복한 게르만족은 라틴어를 통해 알파벳이라는 문자를 전수받아 그들의 소리를 기록할 도구를 얻었고, 이를 기반으로 많은 문서를 번역하거나 기록했다. 켈트어, 라틴어, 데인어, 프랑스어 등 주변의 언어에서 어휘를 받아들이기도 하고, 새로운 기술 문명의 발달을 주도하면서 이에 걸맞게 새로운 어휘들을 만들어 왔다. 영어를 가르치며 배운다는 것은 이런 영어에 얽힌 이야기들을 함께 배우는 것이어야 한다. 영어라는 의사소통의 도구적 측면만이 아니라 그 말에 담긴 문화와 역사를 함께 배울 수 있어야 한다.

아이들의 성장과 발달을 돕는 영어 교육이란?

아이들은 녹음기가 아니다. 입력한 것을 그대로 산출할 수 있다는 크라센의 입력 가설이 아이들의 학습을 담보해 주는 진실이라면 좋겠지만 현실은 그렇지 못하다. 아이들에게는 '의미 있는 학습'이 일어나야만 장단기 기억에 저장되었다가 다양한 국면에서 산출이 된다. 아이들에게 의미 있는 학습이란 인간의 문화·역사적 발달을 담지한 주변의 무수한 '반면교사'들과의 자연스러운 소통 속에서만 이루어질 수 있으며, 이런 학습을 통해 창조적인 언어 사용도 가능해진다.

아이들은 앵무새가 아니다. 기호의 외적 구조를 숙달하는 단계가 선행한다고는 하지만 앵무새가 인간의 말을 모방할 수 있다고 해서 생각이 복잡하게 얽힌 고등 정신을 숙달했다고 할 수 없는 것처럼 아이들이 외국어를 학습할 때 앵무새처럼 잘 따라 한다고 해서 그 언어에 대한 창조적 의사소통 능력이 있다고 할 수는 없다.

아이들은 학습하는 기계도 아니다. 끊임없이 사회, 역사, 문화적 관계와 맥락 속에서 발달하는 존재이다. 그럼에도 그간의 영어 교육은 의사소통의 도구적 측면만 강조하여 기능 습득에 매달려 왔다. 어린이의 발달과 외국어 학습의 관계에 대한 이해가 부족한 상태에서 전인적인 발달을 돕겠다는 의지보다 기능 습득에 중점을 두었다.

3월 초, 초등학교 3학년 아이들의 첫 영어 수업 시간을 떠올려 보자. 태어나서 처음으로 영어라는 다른 나라 말을 배운다는 호기심에 설렘 반 두려움 반으로 선생님과 영어 교과서를 들여다보는 아름다운 풍경이 그려져야 한다. 그런데 현실은 어떤가? 일찌감치 영어에 질린 아이에서부터 유치원에서 영어를 다 배우고 왔다고 생각하는 아이까지, 개개인의 학습 차가 너무 넓고 깊어서 교사는 일일이 아이들을 붙잡고 어디서 얼마나 배우고 왔는지를 확인해야 한다. 게다가 한 번도 학원에 다녀 본 적이 없는 아이들은 잔뜩 주눅이 들어 결코 호기심 어린 눈으로 영어를 바라보지 않는다.

많은 영어 전문가들과 학부모들은 초등학교 3학년 때 영어를 시작하면 큰일 나는 줄 안다. 영어 유치원에 보내고, 매달 어린이집에 몇만 원씩을 더 내며 영어 특강을 듣게 한다. 외국어 학습에서 노출 시간이 중요하다는 논리는 이제 노출 시간을 늘려야 한다는 논리로 둔갑했다. 물론 노출 시간이 늘어나면, 즉 5천 시간 이상이 확보되면 입이 뚫리고 귀가 열리기는 할 것이다. 그런데 외국어는 또 하나의 문화적 기호이므로 단순히 노출 시간을 많이 제공하는 것만이 능사는 아니다.

좀 더 자세히 설명하자면 학령기의 문자 학습은 발달 과정에서 매우 중요한 의미를 갖는데, 입말을 소리 없는 내적 언어로 떠올려서 개별적 음가로 분리·분석한 뒤에 그 음가에 맞는 상징 기호를 사용해서 글말로 써 간다. 이 과정은 이중의 추상화를 요하기 때문에 문자를 학습하는 과정은 곧 정신 능력이 발달하도록 돕는 과정이기도 하다. 즉, 외국어 학습은 어떤 한 낱말이 그 대상의 내적 속성이 아니라 '기표'일 뿐이라는 '상징'에 대한 이해, 상징체계 혹은 기호 체계의 사용에 대한 메타적 인지를 가능하게 해 주므로 또 다른 측면에서 아이들의 정신 발달을 돕는 중요한 학습 과정이라는 것이다.

가령 초등학교 3학년은 백지에서 영어 교육을 시작하는 것이 아니라 이미 모국어 숙달을 통해서 '말'이라는 상징체계의 이해가 바탕에 형성되어 있다. "우리는 '사과'라고 하지만 영어에서는 '애플'이라고 한단다. 우리는 '사과'라고 쓰지만 영어로는 'apple'이라고 쓰는데, 우리말과 영어 모두 소리 나는 대로 적는 소리 문자라서 무조건 외우는 게 아니라 읽고 쓰는 원리에 따라 하는 거란다"라는 식의 교수-학습이 가능해진다. 이런 이유들 때문에 축적 시간, 노출 시간의 효과가 나이가 어릴수록 뚜렷하게 나타나지 않으며, 인지적으로 성숙한 어린이들에게 외국어 학습을 시키는 게 효율적이라는 학술적 결론이 나오는 것이다.

영어 수업의 실제와 평가

영어를 처음 시작하는 3학년 다시 보기

어린이의 성장과 발달 과정에서 초등학교 3학년은 모국어의 말글 학습이 어느 정도 완성되는 시기이자 자기와 세계를 구분하여 인식하는 중요한 때이다. 폭발적인 자기표현 욕구가 나타나기도 하고, 미래와 죽음을 생각하며 심각한 고민에 빠지기도 한다. 이런 열 살 어린이들에게 우리는 어떻게 영어를 가르치고 있는가 한번 돌아볼 일이다.

'모국어를 잘해야 외국어도 잘할 수 있다(외국어 능력은 모국어 능력을 넘어설 수 없다)'는 것은 이제 보편적인 이야기가 되었다. 그런데 모국어 발달이 어느 정도 완성되는 시기에 있는 아이들 앞에 첫 시간부터 원어민 교사가 나타나 알아듣지도 못하는 말을 늘어놓는 모습은 어떨까? 물론 일부 아이들은 알아듣기도 하고, 일부는 시시하다고 생각하기도 하겠지만 어쨌든 세상에 태어나 처음으로 경험하는 학교 영어 시간에 '헬로우', '하이', '굿바이' 같은 인사말을 가르치는 것은 문제가 있다.

발상을 바꾸어 이렇게 해 보면 어떨까? 아이들이 영어라는 교과 혹은 언어에 대해 무엇을 궁금해하는지, 무엇을 배우고 싶어 하는지, 영어는 어떻게 생긴 언어이며, 도대체 외국어의 개념은 무엇인지, 우리말과는 어떻게 다르며, 또 어떻게 비슷한지……. 이런 것들을 친절하게 설명해 주고, 아이들과 이야기를 나누는 수업으로 시작하는 것이다.

교과 통합적 접근과 재구성

대부분의 초등학교에서 영어 교과 전담 교사가 영어를 가르치고, 또 겉만 화려한 영어 전용 교실을 갖추면서 수업을 통합적 시각으로 바라보는 일은 점점 요원해지고 있다. 영어 교사가 영어 교과만을 가르치게 되면서부터 영어는 못하지만 미술을 잘하는 아이, 영어는 싫어하지만 음악에는 재능이 있는 아이, 다른 교과는 어느 정도의 성취 수준을 보이지만 영어는 어려워하는 아이 등 아이들 하나하나를 다양한 측면에서 바라보기 힘들어졌다. 그러기에 더욱 교과 통합적인 접근, 담임교사와의 지속적인 소통이 중요하다.

아이들의 발달은 총체적이며 통합적으로 이루어지므로 교수-학습에서 생활 세계와의 통합, 교과 간의 통합으로 접근해야 하며, 이는 교육과정과 교과서의 재구성을 전제로 한다.

3학년 아이들에게 유치원서부터 지겹게 써 온 알파벳을 다시 써 보라고 하지 말고 고무찰흙을 이용해 자기가 좋아하는 알파벳 모양을 차례차례 만들어 보게 하면 어떨까? 색종이에 그려서 오려 보게 한다거나 운동장으로 나가서 땅바닥에 써 보게 하는 것은 어떨까? 알파벳의 기본 자형을 나누어 주고 손 글씨 꾸미기를 하듯이 색칠을 한다거나 비슷하게 생각나는 모양을 만들어 보게 한다거나 알파벳이 숨어 있는 그림을 만들어 보게 하는 것은 또 어떨까? 사물이나 동물의 이름을 묻고 배우는 단원에서는 생활 속에서 아이들이 궁금해하는 영어 단어 찾아보기, 자기가 좋아하는 동물이나 물건의 이름을 영어로 찾아보게 하면 어떨까? 과학 시간에 배운 동물의 한살이를 영어로 표현해 보거나 실과 시간에 실습했던 요리법을 영어로 설명할 수 있도록 어휘를 학습하고 문장을 만들어 보는 것은? 다른 교과에서는 이미 다양하게 펼치고 있는 통합적 접근 방법을 영어에도 적용해 볼 수 있다.

선행 학습자를 바라보는 새로운 시각 : 협력 학습

영어를 가르치면서 느끼는 어려움 가운데 하나가 선행 학습의 정도에 따라 아이들 사이에 차이가 많다는 것이다. 어쩔 수 없는 현실이므로 개선하려는 노력도 필요하지만 일단 현장 교사들로서는 현실을 인정하고 대안을 찾는 것이 더 중요하다.

비고츠키는 어린이가 다른 유인원들과 다른 이유를 언어라는 심리적 매개물을 사용하는 능력이 있는 것이라고 했다. 또 심리적 도구인 언어를 학습하는 능력은 그 아이를 둘러싸고 있는 문화·역사적 맥락을 함께하는 어른과 동료 학습자를 통해서라고 했다. 이런 언어 및 개념 학습의 기제를 고려해 볼 때 영어 학습자 간의 스펙트럼이 넓다는 것은 하나의 위기 요인이자 새로운 기회를 제공받는 요인이기도 하다.

이질 집단을 구성하거나 짝 활동을 하면서 서로 충분히 의사소통이 이루어질 수 있도록 환경을 제공해 주고, 그 과정에서 협력하면서 학습할 수 있는 방법을 찾아보는 것은 어떨까? 의사소통이 이루어질 수 있는 환경을 구성한다는 것은 아이들이 관심을 갖고 공부하고 싶어 하는 소재들을 제공해 주는 것뿐만 아니라 서로 도우며 의미 있는 학습이 일어나도록 교사가 끊임없이 격려하는 모습을 보여야 한다는 의미이기도 하다.

협력은 크게 학습자 간 협력과 학습자와 교사 간 협력으로 나눌 수 있지만 문제를 해결하는 과정에서 모두 서로가 서로에게 도움을 주는 협력자가 될 수 있음을 공유하는 것, 모방이 학습의 중요한 기제이므로 모방하는 것을 폄하하지 않는 자세가 필요하다. 학습한 표현이나 어휘를 토대로 낱말 사전 만들기, 이야기책 만들기, 역할 놀이 대본 짜기, 설문 조사하고 통계표 만들기 등 다양한 방법을 활용해서 시도해 볼 수 있다.

TEE는 하나의 방법일 뿐이다

영어로 가르치는 영어(Teaching English in English)는 EFL 환경인 우리나라에서 학습자가 영어에 노출되는 시간을 최대한 늘려 주려는 의도에서 나온 학습법이다. 그러나 이미 언급한 대로 1주일에 2~3시간 영어 문장을 더 듣게 한다거나 100% 영어로 수업을 진행한다고 해도 아이들이 영어를 학습하는 시간은 3~4학년 136시간, 5~6학년 204시간, 중학교 340시간, 고등학교 255(170)시간 등 총 680시간밖에 되지 않는다. 그러니 우리 사회에서 영어에 대한 양적 논리는 사교육을 전제로 한 것이라고 볼 수밖에 없다.

반면, 이로 인해 놓치는 것들은 예상 밖으로 많다. 먼저 아이들이 영어라는 외국어에 대해 명료한 개념을 학습하지 못한다. 도대체 무엇을 해야 하는지, 무슨 말인지도 모르고 40분을 앉아 있다가 다른 아이들이 하는 것을 눈치껏 따라 하는 수업이라니 얼마나 재미없고 지루하겠는가? 주의 집중이 현저히 떨어져서 아무리 실력 있는 교사가 열심히 수업을 해도 아이들은 영어로 하는 백 마디보다 우리말로 하는 한 마디에 더 의미 있는 반응을 보이기도 한다. 잘 알지도 못하는 외국어를 40분 동안 집중해서 들으라는 것은 어른에게도 고문이다. TEE는 하나의 방법일 뿐이다. 여기에 매몰되면 아이들의 외국어 학습과 발달 능력을 총체적으로 바라보지 못하게 된다.

초등학교에서 고등학교까지 680시간을 내내 영어로만 듣고 배운다고 해도 노출 시간의 양적 논리인 5천 시간에는 턱없이 부족하다. 양적 논리에 빠지지 말고 차라리 우리말로 영어의 내용이나 뜻을 분명하게 가르쳐 주는 것이 더 효과적일 수 있다. 초등학교 때부터 영어로만 가르치고 배우면 아이들이 어디에서 헤매고, 무엇을 어려워하는지 파악하기 힘들어질 뿐만 아니라 교사도 아이들과 소통하지 않으려는 방식에 길들여진다. 거듭 강조하지만 TEE는 하나의 방법일 뿐이다. 아이들의 상황과 맥락을 고려한 보다 정밀한 접근법이 필요하다.

파닉스와 영어 읽기에 대한 새로운 시도

지난 세대의 영어 교육은 어느 정도 인지적으로 성숙한 학습자에게 알파벳부터 시작하는 읽기 중심의 교육이었다. 읽고 해석하기를 넘어서는 영어 교육을 하기 힘든 시대적 환경이기도 했거니와 영어에 대한 노출과 자극 자체가 부족했기 때문이었다. 결과적으로 말하기 기능이 현저히 떨어질 수밖에 없었고, 이는 영어로 말하기를 최고의 기능인 것처럼 숭상하는 원인이 되기도 했다.

지금은 인터넷(멀티미디어)과 정보·통신, 교통 기술의 발달로 언제 어디서든지 다양한 언어에 노출될 기회가 많아졌고, 이런 여건을 활용해서 자유롭게 영어 학습을 할 수 있게 되었다. 그렇다면 이런 환경에서 자란 세대에게 더 필요한 것은 말하기 기능일까, 읽기 기능일까? 비교한다는 것 자체가 어폐일 수 있겠지만 세밀한 접근을 요하는 부분이기도 하다.

영어를 처음 배우는 초등학교 3학년 아이들은 이미 모국어의 문자 체계에 익숙해져 있다. 모국어의 조음 원리를 이해하고 있으면 소위 파닉스라고 하는 음철법을 학습하는 데도 크게 도움이 된다. 기존의 7차 영어과 교육과정이 영어를 포기하거나 부진아를 양산한 가장 큰 원인은 외국어를 모국어 학습 과정과 동일시함으로써 입말에 겨우 2년 (3~4학년 주당 1시간), 즉 68시간을 노출시켜 놓고서 이제 충분하니까 5학년이 되어 문자를 학습하라고 한 교육과정 설계에 있다. 그러나 단언하건데 글말 학습이 입말 학습의 반복이 아닌 것처럼 외국어 학습 과정은 절대 모국어 학습 과정의 반복이 아니다.

현행 교육과정에서는 3학년 2학기에 알파벳 읽기, 쓰기를 도입하고 있다. 교과서를 전부 영어로 만들어 놓고서 한 학기 동안 까막눈으로 있으라고 하는 것이 과연 3학년 아이들의 발달 수준에 맞는 일일까? 게다가 검정 교과서의 파닉스 학습은 여전히 부실하다. 1학기 때부터 다양한 교과 통합 활동을 통해 알파벳에 익숙해지게 하면서 단어 읽기를 학습하는 것은 어떨까? 새로운 고민과 접근이 필요한 지점이다.

상황, 맥락, 과정 중심의 평가

스펙이 중요한 사회에서 토익이나 텝스 점수는 준비를 안 하는 사람이 이상한 취급을 받을 정도로 필수 아이템이 되었다. 그러나 '토익 점수=영어 실력'이라고 생각하는 사람이 과연 얼마나 될까? 오히려 토익 점수와 영어 능력은 무관하다는 이야기, 유학 생활 10년을 하고도 토익 점수가 엉망으로 나왔는데 족집게 학원을 몇 달 다녔더니 고득점을 받았다는 이야기가 넘친다. 시험에서는 영어 능력보다 문제 푸는 기술을 습득하는 것이 더 중요하다는 말이다.

그런데 우리는 시험 점수와 영어 능력에 '상관관계 없음'을 경험하고도 아이들에게 똑같은 방식을 적용한다. 언어 학습은 상황과 맥락 속에서 그 의미를 획득하는 것일 수밖에 없다(화용론). 같은 '헬로우'라도 어떤 상황에서 말하느냐에 따라 의미가 달라지는 것이다. 그럼에도 객관적인 수단이라는 이유로 맥락을 무시한 듣기 평가를 실시하는 것을 어떻게 받아들여야 할까? 과연 정말로 객관적일까?

또 다른 문제는 미리 영어를 배우고 온 아이, 외국에서 살다가 온 아이, 영어를 전혀 배우지 않고 학교에 온 아이를 똑같은 기준과 잣대로 평가한다는 점이다. 그래서 아무리 열심히 노력을 해도 미리 배우지 않고 들어오면 다른 아이들과 비교당하며 늘 '노력 요함'이라는 평가를 받는다. 부모들이 사교육에 의존할 수밖에 없는 이유를 학교 교육이 제공하는 셈이다.

이런 문제들을 극복하기 위해서는 아이들의 언어 능력을 총체적으로 평가하되 능력에 따른 진보의 정도를 과정 중심으로 평가하는 기준이 필요하다. 듣기와 말하기, 읽기와 쓰기를 서로 나누지 말고 교사와 아이가 맥락을 공유하면서 대화하고 읽고 쓰는 과정에서 평가를 할 수 있도록 해야 한다. 알파벳도 읽지 못하던 아이가 간단한 단어를 더듬더듬 읽을 수 있게 되었다면 그야말로 진보를 보여 준 것이다. 아이들이 스스로 평가해 보도록 하는 것도 하나의 중요한 방법이다.

시대, 사회, 특성을 고려한 길 찾기

지금까지 초등 영어 교육의 공과를 토대로 간략하게나마 새로운 접근 방법을 살펴보았다. 인간이 모국어를 습득해 가는 과정은 엄마 뱃속에서부터 그 언어에 노출되면서 시작된다. 영어는 우리에게 외국어이기에 정신 발달에 새로운 국면을 제시한다. 따라서 국어의 학습 과정과는 달라야 한다. 영어 교육이 지닌 다양성과 특이성, 우리 시대와 사회가 지닌 특성과 맥락, 교사가 만나는 아이들의 특성까지를 전부 고려한 영어 수업의 새로운 길을 찾아야 할 때이다.

오감으로 열리는
음악

음악적 감수성을 매개로 한 인성 교육과 사회성 교육

사회가 성장함에 따라 과거와 같은 암기 방식의 지식 습득보다 창의적인 사고를 내세우는 혁신 교육이 중요시되고 있다. 최근에는 국가 차원에서도 창의·인성 교육을 강조하고 있다. 창의성은 기존의 것을 재해석하거나 무엇을 새롭게 만드는 능력뿐만 아니라 자유롭게 사고하고 표현하며 스스로 판단해서 행동하는 모든 능력을 의미한다.

인간의 사고와 감각은 언어, 소리, 색, 모양 등으로 표출되며 이를 승화시켜 표현한 결정체가 곧 예술이다. 우리는 예술품을 보면서 미적인 내용을 실감하고, 감동을 받으며, 교감을 나눈다. 특히 음악은 인간의 생각과 느낌을 소리로 표현하는 시간 예술로서 삶의 다양한 측면을 시대와 사회, 문화에 따라 여러 장르와 스타일로 생성해 낸다.

인간은 음악을 즐기면서 그 음악을 표현한 사람, 또는 사회와 소통하고 나 또는 우리의 생각을 담아서 새롭게 표현하기도 한다. 그러므로 초등 음악 교육은 미적 체험을 통해 상상력과 창의력을 길러 주는 가장 유효한 매체, 즉 음악적 활동을 통해 표현 능력을 기르는 과정이다.

예로부터 음악은 인간이 기본 품성을 갖추고, 공동체적 삶을 살아가는 데 필요한 인성을 기르며, 민족 문화를 계승하고 발전시키는 데 꼭 필요한 교과로 인정받았다. 학교 교육은 학생들이 공동체의 구성원으로서 지녀야 할 기본적인 품성과 교양을 길러 주어야 한다는 당위성을 지니며, 이때 미적 감수성은 기본적으로 갖추어야 할 요소이다. 최소한의 교양을 지닌 인간의 품성은 사회 속의 개인을 통해 가늠해 볼 수 있다. 대인 관계 속에서 나를 생각하고, 사회적 가치(생태, 환경, 인권, 평등, 노동 등)에 대해서 교육하는 일은 무척 중요하다. 따라서 학교에서 이루어지는 음악 수업은 음악을 만들기 위한 것이 아니라 음악을 수용하고 즐기는 방법과 태도를 기르며, 음악적 감수성을 매개로 한 인성과 사회성 교육을 극대화하는 데 목적이 있다.

음악은 개인이 행복한 삶과 자아실현을 추구하는 과정에서 예술과 문화를 향유할 수 있는 능력을 길러 주는 모든 예술 영역 가운데서도 기초에 해당한다. 우리가 일상생활에서 향유하는 방송 드라마, 광고, 게임, 인터넷, 연극, 영화, 무용도 음악을 빼놓고는 상상할 수 없다. 또 인간은 국가와 민족이라는 공동체 속에서 태어나 같은 언어와 생활 풍속, 사회 시스템, 가치관 등의 문화를 형성하고 산다. 음악 교육은 문화의 한 분야로서 학교 교육을 통해 전승되고 발전시켜야 할 중요한 임무를 맡고 있다.

불행히도 우리나라의 음악 교육은 일제 강점기와 서양 음악의 수용 과정을 거치면서 상당히 왜곡된 역사적 맥락을 지녔으며, 아직도 정체성에 혼란을 겪고 있다. 이는 학교 교육에도 고스란히 반영되어 방향을 못 잡고 표류하는 양상을 보인다. 앞으로 음악 교육은 그동안의 활동 내용에 대한 반성적 접근이 필요하며, 전통문화의 계승과 발전을 위한 의무와 민족 정체성 확립이라는 과제, 통일 한국의 미래를 대비한 교육의 필요성까지 떠안고 있다.

초등 음악 교육의 현주소

초등 음악 수업의 어려움

초등 음악 교육은 대도시의 경우 거의 교과 전담 교사를 중심으로 운영하고, 그 밖의 소도시나 농산어촌에서는 담임이 직접 지도한다. 기본적인 지도 능력을 갖춘 교사를 임용하고는 있으나 가르쳐야 하는 범위가 너무 포괄적인데다 실기 능력을 요구하는 특성상 교사들이 어려움을 겪고 있다. 이는 단지 교사의 지도 능력만이 아니라 음악 교과가 갖는 근본적인 문제가 더 큰 요인이다. 즉, 지금까지의 교육과정이 기능 중심으로 구성되어 왔고, 6차 교육과정 이후에는 국악 분야가 많이 차지하면서 체계화하지 못한 교수-학습법이 교사들에게 어려움을 안겨 주었기 때문이다.

교과서의 편제나 내용이 여전히 제재곡 중심과 구성 요소(이해 영역)를 강조하는 기능 중심 교육에서 벗어나지 못하는 것도 문제다. 교육 과정이나 교과서를 보면 여전히 활동 내용이 너무 많고, 내용의 적정화가 제대로 이루어지지 못하고 있다. 궁여지책으로 국악 수업의 경우 국악 강사에 의존하는 경향이 생겼으며, 매스 미디어에 의존하는 비율도 높아져서 실음 교육이 제대로 이루어지지 않고 있다. 교사들 역시 음악의 지식을 묻는 지필 평가와 기능 습득 중심의 평가에 머물러 있으며 음악실, 기자재, 기초 악기를 구비하는 데 필요한 예산 확보와 음악적 교육 환경 구축에도 어려움을 겪고 있다.

사회적인 교육 환경에도 많은 변화가 있었다. 어린이들이 K-POP이나 오디션 문화 등 소비 지향의 대중음악에 지나치게 노출되어 있으며 국악 교육, 다문화 교육 등 문화 교육에 대한 담론과 철학 정립은 부족한 상황이다. 음악과 활동을 어떻게 해야 어린이들의 창의성과 감수성, 인성 교육에 좋은지 진지하게 생각해 보아야 할 시점이다.

초등 음악 수업에서 꼭 지켜야 할 것

우선 서양 음악 중심의 사고에서 벗어나야 하며, 노래 부르기만이 아니라 다양한 활동을 통한 표현 교육이 이루어져야 한다. 그러기 위해서는 원칙적으로 실음 지도를 적용해야 하며, 이론(이해 요소) 중심의 교육에서 벗어나야 한다. 평가 방법에 대한 재고도 반드시 필요하다. 초등 교사들은 학급 활동에서 언제나 음악을 향유할 수 있는 환경을 만들기 위해 노력해야 한다.

음악과 교육과정에 대한 이해

2011 개정 음악과 교육과정의 기본 방향

- 창의 인재 육성을 강조하고, 운영에 있어 교사의 융통성과 학습자의 다양성이 반영될 수 있도록 포괄적으로 제시했다.
- 음악의 생활화를 강조했다(음악을 삶의 일부로 활용할 수 있는 능력을 기른다).
- 미래 사회에서 요구하는 핵심 역량을 반영했다.
- 학년군 설정에 따른 교육과정의 명료화와 이에 따른 학년군별 성취 기준을 개발했다.

■ 2007 개정과 2011 개정의 차이

	2007 개정 음악과 교육과정	2011 개정 음악과 교육과정
성격	음악의 정의, 역할, 특성, 목적, 지도에 중점.	음악과 음악 교육의 특성을 중심으로 각각의 특성을 분리하여 명료하게 기술. 음악 교과의 본질과 역할에서 창의성 강화를 분명하게 제시.
목표	총괄 목표와 학교·학급별 목표 제시.	해당 학년과 영역에서 요구되는 내용의 범위와 수준을 명확하게 제시.
내용	내용 체계와 학년별 내용으로 구분.	학년군별 내용 체계를 보완. 진술 방식과 성취 목표의 독립적인 제시.
교수-학습 방법	교수-학습 계획 및 방법, 학교·학급별 내용 영역별 지도, 시설 및 기자재.	기능 중심 수업에서 음악 교과의 본질을 구현하는 영역별 또는 통합적인 다양한 교수-학습법 제시.
평가	계획, 방법, 내용, 영역별 평가, 평가 결과의 활용.	교육 현장을 반영한 현실성 있는 평가 내용을 교육과정을 통해 제시(학습 단위에서 교수-학습 상황 고려).

영역별 주요 내용과 특징

2011 개정에서는 2007 개정 교육과정의 '성격과 목표'를 '목표'로 통합하고, 교육의 양과 수준의 적정화를 위한 내용 선정과 조직의 방향을 제시했다.

■ 2011 개정의 특징

2007 개정 음악과 교육과정	2011 개정 음악과 교육과정		비고
1. 성격 　음악의 역할 　음악 교과의 역할 　음악 지도의 중점 　음악 교과의 목적 2. 목표 　총괄 목표 　학교·학급별 목표	3. 목표	총괄 목표	초·중학교 음악 수업을 통해 최종적으로 달성해야 하는 학생의 음악적 성과 제시. 음악 교과의 특성이 잘 나타날 수 있도록 간략하고 명료하게 기술. 학교 음악 교육의 다양한 본질적 특성과 인간 삶과의 관계 제시. 음악 교육을 통한 창의적 인재 육성 강조(음악적 창의성, 문화적 소양, 배려와 나눔으로 세계와 소통할 수 있는 사람).
		학교·학급별 목표	총괄 목표에 이르기 위한 구체적인 목표. 음악의 아름다움 경험, 음악의 표현과 이해, 음악의 가치 인식과 태도 제시. 내용 영역과 성취 기준과의 연계성 고려.

■ 내용의 영역과 기준

2007 개정 음악과 교육과정	2011 개정 음악과 교육과정	비고
– 내용 체계 3~4학년, 5~6학년, 7~9학년 학년군별로 제시.	– 내용 체계 3~4학년, 5~6학년, 7~9학년 학년군별로 제시. – 활동, 감상, 생활화 3개의 영역으로 제시.	이해 영역을 음악 활동과의 통합 지도를 강조하기 위해 대영역에서 삭제하고 음악 요소 및 개념 체계표를 따로 제시. 활동을 표현과 감상으로 분리. 생활화 내용을 구체적으로 제시하여 영역의 균형을 꾀함.

– 활동, 이해, 생활화 3개 영역으로 제시. – 학년별로 내용 제시.	– 성취 기준 학년군별 내용 체계에 따라 1~3개씩 제시. – 영역별 학습 활동 예시 제시	성취 기준은 지역, 학교, 학생의 특성에 따라 융통성 있게 활용 가능하도록 포괄적으로 제시. 학년군별 내용 체계에 따라 학년군별 필수 내용과 위계 드러나도록 함. 성취 기준에 도달하는 활동의 사례들 제시.

■ **교수-학습 방법**

2007 개정 음악과 교육과정	2011 개정 음악과 교육과정	비고
교수-학습 계획 교수-학습 방법 학교·학급별, 내용 영역별 지도 교수-학습 시설 및 기자재	교수-학습 방향 학교·학급별 지도 내용 영역별 지도 교수-학습 시설 및 기자재	내용에 맞게 하위 항목의 제목 조정

평가

– 평가의 방향

- 평가는 교육과정의 범위와 수준에 근거하여 시행한다.

- 평가의 범위와 수준은 단위별(교육지원청, 지역, 학급, 학교 등)로 학생과 학교의 상황을 고려하여 선택할 수 있다.

- 평가 계획을 구체적으로 수립하여 학년 초 또는 학기 초에 평가의 내용, 기준 및 방법을 학생에게 예고한다.

- 각 영역의 성격과 내용을 충실하게 반영하되 실제 수업을 통해 다루어진 내용에 대해 평가함으로써 타당성과 신뢰성이 높은 평가가 되도록 한다.

- 실기 평가의 내용, 과제, 매체 등은 학생과 학교의 상황을 고려하여 다양하게 제시하고, 가능한 한 선택의 기회를 부여할 수 있도

록 한다.

– 평가 방법

- 표현 : 노래 부르기, 악기 연주하기, 음악 만들기 등의 표현 활동
  은 기초 기능, 표현, 태도 등을 고루 반영하여 평가한다.
- 감상 : 음악에 대한 포괄적 이해의 정도와 태도 등을 평가한다.
- 생활화 : 학교 안팎의 음악 활동에 참여하는 정도, 음악에 대한
  태도와 생활화 속에서의 실천 등을 평가한다.

교육과정 내용의 적정화 방향

- 학생들이 필수적으로 학습해야 할 핵심 내용만 선정하여 학습 수
  준의 적정화를 꾀한다.
- 최소 성취 기준 목표를 제시하여 학업 성취 수준을 체계적으로
  관리한다.
- 학교·학급별 신체적, 정신적, 정서적 발달 수준을 고려한 내용을
  선정하고 조직하여 학생들의 학습 가능성과 흥미를 높일 수 있도
  록 한다.
- 성취 기준을 포괄적으로 제시하여 현장에서 탄력적으로 운영하
  는 현실성 있는 교육과정이 되도록 한다.
- 교과서는 음악과 교육과정을 충실히 반영하여 실음에 의한 다양
  한 활동 중심의 학습이 될 수 있도록 개발하고, 음악을 생활화하
  는 태도를 기를 수 있도록 반영한다.

음악 교과서 분석

2007 개정에 따른 3, 4학년 음악 교과서 살펴보기

- 구성

- 27개 단원, 9쪽 분량의 '즐거운 노래와 합주' 등 총 80쪽으로 구성.

- 제재 중심 단원(국악곡, 서양곡, 여러 나라), 통합 중심 단원(활동, 이해, 생활화), 주제 중심 단원(문제 중심, 프로젝트 단원, 통합 주제) 3가지로 구성.

- 유의점

- 학습자의 특성에 따라 재구성하여 활용(활동의 수준, 지역화).

- 교과서의 순서와 내용의 재조직.

- 다양한 보조 자료 활용.

- 실음 중심의 음악 교육.

- 분석과 대안 제시

교과서 편제가 여전히 제재곡 중심의 단원 전개를 벗어나지 못하고 있다. 주제 중심이나 타 교과와의 통합으로 재구성하여 연간 계획을 세워 지도하는 것이 필요하다. 표현 활동 강화를 위한 다양한 교수-학습 방법(특히 놀이 활동)을 연구해 나간다.

- 위계성

화음이 5학년으로 올라가고 부분 2부 합창만 하게 되어 부담이 조금 줄어들었다. 하지만 리코더와 실로폰으로 오스티나토 반주하기 등 2중주를 경험해야 하고, 연주하기를 활동으로 넣고 있다. 제한적인 차시에 기능 습득과 화음 느끼기를 해야 하므로 위계에 의한 단계적 적용이 어렵고, 학습 부담이 줄어들었다고 보기도 힘들다.

학습자의 수준을 고려하여 기초 기능을 습득하기 위한 시수를 확보하도록 재구성해야 하며, 악기 연주나 놀이 활동을 통한 다양한 교수-학습법을 적용하는 과정이 필요하다. 가령 사회과에서는 3학년 때 집과 학교를 중심으로 동네(서울의 경우 '동과 구', 4학년 때는 '시와 도')를 학습하면서 공감각을 확장시켜 나간다. 그런데 3, 4학년 때 아시아와 유럽 음악을 배우는 것은 이러한 학습 과정을 무시하고(즉, 대륙과 국가의 지리적인 위치와 문화에 대한 기초 학습을 하지 않고) 나오므로 어려움이 따른다. 다른 교과와 주제 통합을 하기조차 힘든 내용이라서 시수 확보를 어떻게 할 것인지를 결정해야 한다. 노래를 다 배우기 어렵다면 감상으로 대체하는 것도 고려해 볼 만하다.

– 내용의 적정화

2007 개정의 주요 지향점은 내용의 적정화인데 실제로는 너무 많은 활동과 이해 요소가 제시되어 주어진 수업 시간에 다 소화할 수 없는 실정이다. 특히 이해 요소는 단계별 적용(위계화)을 무시하고 지도서에 무차별적으로 많은 양의 개념을 제시함으로써 교사가 세밀하게 연구하고 재구성해서 지도하지 않으면 과다한 학습량을 반복할 수밖에 없다. 단원과 제시한 제재곡의 수를 줄여 활동을 충분히 할 수 있도록 하고, 성취 목표에 도달하는 데 필요한 곡이 더 있다면 참고로 제시하는 것이 바람직하다. 또 이해 영역을 활동 요소보다 덜 강조한다고 하면서도 지도서에는 여전히 7차와 별반 다르지 않게 강조하고 있다. 이해 영역에

대한 지도는 학습자의 상황을 고려하여 활동을 통해 학습할 수 있도록 교수-학습법을 고안하고, 특히 지필 위주의 평가는 지양하도록 한다.

– 교육과정 재구성

음악 시간에는 교사의 사전 준비가 없으면 수업을 진행하기 어려운 단원이 많다. 초등 교사는 많은 과목을 가르치는데 음악 교과서에 활동 내용이 너무 간단하게 제시되어 있거나 아예 빠진 것들이 많아서 늘 학습 자료를 따로 준비해야 한다. 단지 지도서에만 싣는 것이 아니라 음악 교과서 자체를 워크북 형태로 만드는 작업이 요구된다. 지금으로서는 연간 지도 계획을 세우고 그에 따른 학습 자료를 전 학년이 공유하여 지도하는 것이 바람직하다.

– 악기 지도

교육과정 입안자나 교과서를 집필하는 사람들은 교사와 학생들의 능력을 과대평가하고 있는 것처럼 보인다. 리듬 악기나 가락 악기는 그 주법을 익히는 데 많은 시간을 투자해야 연주할 수 있음에도 1~2회만 활동하면 연주가 가능한 것처럼 교육 내용을 구성했다. 교육과정의 성취 목표가 높은 반면 단계적으로 학습할 시간이 부족하니 다른 교과에 비해 학생들의 격차가 벌어진다. 학년이 올라갈수록 그 폭은 더욱 심해져 학부모들은 사교육에 의존하게 된다.

또 장구, 소고 등 국악기와 실로폰, 리코더, 멜로디언 등 선율 악기 그리고 기존의 리듬 악기 외에 라틴 악기(리듬 악기 및 효과음 악기)까지 너무 많은 악기들을 한꺼번에 학습하도록 제시하고 있다. 학습량의 적정화를 꾀한다면서 악기 습득을 과도하게 요구하고 있으며, 게다가 유럽의 음악 교육에서 주로 쓰이는 값비싼 악기들이라 구비하기도 만만치 않다. 꼭 필요한 악기들은 예산에 반영하여 구입하도록 하고, 관리와 순환이 이루어질 수 있도록 행정적인 지원을 마련해야 한다.

– 교수-학습 시설 및 기자재

실음을 통한 음악 교육이 이루어지려면 음악실과 반주 악기, 교사의 실음 지도 능력, 교육과정이나 교과서 체계를 재구성하여 지도를 위한 충분한 시수를 확보하는 일이 절실하다. 감상이나 표현 활동을 할 수 있는 시설과 공간도 확보되어야 한다. 아울러 교사가 교수-학습법을 다양하게 구현할 수 있도록 지도서에 학습법에 대한 자료 제시와 연수가 포함되어야 한다.

5, 6학년 검인정 음악 교과서 분석

음악과 교육과정은 초등의 통합성을 반영하여 국어, 사회, 체육, 미술, 자치, 재량 등 범교과적으로 통합 지도가 가능하게 되어 있다. 그런데 교과서를 재구성하려면 교사의 능력과 연구에 투자할 시간을 절대적으로 확보해야 한다. 현재 여러 출판사에서 다양한 교과서들을 내놓고 있지만 양 자체가 너무 많고, 교사들이 경험해 보지 못한 내용들이 포함되어 지도에 어려움을 겪는다. 교사 연수를 필수적으로 요청하는 이유이기도 하다.

교과서들의 구성을 보면 단원 구성의 경우 크게 제재곡 중심과 주제별 구성 방식으로 편성한 것이 있고, 활동을 위주로 한 것, 워크북 형태로 만든 것도 있다. 새로운 곡도 등장하고, 이해 영역을 그림 자료를 통해 쉽게 제시한 것도 있다. 하지만 여전히 7차 교과서에 나왔던 곡들이 많으며 음향 자료의 제공도 부실하다. 교사들에게 익숙한 제재곡 중심의 편제는 주제별 통합을 하기에는 어려움이 있으므로 3개 영역을 통합적으로 학습하기보다 영역별로 분절 학습을 할 수밖에 없다. 또 여전히 이해 영역이 많이 제시되어 있고, 차시별 활동량도 많다. 제재곡의 경우 어린이들이 흥미를 느낄 수 있는 곡에 대한 연구가 필요하다.

국악의 경우에는 시조 초장, 판소리 한 대목, 민요 춤추며 부르기 등 전문적인 국악의 이해와 간단한 기능이 ICT 자료로 제공되고 있으나 연수와 지원(악기, 공연 관람 등)이 함께 이루어져야만 음악의 생활화 영역을 온전히 학습할 수 있을 것이다. 아울러 출판사나 교과부, 시도 교육청이 다양한 교수-학습 연수 및 자료를 제시해 줌으로써 교사가 교육과정을 재구성할 수 있도록 적극 협조해야 한다. 교육 현장에서 음악의 생활화를 이루려면 교사와 학생 모두에게 생활 음악에 대한 지식과 정보(영화, 미술, 광고, 대중음악, 공연 예술, 인터넷, 통신 기기 등), 체험 기회가 제공되어야만 한다.

음악과 교육과정 구현의 실제

교수-학습 시설 및 기자재에 대한 기준

– 악기

리듬 악기나 가락 악기의 규격이 제시되어야 한다. 예를 들어 실로폰의 경우 어린이들이 사용하는 실로폰은 음판이 매우 작아서 치기 불편하며, 시중에서 판매하는 리듬 악기 세트나 소고는 악기라기보다 장난감 수준을 벗어나지 못한다. 5, 6학년 교과서에는 음판 악기로 안내되어 있으나 제대로 된 음판 악기는 개인이 구입하기에는 너무 비싸서 학교에 음악 교구로서 구비하고 있어야 한다. 교과부나 시도 교육청은 악기의 규격과 질, 안정성, 수량 등을 제시하고 예산을 확보해 주어야 한다.

– 교수–학습 시설 및 기자재(음악실)

실음을 통한 음악 교육이 이루어져야 하는데도 음악실이 없거나 교실마다 풍금 대신 키보드나 전자 오르간이 자리를 차지하고 있다. 그마저도 활용하지 않고 ICT 자료인 전자 음향에 의존하는 경우가 대부분이다. 실음 지도가 기본인데 진도 나가기에 급급하다 보니 음악 시간의 풍경이 이렇게 바뀐 것이다. 교사들은 먼저 음의 체계적이고 반복적인 습득(청음)이 가능하도록 그 중요성을 인식해야 하며, 교육과정이나 교과서 체계를 재구성해서 실음 지도를 위한 충분한 시수를 확보해야 한다. 가장 우선적으로 개선해야 할 초등 음악 교육의 현 주소이기도 하다.

다양한 음악 수업의 실제 – 원칙

통합적 관점에서 오감을 통한 활동이 이루어지도록 수업을 구상·설계하고, 음악의 기초 기능을 습득할 수 있도록 한다. 가령 2007 개정 음악과 교육과정에 따른 3학년 '음악이랑 생활이랑' 수업이라면 학습 목표는 '우리 주변에서 들을 수 있는 소리를 목소리, 물체, 여러 가지 악기로 표현해 보는 것'이다. 이때 사회과와 통합 학습은 '음악 지도 그리기'를 해 볼 수 있고, 국어과와 통합 학습은 '소리를 글로 표현하기'를 해 볼 수 있을 것이다.

– 주제나 활동 중심으로 다른 교과와 통합한 예시

체육과와 통합

- 노래를 부르며 흥겹게 춤을 추어 본다.

- 음악에 맞추어 재미있는 놀이를 해 본다.

- 신체 리듬 놀이를 한다.

미술과, 국어과와 통합

- 모둠별로 주제를 정하여 그림을 그린다.

- 그림에 어울리는 음악을 만들면서 줄거리를 쓴다.

- 우리 반 음악회 연습 일지를 쓴다.

사회과와 통합

- 우리 지역의 전통 축제의 내용이나 향토 음식을 주제로 노래 가사를 바꿔서 불러 본다.

이해 영역의 개념 학습

- 다양한 그림이나 사진 자료 제시, 보드 게임, 숨은그림찾기 등을 해 본다.

민요와 전래 동요, 국악 창작곡을 활용한 음악극 수업의 예시

– 주제에 따른 음악극 만들기

주제 정하기

- 공부, 꿈, 친구, 이성, 가족, 사회, 환경, 역사 등으로 정한다.

대본 구성하기(줄거리, 장면 설정)

- 몇 개의 장면으로 설정할 것인가?(8장면 이상 넘지 않도록 한다.)

- 음악극을 공연할 장소는 교실(음악실)인가, 강당(무대)인가?

- 참여 인원은 몇 명인가?(반 구성원이 다 참여할 것인지, 4~8명의 모둠 구성원으로 할 것인지, 연출과 진행, 대본, 음악, 무대와 의상, 홍보의 역할을 나눌 것인지 등을 정한다.)

- 3~4차시 수업으로 진행할 것인가, 아니면 과제를 내 줄 것인가?

주제에 맞는 곡 선정하기(전래 동요, 민요, 창작곡 등)

- 여러 장르의 관련 곡을 안내하고 감상한다.

- 음악극의 종류와 형식(마당극, 창극, 1인극 등)을 공부한다.

- 기본 장단(굿거리, 자진모리, 중중모리, 중모리)을 공부한다.

대본 완성하기

- 노랫말을 바꾸고, 아니리 등 지문을 완성한다.

- 등장인물의 동선을 정한다.

춤과 연기 배우기

- 우리 춤의 기본 동작(걷기, 뛰기, 사위)을 배운다.

- 집단무의 기본 동선과 춤(원형, 놀이형, 마주보기형, 주고받기형, 노동형)을 배운다.

- 아니리, 너름새(몸짓과 발림), 놀이, 추임새를 배운다.

대본 완성하고 연습하기

- 춤과 동작을 적용해서 다듬는다.

- 반주 음악, 효과 음악과 음향, 조명 등을 확인한다.

의상, 무대 만들기, 기타

- 의상을 제작할 것인지, 빌릴 것인지를 결정한다.

- 조명은 어떻게 할 것인지를 논의한다.

- 걸개그림, 무대 막, 빔 프로젝터, 피켓 준비

공연하기

- 수행 평가(교사 평가, 학생 평가, 자기 평가)와 연계한 공연이 되게 한다.

- 가능한 무대(마당)가 갖춰진 곳에서 공연을 한다.

- 추임새 넣기와 관람 태도 등을 사전에 지도하고 참여하는 태도를 평가(음악의 생활화 영역)한다.

- 동영상과 사진을 촬영하여 기록으로 남긴다.

■ **음악의 생활화를 적용한 수업 사례**

수업 내용	비고
체험을 통한 음악 수업	지역 문화 축제 체험하기, 공연 관람하기, 학교로 찾아오는 음악회 열기.
학급 음악 발표회, 학교 학예회와 축제 참가	연간 구상으로 학예회 때 발표하기, 학급 마무리 잔치 등 학사 일정에 반영하기.
방과 후 활동 참가	음악적 기능 습득하기, 예술 영역에 참여하여 표현 능력 향상시키기.

– 악기 연주와 함께하기

- 리듬 악기인 탬버린, 리듬 스틱(크라베스), 방울벨, 트라이앵글, 소고를 준비한다.

- 노래에 맞춰 악기 이름 맞추기를 하는데 이때 악기를 두드리거나 긁거나 만진다.

– 미술 활동과 함께하기

- 모차르트의 '작은 별' 변주곡을 별 스티커를 붙이면서 노래하거나 백지 위에 점으로 그리거나 오선 위에 계이름을 붙이면서 부른다.

- 차이코프스키의 '트레팍'을 '타 타 티티 타' 리듬에 맞춰 지점토를 두드린다.

– 소도구나 악기, 몸을 이용하여 표현하기

- 생상스의 '동물의 사육제' 가운데 수족관을 방울벨, 오션 드럼, 레인 스틱, 빨대 등으로 물거품 만들기를 하면서 듣는다. 또는 비눗방울을 터뜨리면서 몸으로 표현한다.

- 브람스의 '헝가리 무곡 제7번'을 작은 깃발이나 손수건을 들고 박자에 맞춰 걷거나 양쪽으로 나누어 반환점 돌고 오기를 하면서 듣는다.

- '대취타'를 나발(장난감 나팔이나 빨대), 나각, 용고 등 악기 소리나 소도구, 목소리로 표현하거나 임금님 행차를 꾸며 본다.

– 음정, 박자 등 기초 기능 습득을 위한 놀이 수업

- 말붙임새에 따른 리듬이나 장단 학습, 노랫말 바꿔 부르기 등을

한다.

- 색정 간보, 선율 오스티나토, 몸 놀이, 가락선, 손 유희, 음악 모듈 등으로 음정과 화음을 수업한다.

초등 음악 교육의 과제

교육과정이 아무리 바뀌어도 국가나 음악 교육 전문가, 교사가 근본적인 연구를 하지 않는다면, 또 현장에서 실천이 뒤따르지 않는다면 그것은 아무 의미 없는 한낱 문서에 지나지 않을 것이다. 우리의 교육과정에 서양의 음악 환경에서 나온 연구 결과를 그대로 도입할 것이 아니라 우리 어린이의 발달 과정에 부합하는 세심한 연구가 이루어지고 반영되어야 한다. 아울러 국악 교육, 다문화 교육 등 문화 교육에 대한 담론과 철학이 정립되어야 하고, 전문성을 갖춘 초등 음악 교사 양성을 위한 제도와 개선 방안 마련도 시급하다.

현실적으로는 교사의 교육과정 재구성 능력을 고양할 수 있는 전문적이고도 지속적인 연수가 이루어져야 하며, 교사는 이를 바탕으로 주제 중심, 활동 중심의 통합 교육이 이루어지도록 교과서를 재구성해야 한다. 교수-학습법을 연구, 개발하여 이해 영역의 지식 교육이나 기능 중심이 아니라 생활 속 음악 교육이 이루어지도록 노력해야 한다. 사회적으로는 음악실, 기자재, 악기 등 아직도 요원한 초등 음악 교육의 현장을 개선할 수 있는 예산 지원이 절실하다. 다양한 음악 수업이 가능하며, 어린이들이 소비문화에 치우치지 않고 생활 속 음악 경험을 쌓을 수 있도록 그 기반을 구축하고 환경을 만들어 주어야 한다.

어린이의 삶을 가꾸는
미술

어린이에게 미술은 예술이 아니다

표현은 인간의 기본적인 욕구이다. 그 가운데서도 그림 그리기는 인간이 하는 가장 기본적인 표현 활동이자 의사소통의 수단이다. 문자가 교육을 받은 정도에 따라 알게 모르게 사람을 차별하는 특성이 있다면 그림은 특별한 교육을 받지 않아도 누구나 그릴 수 있다.

아이는 세상에 태어나 손에 무언가를 잡을 힘만 생기면 방바닥이나 벽을 가리지 않고 그림을 그린다. 이것은 어린아이가 하는 최초의 소통이자 미술적 표현이다.

어렸을 때는 표현하기를 두려워하지 않고 마음껏 그림을 그리던 아이들이 어찌 된 까닭인지 미술 교육을 받으면 받을수록, 또 학년이 올라가면 올라갈수록 '나는 그림에 소질이 없다'며 자신감을 잃고 포기하는 모습을 보인다. 왜 그런 것일까?

아이들이 그림을 '못 그리게' 되는 이유는 어른들이 일찌감치 그림 그리기를 '미술美術'로 규정해 놓고 그림을 잘 그리고 못 그리는 것으로 미술을 잘한다, 못한다고 말하기 때문이다. 그림에 대한 잘못된 생각으로 아이들을 '가르치고', '많이', '잘' 하라고만 강요하기 때문이다. 아이들이 무엇에 관심을 갖고 있는지, 무엇을 좋아하는지, 무엇을 하고 싶어 하는지는 제쳐 놓고 '빨리', '많이', '잘' 하라고 기능과 기법 중심의 그림 그리기를 강요하면 아이들은 점점 그리기에서 멀어지고, 표현에서도 멀어지고, 그럴수록 삶도 황폐해져 간다.

아이들에게 미술은 '예술藝術'이 아니라 그냥 삶이다. '작품'이 아니라 세상을 향한 '창'이며, '내가 본 세상에 대한 마음의 표현'이며, '세상을 체험하고 세상과 소통하며 세상을 이해하는 과정'이다. 따라서 어린이 미술은 어린이들의 삶을 떠나서 있을 수 없고, 어린이들의 삶을 가꾸어 가는 방향으로 나아가야 한다. 이것이 바로 '삶을 가꾸는 미술 교육'이요, '살아 있는 미술 수업'이다.

미술과 미술 교육에 대한 오해와 이해

교육이란 '가르쳐서敎 기르는 것育'으로 이 말대로라면 결국 교사가 옳다고 생각하고 그렇게 믿는 쪽으로 아이들을 이끌어 가는 일이다. 그러나 교육 활동을 자세히 들여다보면 그것이 잘못된 믿음이거나 지식인 경우가 많아서 아이들을 잘못 이끄는 사례를 보는 일도 드물지 않다. 교사들은 종종 자신이 아는 정답이나 믿음이 정말 맞는지, 너무 오래되어 현실에 맞지 않는 것은 아닌지 되돌아보고, 점검하고, 고쳐 나갈 필요가 있다.

초등 미술 교육 활동에서도 교사들이 옳다고 믿어 왔던 정답 가운데 잘못되었거나 시대가 지나면서 정답이 아니게 된 것들이 참 많다. 그 가운데는 처음부터 잘못 배운 것이 그대로 세뇌된 경우가 태반인데 세뇌가 위험한 이유는 내가 아는 정답이 잘못된 것일지도 모른다는 의문조차 들지 않게 하기 때문이다. 경험에 의하면 미술은 안 가르쳐서 문제가 된다기보다 잘못 가르쳐서 문제가 되는 경우가 훨씬 더 많다.

최근에는 교사가 학생에게 일방적으로 가르친다는 뜻의 '교육'이라는 말 대신 '가르치고 배우는 과정에서 교사와 학생이 함께 성장한다'는 의미에서 '교학敎學'이나 '교학상장敎學相長'이라는 말을 쓰자는 얘기도 나온다. 이러한 현실 인식 아래, 교사들이 정답으로 믿고 있었으나 한 번쯤 되짚어 보아야 할 초등 미술 교육의 지도법에 대해 살펴보도록 하자.

미술 시간에 주고받는 말들

"선생님, 바탕색 칠해요?"

교사들은 도화지가 보이지 않게 바탕색까지 꼼꼼하게 칠한 그림을 잘 그린 그림이라고 한다.

"선생님, 예쁘게 꾸며요?"

교사들은 색깔을 단순하게 칠하는 것보다 알록달록하게 꾸며서 그린 그림을 잘 그렸다고 한다.

"똑같이 잘 그렸네."

지금 초등학교 미술 시간에는 실물과 똑같이 그린 그림을 잘 그렸다고 하고, 이렇게 그린 그림에 점수를 많이 주게 되어 있다.

미술 교육학자들은 오래전부터 미술 교육이 그림을 잘 그리는 기술을 가르치는 것이 아니라고 하면서도 우리나라 제도 교육에서 제시하고 있는 미술과 평가 기준은 '잘 표현하는 기술'을 상중하로 나누게 되어 있다. 이런 평가 방식이 현재 우리나라 미술 교육을 좌지우지하는 학자들이 제시한 미술과의 성취 수준과 성취 기준이다.

그러나 대상을 잘 그리는 기술로 똑같이 그린 그림이 좋은 그림일 수는 없다. 똑같이 그리기는 대상을 살펴보고 그리는 또 하나의 방법일 뿐이다. 또 아무리 좋다고 해도 한 가지 방법으로 모든 아이들에게 그리게 하는 것은 바람직한 초등 미술 교육 방법이 아니다.

초등 미술 교육의 풍경들

시대가 많이 변했어도 여전히 '미술의 기초는 소묘'라고 생각하는 사람들이 많다. 미술실에는 무조건 석고상이 있어야 한다며 가장 먼저 사들이는 것이 '아그리파'와 '비너스'상이다. 초등학생을 대상으로 하는 미술 학원에서도 3학년쯤 되면 미술의 기초를 배워야 한다면서 석고 소묘를 시킨다. 왕년에 그림 좀 그려 봤다는 교사들도 영락없이 자신들이 미술 학원에서 했던 대로 초등학생들에게 석고 소묘부터 시킨다.

그러나 소묘는 이미 대학 입시에서도 거의 사라졌고, 어른들의 미술이 아니게 된 지도 오래다. 초등 미술 교육에서 가르쳐야 할 내용은 더더욱 아니다.

석고 소묘 말고도 이미 오래전에 교사들은 미술이라고 배웠으나 이제는 하지 말아야 할 것들이 참 많다. 교사는 미술 교육에서 무엇을 새롭게 가르칠 것인가를 고민하기 이전에 자신이 잘못 알고 있는 미술 교육의 내용이 없는지부터 점검해야 한다.

아이들에게 미술 교육을 하면 할수록 아이들이 점점 더 그림 그리기에 자신감을 잃고 미술에서 멀어지는 까닭을 구체적으로 찾아보자.

- 아이들의 그림을 '작품'으로 바라보기 때문이다. → 아이들의 그림은 작품이 아니라 아이들이 본 세상과 삶에 대한 '표현'이다.

- 번듯한 '완성품', '결과물', '작품' 만들기로 가기 때문이다. → '무엇을', '어떻게' 표현하는가, 무엇을 어려워하는가를 살펴야 한다.

- 자꾸만 '잘' 그리라고 가르치기 때문이다. → 미술 교육의 목표에 '아름답게'와 '꾸미기'라는 말이 들어가는데 이 말 때문에 잘못 가고 있다. 자신이 본 세상의 모습을 자신만의 개성으로 솔직하게 표현하게 해야 한다. 잘 그린 그림이라는 정답은 없다. 어른들이 잘 그린 그림의 정답을 잘못 알고 그렇게 표현하도록 강요하고 있을 뿐이다.

어른들이 잘못 알고 있는 어린이 그림
• 그림을 그릴 때는 반드시 색을 칠해야 한다.
• 바탕색을 꼭 칠해야 한다.

- 종이가 보이지 않도록 꼼꼼히 색칠해야 한다.
- 색깔을 알록달록하게 많이 사용해야 한다.
- 크게 그려야 한다.
- 종이에 꽉 차게 그려야 한다.
- 실제 모습과 똑같이 그려야 잘 그린 그림이다.
- 먼저 노란색이나 회색으로 밑그림을 그린 다음에 색칠을 해야 한다.
- 투명 수채화로 그려야 한다.

- 초등 미술 교육을 제대로 이해하고 있지 못하기 때문이다. → 아이들의 표현과 삶을 이해하지 못하고 어른들의 그림 그리기 방식을 그대로 적용하고 있다. 초등학교 미술 내용에 '초등학생의 삶'이 없다는 것이 현재 초등 미술 교육의 가장 큰 문제점이다. 인터넷에 떠돌아다니는 '당장 신나고 재미있게 번듯한 결과물을 만들어 낼 수 있는 미술'은 '불량 식품' 같은 '불량 미술'이다.

이런 것은 어린이 미술 교육이 아니다!
데생(소묘), 풍경화 그리기, 정물화 그리기, 투시 원근으로 그림 그리기, 캐릭터 그리기, 크로키, 미래 세계와 우주 세계 중심의 상상화 그리기, 기능으로 하는 만화 그리기, 행사와 ○○교육에 이용되는 그림 그리기(과학 상상화, 지구의 날 행사, 민족 공동체 의식 함양을 위한 그리기, 금연 포스터, 불조심 포스터, 건강 포스터 등), 아이들이 그린 그림을 '잘함'과 '못함'으로 줄을 세워서 상을 주는 미술 대회, 늘 똑같은 형식(표어 위치, 고딕체 글씨)의 포스터 그리기, 어른들이 만들어

놓은 어른 위주의 명화 감상, 명화 따라 그리기, 명화 선 그림에 색칠
하기, 전통 문양 색칠하기, 옛날 어른들이 그린 민화 따라 그리기, 판
본체와 궁체 따라 쓰기 위주의 서예 교육, 아름다운 실내 꾸미기, 과
자 봉지 보고 따라 그리기, 얼굴 사진을 세로로 반 자른 뒤 남은 반
쪽 그리기, 1, 2학년의 그림장 활동, 함부로 하는 색종이 접기, 어른들
의 작업과 다름없는 판화, 미술 학원 그림, 미대 입시를 위한 그림들.

- 아이들의 삶과는 거리가 먼 미술 교육을 하기 때문이다. → 어린
  이 미술은 어린이의 삶 속에서 이루어져야 한다. 뛰어난 기능보다
  활동을 통한 소통, 삶을 가꾸어 나가는 과정을 중요하게 여기게
  하여 어린이들의 삶과 관점이 담긴 '살아 있는' 그림 그리기가 되
  어야 한다.
- 품질이 형편없는 어린이용 미술 도구들 때문이다. → 미술 활동
  은 품질 좋은 미술 도구만 갖추어도 잘 이루어질 수 있다. 아무리
  수업 기술이 훌륭해도 미술 도구가 형편없으면 좋은 결과를 얻지
  못한다. 교사들은 아이들이 어떤 미술 도구를 쓰고 있는지 살펴
  보지도 않고 '못한다'고 나무란다. 실제로 아이들이 미술을 싫어하
  게 만드는 데 미술 도구의 탓도 크다. '어린이용'이라고 써 붙인 제
  품들은 대부분 겉모양만 화려하고 질이 나쁜 것들이 많다. 미술
  활동을 하기 전에 품질 좋은 미술 도구를 준비해 놓는 것이 먼저
  다. 1년 동안 쓸 미술 도구는 학교 예산에 반영해서 학기 초에 교
  과별 자료로 한꺼번에 구입하는 것이 좋다. 구입을 요청할 때는

가령 그냥 '8절 도화지'라고 하지 말고, 미리 전문 화방에 가서 알맞은 재료와 도구를 직접 살펴본 뒤에 '180g/m^2 도화지 몇 장' 하고 구체적으로 제시한다.

- 미술 도구와 재료 사용법과 이에 따른 표현 효과를 잘 모르기 때

문이다. → 글을 쓰기 위해서는 먼저 글자를 알아야 하듯이 미술 표현 활동에서는 표현 도구를 잘 알고 있어야 한다. 교사들이 미술 도구의 사용법을 잘 몰라서 제대로 가르치지 못하기도 한다. 표현을 하기 전에 도구를 능숙하게 다룰 줄 알고 그 효과를 파악하고 있어야 한다.

- 상상력과 창의력에 대한 오해 때문이다. → 학교에서 주로 많이 하는 '알록달록 꾸미기'와 얼토당토않게 '상상해서 나타내기'는 오히려 상상력과 창의력을 해친다. 진정한 상상력과 창의력은 단순히 미술 시간에 기발한 아이디어와 표현법으로 길러지는 것이 아니라 일상의 삶과 태도에서 길러져야 한다. 상상 표현은 현실적이고 생태적인 것을 바탕으로 했을 때 의미가 있다. 미술을 '가르치고, 배워서'는 오히려 상상력과 창의력이 떨어진다.

- 미술 영재 교육 때문이다. → 중등 수준이나 어른들의 미술 표현을 초등학교 어린이들에게 강요하는 것은 영재를 망가뜨리는 교육이다. 어린이는 원래 '시인'이고 '화가'이다. 시인이나 화가들이 어린이의 마음으로 돌아가서 어린이의 시선으로 세상을 표현하려고 노력하지 않던가. 굳이 미술 영재 교육을 시키려 애쓰지 말고 저마다 다른 표현 방법을 인정해 주며 마음껏 표현하게 해 주는 것이 진정한 영재 교육이다.

- 평가의 문제

초등 미술 교육과정에서 제시하는 성취 수준과 평가의 기준은 과연 옳은가? 그렇지 않다고 본다. 초등학생들에게 맞지 않는 것이 많고, 이런 평가 기준 때문에 어린이들이 자꾸 미술에서 멀어져 가는 것이다. 우리나라는 국가 수준의 미술 교육과정에서도 그렇고, 미술 교육학자들의 논문에서도 그렇고 기능 중심이 아니라고 말로만 강조하고 있다. 그러나 실제 성취 수준과 평가 도구 개발 연구 보고서를 보면 미술 학원에서 이미 기능을 익힌 아이가 상을 받도록 되어 있다. 어린이의 미술 표현을 '미적 체험', '표현', '감상'이라는 영역으로 나누어 평가할 수가 없음에도 세 영역으로 나누어서 상중하로 평가하게 되어 있다. 이런 평가 기준에 문제가 있다는 것을 인식하고 재점검해 보아야 한다. 게다가 아직도 사지선다형 지필 고사로 미술 이론 평가를 하는 학교들이 많은데 지필 평가에는 오히려 어린이들의 미술 교육을 방해하는 내용들이 많다.

바람직한 초등학교 미술 평가는 특정한 기준을 두고 '미적 체험', '표현', '감상'의 세 영역으로 나누어서, 그것도 상중하로 등급을 매기는 것이 아니라 어린이들마다 지닌 독특한 표현을 찾아 주고 인정해 주는 평가여야 한다.

어린이의 삶을 가꾸는 미술 교육을 하려면?

어린이들에게 '삶을 가꾸는 미술 교육'을 하려면 '살아 있는 표현'을 가능하게 하는 미술 시간이 되어야 한다. 살아 있는 표현을 통해 '살아 있는 그림'이 된 사례를 들면서 삶을 가꾸는 미술 교육이 나아갈 방향을 구체적으로 알아보자.

'아름다움'을 어떻게 볼 것인가?

미술 교육은 그 어느 교과보다 미를 다루는 영역이다. 그런데 미의 기준은 고정되어 있지 않다. 시대와 지역, 문화, 나이, 필요에 따라 달라진다. 지금 어른들이 말하는 아름다움과 교과서에 말하는 아름다움, 그래서 어린이들에게 그대로 강요하는 아름다움은 과연 진정한 아름다움일까? 어린이 미술 교육에서 제시하는 아름다움은 화려하게 꾸미는 아름다움이 아니라 '삶을 가꾸는' 아름다움이어야 한다.

'좋은 그림'이란 어떤 그림일까?

- 살아 있는 그림, 그림을 그린 사람의 생각과 모습이 들여다보이는 그림이다.
- 자신이 보고 느낀 그대로를 나타낸 그림이다.
- 자기 방법대로 표현한 그림이다.
- 보면 볼수록 맛이 우러나는 그림이다.
- 그림을 그린 사람의 마음이 고스란히 전해지는 그림이다.
- 보는 사람의 마음이 저절로 따뜻해지는 그림이다.

'좋은 그림'을 그리게 하려면 어떻게 해야 할까?

일반적으로 그림을 잘 그리려면 미술 학원에 다니면서 방법을 배워야 한다고 생각한다. 그런데 그리는 방법을 배우면 기술적으로는 잘 그리게 될 수 있을지 몰라도 좋은 그림을 그리는 데는 오히려 방해가 된다. 잘 그리는 방법을 배워서 그리려 하지 말고 먼저 이렇게 해 본다.

- 땀을 흘리며 몸을 움직이는 일을 많이 한다.

- 자연과 세상의 모든 일을 건성으로 보지 말고 자세히 살핀다.

- 보고 듣고 경험하여 나만의 느낌을 갖도록 한다.

- 세상을 보는 바른 태도와 눈을 지니도록 한다.

- 마음속에서 자연스럽게 우러나오는 느낌을 표현한다.

- 자신의 삶과 관련한 그림을 그린다.

- 멋있게 잘 그리려고 애쓰지 않는다.

- 도구와 재료의 사용법을 충분히 익혀 둔다.

- 내가 보고 느낀 그대로를 그리도록 한다.

- 다른 사람을 흉내 내거나 눈치 보지 말고 나만의 방법으로 자세
  하게 그린다.

살아 있는 그림 그리기를 통해 얻는 것들

- 세상을 자세히 살필 수 있다.

- 못 보던 것을 새롭게 볼 수 있다.

- 세상을 체험하고 소통하며 이해하게 된다.

- 세상을 보는 눈이 넓고 깊어진다.

- 서로 다른 모습, 보는 방식, 표현 방식을 이해하고 인정하게 된다.

- 자신을 존중하게 된다.

어른들이 지녀야 할 자세

어린이들에게 살아 있는 그림을 그리게 하는 이유는 화가로 키우기

위해서가 아니라 그림 그리기를 통해 세상과 소통하게 하기 위해서이다. 그림 그리기는 좀 더 나은 세상을 만들어 가고, 삶을 아름답게 가꾸어 나가게 하기 위한 또 하나의 영역이다. 잘 그린 그림은 뛰어난 기술로 꾸민 것이 아니라 그 속에 그림을 그린 아이의 모습이 고스란히 드러나 있는 것이다. 아이에게 중요한 것은 훌륭한 그림을 많이 만들어 내는 일이 아니라 온몸으로 세상을 경험하면서 타고난 감성과 감각을 지키고 살리는 것이다. 어른들은 다음 사항을 염두에 두고 미술 교육을 지원하자.

- 어린이들의 표현 발달 과정을 알고 이해한다.
- 아이의 표현에 지나치게 간섭하지 않는다.
- 그림을 보고 나무라지 않는다.
- 잘 그린 그림과 못 그린 그림으로 나누지 않는다.
- 잘 그리는 기능을 앞세우지 않는다.
- 어떤 표현을 좋아하는지, 무엇을 어려워하는지 살핀다.
- 남다른 보기 방법, 자신만의 진솔한 느낌과 표현을 칭찬하고 인정해 준다.
- 어린이 그림을 표현으로 보고, 작품으로 보지 않는다.
- 그림 자체보다 보고, 듣고, 냄새 맡고, 만지고, 온몸으로 느끼는 활동을 더 많이 하도록 한다.
- 아이들 그림에 함부로 손을 대서 지우거나 고치지 않는다.
- 아이들이 그린 그림을 소중하게 여긴다.

삶을 가꾸는 미술 교육의 실제

살아 있는 그림 그리기

– 온몸으로 느끼기

● 자세히 살펴보기, 소리 듣기, 만져 보기, 냄새 맡기, 맛보기, 누워서 보기 등.

– 자세히 살펴보기

● 학용품, 내 물건, 주변에 있는 물건 살피기.

● 나무, 나뭇잎, 풀, 꽃 관찰하기.

● 땅, 하늘, 담, 교실 바닥, 책상 바닥 자세히 보기.

● 내 얼굴, 친구 얼굴, 우리 집, 우리 동네, 우리 학교, 우리 교실 관심 가지고 보기.

– 내 마음을 나타내는 선, 색깔, 모양 그리기

– 내가 하고 싶은 말을 글씨로 쓰거나 그리기

● 크레파스로 그리기.

● 수채화 물감, 수채화 붓으로 도화지에 그리기.

● 먹물, 붓글씨 붓으로 화선지에 그리기.

삶을 가꾸는 미술 교육으로

지금 초등학교에서 하는 미술 교육은 어린이를 위한 교육이 아니라 어른들의 미술 교육, 그것도 옛날식 방식을 그대로 적용하고 있는 사례가 많다. '어른 작가의 작품 따라 하기' 위주로 되어 있으니 어린이들에게 맞지 않는 게 당연하다. 어린이 미술은 미술 작품 생산에 목적이 있는 것이 아니므로 표현 내용과 방법에서 어린이의 삶과 관계가 깊고 실생활과 관련이 있는 내용으로 구성하는 것이 바람직하다.

– 풍경화 그리기

풍경화 그리기는 초등학생들에게 주어지는 주제로 알맞지 않다. 특히 특정한 원근법에 맞게 그리게 하는 것은 옳지 않다고 본다. 원근법 표현은 배워서 하는 것이 아니라 그 시대, 그 사람이 세상을 인식하는 정도를 나타내는 것이기 때문이다.

대신 나무 한 그루 그리기, 풀꽃 그리기, 우리 집 그리기, 놀이 기구 그리기, 내가 좋아하는 장소 그리기, 우리 교실·우리 학교·우리 동네 그리기, 구름이나 하늘 보고 그리기, 꽃밭 그리기, 운동장 그리기 등의 주제를 주고 그리게 한다.

– 정물화 그리기

정물화 역시 초등학생들에게 주어지는 주제로 알맞지 않다. 정물화 하면 반드시 따라붙는 것이 삼각형의 안정된 구도인데 구도 역시 가르쳐서, 그것도 안정된 구도로만 그리게 하는 것도 옳지 않다. 불안정하면 불안정한 대로 나타내는 구도가 그 사람의 표현이기 때문이다. 대신 내가 쓰고 있는 또는 좋아하는 학용품 한 개 그리기, 주변에 있는 물건 하나 그리기(빗자루, 쓰레받기, 책상, 걸상, 우산)를 주제로 제시해서 생활 속 그림이 되게 한다.

– 서예

서예에서 중요한 것은 글씨체가 아니라 글의 내용이다. 글씨체는 글의 내용에 따라 그리고 목적과 장소에 따라 달라져야 한다. 따라서 특정한 서체인 판본체와 궁체를 형식에 맞게 잘 따라 쓰기를 강요하는 것은 서예의 근본정신에도 맞지 않고 어린이들에게도 맞지 않는 시대착오적 교육이다. 대신 내 마음을 담아서 내가 쓰고 싶은 글의 내용에 알맞은 글씨체로 써 보게 한다.

– 포스터 그리기

포스터는 알리는 그림이다. 알리는 그림은 매우 많다. 그러나 여전히 학교에서는 대부분 계몽 포스터를 그리게 하고, 학교 실적을 올리는 각종 행사에 이용하는 경우가 많다. 이런 포스터 대신 자기가 하고 싶은 말이나 생각, 주장, 널리 알리고 싶은 내용을 담은 포스터를 그리게 한다. 또 학급이나 학년에서 연극이나 발표를 할 때 알리는 그림을 같이 그리게 하면 좋다.

– 판화

어른의 관점에서 접근한 근사한 예술 작품 만들기에서 벗어나 자르고, 깎고, 뚫어서 다양한 방법으로 '찍어서 나타나는 효과'를 느끼는 데 중점을 둔다.

– 건축 단원

벽에 알록달록하게 꾸미기 위주로 되어 있는 내용 대신 건축의 기본 원리를 알게 하는 데 중점을 두고, 아이들이 직접 간단한 움막 짓기나 벽돌 혹은 나무 쌓기를 해 볼 수 있도록 한다.

– 민화 그리기

민화의 뜻과 정신으로 볼 때 지금 아이들이 그린 그림이 바로 이 시대의 민화이다. 굳이 특정한 시기(조선 후기)의 옛날 사람들, 그것도 어른들이 그린 그림을 그대로 베끼듯이 따라 그리는 것은 교사가 민화를 잘 모르기 때문이다.

– 그릇 만들기

저학년은 소꿉놀이로, 고학년은 되도록 실생활에서 사용할 수 있는 것들을 만든다. 도자기 흙으로 만든 그릇은 반드시 도자 가마에 구워서 쓸 수 있도록 한다.

– 디자인

지금의 알록달록한 무늬 꾸미기에서 벗어나 실생활에서 활용할 수 있는 내용으로 구성한다. 특히 디자인 교육이 꾸미다가 실생활에 유용하지 못하게 하는 것을 많이 볼 수 있는데 디자인 교육에서 가장 중요한 점은 사람들의 실생활에 유용하게 쓰이게 하는 것이다.

생명을 살리는 표현 교육으로서 미술

미술 교육의 주요 세 영역은 '체험, 표현, 감상'인데 학교의 미술 시간은 표현 활동에 치우쳐 있는 경향이 강하다. 이조차도 체험, 감상 활동과 분리되어 '잘 그리고, 잘 만들기' 위주로 진행하는 경우가 태반이다. 미술 교육과정에서 세 영역은 본디 한 몸처럼 이루어져야 하는데 그렇지 못한 것이다. 교과서에도 '미적 체험' 영역은 표현을 위한 동기 유발로, '감상'은 표현의 마무리로 제시되어 있고, 실제 수업에서 분리할 수 없는 것인데도 수업 지도안을 보면 대부분 분리해서 진행하게 되어 있다. 평가도 마찬가지다. 이렇게 세 영역을 분리해서 교육하고 평가하는 방법이 현재 우리 미술 교육에서 가장 먼저 해결해야 할 과제일 것이다.

10년을 넘게 학교에서 표현 교육을 받았음에도 우리 사회는 여전히 표현이 부족하고, 학년이 올라갈수록 자신을 '미술을 못하는 아이'로 규정하는 아이들이 늘어 간다. 지식 습득 정도나 도구 사용 능력에 상관없이 누구나 쉽게 할 수 있는 표현 활동인데도 왜 사람들은 못한다고 하고, 실제로 못하는 사람이 많은 것일까? 여러 번 강조했듯이 현재 미술 교육에서 이루어지는 표현이 근본적인 역할을 하지 못해서이다. 미술 시간에 아이들에게 하는 교육이 진정한 표현이 아니라 재현과 알록달록 아름답게 꾸미기, 잘하는 기능 익히기 수준에 머물러 있기 때문이다.

표현의 주제도 아이들의 삶과 동떨어져 있는 것들이 대부분이다. 아이들은 마음속에 온갖 걱정거리를 껴안고 있으며, 괴롭고 힘든 일이 많다. 그럼에도 교과서에 나오는 표현 주제들은 하나같이 내 마음을 담아낸 것이 없고, 오히려 내 삶과 동떨어진 것들뿐이다. 현실과 동떨어진 이야기에는 누구도 공감하기 힘들고, 이런 표현 교육은 아무리 오래 받아도 자신의 마음을 드러내지 못한다. 형식적으로 하다 보니 한 것 같지도 않고, 마음속에 쌓인 억압이 풀리기는커녕 더 쌓이기만 한다. 아이들이 자기 마음을 표현하고 답답했던 속이 뻥 뚫리는 경험을 할 수 있도록 지금이라도 미술 교육의 방법이나 평가 방식이 진정한 자기표현의 기재가 되도록 해 주어야 한다.

사회가 복잡다단해짐에 따라 정신 병리 현상이 증가하고 예술이 치료의 한 방법으로 확산되고 있다. 그러나 굳이 미술 치료를 내세우지 않더라도 수업 시간에 제대로 표현할 수 있도록 돕는다면 그 활동 자체가 치료와 치유의 힘이 될 것이다. 그렇다면 무엇을, 어떻게 표현하도록 도와야 진정한 표현 교육으로서 힘을 발휘할 수 있을까?

미술 교육의 실제 ①
아이들이 본 세상을 아이들의 방법으로 표현하게 한다

국제 미술 전시회에서 우리나라 아이들의 그림이 혹평을 받는 이유는 주제도 유형도 방법도 한 사람이 그린 것처럼 다 비슷비슷하기 때문이라고 한다. 실제로 아이들의 그림에 그 아이의 모습이 보이지 않는다. 이는 우리나라의 미술 교육이 여전히 잘 그리기 중심의 기능 익히기에 머물러 있다는 사실을 반증한다. 미술 교육에 시각 문화 교육을 반영하면서 조금 나아지기는 했어도 옛날식 기능 중심의 교육에서 완전히 벗어나지 못하고 있다. 단적인 예로 3, 4학년에서는 '나무 그리는 방법'을 일방적으로 제시하고, 5, 6학년에서는 '구도'를 강조하면서 원근 표현의 하나인 투시 원근법에 맞춰 '풍경화'를 그릴 것을 요구한다. 그리고 그 여부를 상중하로 나누어 평가하게 한다.

이런 방식은 아이들의 눈으로 본 세상을 아이들의 방법으로 표현하는 것을 인정하지 않는다. 특정한 기준을 가지고 '못 그렸다'거나 '왜 이렇게 그렸니?'라고 타박하면서 교사가 생각하는 '모범 정답'으로 아이들을 몰아간다. 교사가 이렇게 해라, 저렇게 해라 하는 미술 교육은 아이들에게 마음껏 자기표현을 못하게 만들거나 하기 싫은 것을 표현할 수밖에 없게 만든다. 그러면 아이들은 미술 활동이 즐겁지 않고, 해도 속이 후련해지지 않으며, 오히려 스트레스만 쌓여 미술에서 점점 더 멀어지게 된다. 하루빨리 교육이라는 이름으로 특정한 방법이나 기능을 가르치는 미술 교육에서 벗어나 아이들의 표현을 가능하게 하는 방향으로 나아가야 한다.

– 수업의 사례

- 자화상 그리기 : 기능으로 그리는 초상화가 아니라 진정한 '나'를 나타내기.
- 친구 그리기 : 친구의 외형을 보지 말고 관심 갖기.
- 학교 그리기 : 구도의 틀을 중요시하는 풍경화 그리기가 아니라 다양한 관점에서 본 학교 그리기, 내게 의미 있는 학교 공간 그리기.

미술 교육의 실제 ②
힘들고 괴로운 마음을 표현하게 한다

아직도 어린아이들이 공부만 하면 되지 무슨 걱정이 있느냐고 생각하는 어른들이 많다. 그러나 아이들도 어른 못지않게 삶이 고되고 힘들다. 고학년일수록 행복보다 불행, 즐거움보다 괴로움을 더 많이 느낀다. 특히 사춘기에 접어들면서 신체적 변화와 함께 마음이 자리를 잡지 못하고 흔들리며 겉도는 아이들이 많다. 누구든 나중에 생각해 보면 아무것도 아닌 일이 그 당시에는 견딜 수 없게 심각했던 경험이 있지 않던가. 아이들도 때로는 죽음까지 생각할 정도로 힘들어한다.

아이들의 고민은 누군가에게 털어놓는 것만으로 한결 가벼워질 수 있는 내용들이다. 지금 아이들에게 가장 필요한 것은 내 마음을 알리는 일, 즉 힘들고 괴로운 마음을 전하는 일이다. 행복하고 즐거운 일은 굳이 표현하지 않아도 줄어들거나 병들지 않지만 힘들고 괴로운 일은 터뜨리지 않으면 병이 된다. 미술 수업을 통해 지금 아이들이 껴안고 있는 힘들고 괴로운 마음, 때로는 죽고 싶은 마음을 표현하게 해 주어야 한다.

- 수업의 사례
- 요즘 내 마음 표현하기 : 선, 색, 형태, 사물의 모습으로 표현하기 (평면과 입체).
- 붓글씨 쓰기 : 내가 하고 싶은 말, 좋아하는 말을 내용에 알맞은 글씨체로 표현하기.

살아 있는 미술 교육을 위하여

어린이를 위한 미술 교육은 교육이기 이전에 또 작품이기 이전에 삶이요, 세상을 알아 가는 과정이어야 한다. 미술 표현을 통해 아이들이 세상을 내다보고 세상과 소통함으로써 인간다운 삶을 살아가는 데 보탬이 되는 활동이어야 한다. 아이들의 삶이 녹아 있는 미술 수업을 하려면 교사는 어떻게 하면 그림을 잘 그리게 할 것인지를 가르치려 하지 말고 아이들과 함께 옳게, 곧게, 바르게 살아갈 방법을 먼저 고민해야 한다. 삶을 가꾸는 미술 교육, 이것이야말로 어린이를 행복하게 만드는 미술 교육이다.

체육 수업
바라보기

아이들이 즐겁게 뛰어놀기만 하면 되는 과목?

우리는 체육 수업을 어떻게 생각하고 진행하는가? 다른 과목에 비해 소홀히 여기는 경향은 없는가? 아이들이 즐겁게 뛰어놀기만 하면 되는 과목, 혹은 교육과정과 상관없이 진행해도 큰 무리가 없는 과목으로 인식하고 있지는 않은가?

주변의 교사들과 이야기를 나누어 보면 대체로 자기가 자신 없는 활동은 잘 다루지 않는다는 분들이 많다. 교과서에 있으면 그나마 조금 시도해 보려 애쓰고, 때로는 교과서에 없어도 자신이 있는 활동이라면 다루는 경우도 적지 않다고 한다.

달리기를 싫어하는 아이들이 있다. 왜 싫은지 물어보면 "저는 달리기를 잘 못해요"라고 대답한다. 축구를 싫어하는 아이들이 있다. 왜 싫은지 물어보면 "저는 축구를 잘 못해요"라고 대답한다. 그런데 왜 달리기를 잘 못한다고 싫어하며, 축구를 잘 못한다고 싫어하는 것일까? 아이들이 잘 못한다는 생각을 버리고, 못해도 싫어하지 않는 체육 수업이 되게 하려면 어떻게 해야 할까? 교육과정을 어떻게 재구성해야 아이들이 재미있고 즐거운 마음으로 체육 수업에 참여할 수 있을까?

체육 수업의 실제와 교과의 재구성

체육 수업을 바라보는 전통적 관점

체육 수업의 전통적이고 대표적인 방식은 교사가 설명을 하고, 시범을 보여 주고, 그것을 아이들이 연습하도록 하는 것이다. 이 방식은 운동의 기능을 가르치는 경우에 유용하며, 대부분의 교사들은 이것이 체육 수업의 전부라고까지 생각하는 경향이 있다. 나아가 이런 수업을 통한 기능 습득과 향상을 수업을 잘하고 못하는 척도로 여긴다. 즉, 수업의 목표를 정하고, 그 목표를 달성하는지 못하는지 그것만을 핵심으로 삼는 것이다. 그런데 교사의 목적이 오로지 교육과정에 있는 목표를 성취하는 것이고 이를 넘어설 수 없다고 생각한다면 교사는 그저 매뉴얼대로 수업을 하는 도구에 지나지 않는다.

교사는 체육 교육과정을 해석하고 이를 적용하여 수업을 재구성할 수 있어야 한다. 기능 중심의 체육은 학생들의 인지 영역에는 관심이 없고 훈련을 통한 기능 향상에만 방점이 찍힌다. 따라서 이런 수업에서 교사가 줄 수 있는 피드백은 대체로 교정에 머무르며, 더 나아가면 잔소리라는 형태로 나타난다. 고작 좀 더 나은 기능 습득을 시키기 위해 긍정적인 피드백이 아니라 부정적인 피드백이 자리를 잡는 것이다.

수업에 대한 관점의 변화

아직도 수업의 내용을 선정한 다음에 목표를 설정하는 전통적인 수업 방식을 고수하는 교사들이 많기는 하지만 한편으로는 문제의식을 가지고 수업을 비판적으로 바라보며 고민하는 교사도 늘었다. 수업의 형태도 조금씩 변해 가고 있다. 예전처럼 기능에만 초점을 맞추는 게 아니라 교사가 능동적으로 운영하는 수업을 보다 중요하게 여기게 되었다. 이런 교사들은 스스로 수업의 목표를 정하고, 그 목표를 성취하기 위해 수업의 내용을 재구성한다.

교육과정의 재구성

우리는 교육과정을 어떻게 바라보고, 어떻게 재구성해야 하며, 체육을 통해 어린이들에게 무엇을 가르쳐야 하는가? 교육과정을 구성하는 데는 당시의 사회적 가치관이 크게 영향을 미친다. 가령 다원주의는 기능 위주의 수업에 비판을 불러일으키면서 레크리에이션과 비경쟁적인 게임을 발전시켰다. 그러므로 가장 올바른 체육 교육과정, 모든 학생들에게 적합한 수업이란 존재하기 어렵다고 보아야 할 것이다. 다만 각 시기의 이데올로기에 가장 가까운 교육과정이 존재할 뿐이고, 가장 이상적인 수업에 가까워지려고 노력할 뿐이다.

수업을 하기 전에 가장 먼저 확인해야 할 것이 교육과정이다. 교육과정에서 어떤 관점으로 체육을 바라보는지, 이것이 중요하기 때문이다. 또 목표를 잡을 때는 교육과정에서 바라보는 시각이 수업에 반영될 수 있도록 해야 한다.

실제 교육과정을 살펴보면 중등 체제가 초등으로 많이 내려와서 예전에 비해 기능 목표의 수준이 더 어려워졌다. 내용적인 측면에서는 학년 간의 연계성이 없이 나열식으로만 제시되어 있어 문제가 생긴다. 예를 들어 6학년 활동으로 제시된 뜀틀을 하려면 4, 5학년 때부터 조금씩 관련 기능을 익혀야 하는데 거의 나열식으로만 되어 있어서 아이들이 기능을 성취하기가 어려워졌다. 하물며 대학교에서도 1학년 때 교양을 쌓고 2학년 때부터 전공 수업을 하는데 지금 초등학교 체육은 그렇지 못하다. 조금씩 하다 말고를 되풀이하는 나선형 교육과정에 대한 비판에서 이런 결과가 나온 게 아닌가 싶기도 하지만 그렇다고 해서 흠뻑 빠지기도 어려운 구성이다.

높이뛰기의 경우에도 앞으로 뛰기, 배면 뛰기에 도달하려면 이전의 다른 활동이 전제되어야 하는데 그게 없거나 있더라도 매우 단편적이다. 그러니 물리적으로 목표에 도달하기가 어려운 상황이다. 도전 활동의 경우에는 도전할 수 있는 것이 굉장히 다양할 수 있음에도 교과서를 보면 도전 활동에서 해야 할 것들이 미리 정해져 있다. 예를 들어 등산도 도전 활동이 될 수 있는데 등산은 제시되어 있지 않다. 일괄적으로 뜀틀, 평균대만 제시하는데 뜀틀을 못한다고 해서 도전을 못하는 것은 아니다. 도전이란 본인이 매우 잘하는 것을 해 보는 것을 이야기하지 않는다. 따라서 개인마다 수준 차이가 있을 수도 있으며, 개인의 수준차가 현저한 경우 평소에 해 보지 않았던 활동이 더 큰 의미가 될 수 있다. 이럴 때는 개인별 도전 목표를 가져 보는 것도 방법 가운데 하나가 될 수 있다.

체육 교육과정은 목적과 목표를 고려해야 하며, 활동 영역에 할당하는 시간을 배분하는 데도 고민해야 한다. 무용은 저학년에 많이 배분하는 것이 효과적이고, 경쟁 활동은 저학년보다 고학년에 배치하는 것이 효과적일 수 있다. 체육 교육과정의 전반적인 재구성이 가능하다면 전 학년 교사들이 함께 체육 활동 영역의 시간 배분에 합의를 하고, 아이들이 큰 울타리 안에서 지속적으로 활동하도록 해 주는 것이 중요하다.

무엇보다 현장 교사들은 교육과정이 실질적으로 적용될 수 있도록 연구자와 함께 논의를 해 나가야 한다. 한데 우리의 교육과정은 대체로 대학교수 등 연구자들이 만들고 실천은 교사가 하는 형국이다. 실천가인 교사들이 교육과정 개정에 참여할 필요가 있으며, 지금의 교육과정이 현실과 맞지 않는다면 힘들더라도 재구성을 통해 최대한 극복해 나가며 토대를 만들어야 한다.

잠재적 교육과정의 중요성

교사는 수업을 진행할 때 잠재적 교육과정을 고려해야 한다. 수업을 진행하는 동안 교사의 의도와 상관없이 아이들은 긍정적, 부정적 효과를 학습하게 된다. 기능 향상을 위해 체력 훈련만 계속 반복했다면 아이들은 체육을 싫어하게 될 수도 있다. 따라서 이러한 잠재적 교육과정의 내용들을 고려하여 평소에 아이들을 배려하는 수업을 진행한다면 체육을 싫어하게 되지 않을 것이다. 교사의 배려는 아이들이 부정적 효과를 학습하지 않고 긍정적 효과를 학습하는 계기를 만들어 준다.

잠재적 교육과정은 아이들이 자동적으로 받아들이고 학습하는 것으로 판단하지 말고 의식적으로 고민해야 효과를 거둘 수 있다. 교육과정에 나눔과 배려가 구체적으로 명시되어 있지 않더라도 아이들을 위해 반드시 필요하다고 판단한다면 잠재적 교육과정에서 의식적으로, 가시적으로 변환시킬 수 있다. 예를 들어 교육과정에서 '올바로 걸을 수 있다'라는 몸의 기능에 대한 내용이 명시되어 있지 않더라도 교육 상 필요하다면 이 주제를 선정해서 교육 목표를 세울 수 있다. 또 '싸우지 않고 사이좋게 지내야 한다'는 주제가 필요하다면 교육과정에 명시되어 있지 않더라도 수업을 할 수 있다. 이런 것들을 많이 찾아낼수록 국가 교육과정의 범위를 포함하고, 나아가 뛰어넘는 거대한 교육과정을 만들 수 있을 것이다.

명시적 교육과정을 뛰어넘는 잠재적 교육과정의 영역은 매우 넓다. 교육과정에 명시되어 있지 않더라도 사회적, 교육적 가치가 있는 주제들은 잠재적 교육과정에서 구체화시켜 실행할 수 있어야 한다. 교사가 교육과정을 재구성할 수 있는 범위를 더욱 넓혀 나가는 일이기도 하다.

체육 수업의 재구성

수업의 재구성은 첫째, 학년별 특성 자료를 활용하여 큰 수준으로 목표나 활동을 정리하는 방법이 있다. 1~2학년 아이들은 시기적으로 대근육에서 소근육으로 발달해 가는 시기이므로 교과서적 접근이 아니라 움직임을 최대한 이끌어 내는 활동, 몸으로 표현해서 아름다움을 느낄 수 있는 활동을 반영하여 수업 내용을 선정한다. 3~4학년 때는 축구를 하더라도 공을 발로 그냥 차는 활동, 어느 정도의 힘으로 찼을 때 공이 나가는지를 탐구한다. 5~6학년 때는 드리블을 배우고, 빨리 드리블하는 방법과 방향을 바꾸어 드리블하는 방법까지 배운다. 단계적 특성을 고려하지 않고 그냥 축구만 하라고 하면 규칙도 잘 모르고, 잘하는 아이만 독점하면서 경쟁적인 분위기에서 수업이 이루어지며, 체육 수업에 불만을 갖는 아이들이 생긴다.

둘째, 학생의 의식 수준별 단계를 고려하여 조 편성을 하거나 수업을 한다. 헬리슨Hellison은 의식의 수준을 무책임 단계, 자기 통제 단계, 참여 단계, 책임감 단계, 보살핌 단계로 나누었다. 이는 연령별 특성을 반영한 것이 아니라 학생 개개인의 발달적 특징을 고려한 것이다.

- 무책임 단계 : 수업을 방해하고 규칙을 지키지 않음. 학습과 배움이 가능하지 않음.

- 자기 통제 단계 : 진정성 없이 수업에 참여할 수도 있으나 최소한 다른 학생의 수업을 방해하지는 않음. 수업을 제대로 진행하고 학습과 배움이 일어날 수 있는 단계.

- 책임감 단계 : 진정성을 갖고 책임감 있게 수업에 참여하는 단계. 수업의 결정권을 부여할 수도 있음.

- 보살핌 단계 : 자신의 과업을 충실히 이행할 뿐만 아니라 다른 아

이들을 도와줄 수 있는 협력이 가능한 단계.

셋째, 학생들과 함께 수업의 내용을 선정한다. 체육 과목의 가장 큰 특징 가운데 하나가 아이들이 열정적으로 요구한다는 것이다. 수학 시간에 연산이 재미없다고 도형 공부를 하자는 아이들은 없지만 체육 시간에는 이거 하자, 저거 하자 제안하는 경우가 많다. 체육은 그만큼 아이들과 함께 고민하고 설계하는 작업이 가능한 수업이다. 교사가 교육과정을 재구성하고 수업의 내용을 선정하는 것도 매우 중요하지만 여기에 아이들이 참여하도록 장을 열어 주는 것도 상당히 의미 있다. 수업 활동에 발언권을 행사한 아이들이 자신이 선택한 수업에 책임감 있게 참여하려는 의지가 생기는 것은 당연하다. 아이들의 제안을 그대로 적용하기에 어려움이 따르는 활동이라면 교사가 의사 결정 과정에 개입을 하면서 어느 정도 제한할 수도 있다. 이것은 부모가 아이를 과잉보호하지 않으면서 큰 울타리 안에서 마음껏 활동하게 하고, 만약 울타리를 넘어가려 할 때 제재를 가하는 것과 같은 맥락이다.

넷째, 체육은 아이들의 전면적 발달을 꾀하는 대표적인 교과이다. 온전한 성장과 발달이라는 측면에서 몸에 대한 이해, 신체의 균형 있는 발달, 협력에 맞춰 수업을 재구성한다. 아이들은 자신의 몸을 이용하여 달릴 수 있고, 한 발을 들어 넘어지지 않고 균형을 잡을 수는 있지만 몸에 대한 이해가 없이 자신의 몸을 정확하게 컨트롤하기는 어렵다. 즉, 기본에서 더 나아가는 활동을 하기 위해서는 수업을 하기 전에 자신이 어떤 단계에 있는지 진단하고 그다음에 수업을 진행하도록 한다.

무엇보다 균형 있는 발달이 중요하다. 순발력, 지구력, 민첩성, 유연성이 다 중요하지만 어느 한 가지에 치우치지 않고 전면적인 성장을 이루도록 구성해야 한다. 균형 있는 생활을 영위할 때만이 신체적으로나 정서적으로 온전한 발달을 이룰 수 있다. 그리고 체육은 이러한 개인적인 신체 능력에 공동체의 협력을 포함해야 한다. 규칙을 지켜야 하는 이유, 함께 운동하는 즐거움을 느끼는 것도 협력과 궤를 같이하는 체육 수업의 일부분이다.

위에 제시한 4가지 재구성 사례 이외에도 신체적, 사회적, 정서적, 지적, 정의적 측면을 만족시키는 목표를 세우고 실현이 가능하도록 수업을 재구성하는 과정이 필요하다.

좋은 수업이란?

수업의 목표는 반드시 그 시간 안에 모두 달성해야만 하는 걸까? 정해진 시간에 달성하지 못하면 의미 없는 수업인 걸까? 여기에 대한 고민도 해 볼 필요가 있다. 하나하나의 수업 목표가 있을 수도 있지만 때로는 장기적이고 큰 목표를 위해 해당 시간의 목표를 달성하지 못할 수도 있다. 또 의외의 상황이 끼어들어 예상했던 수업 목표를 달성하지 못할 수도 있다. 그렇다면 이 수업은 실패한 것인가? 수업을 진행하다가 즉흥적인 아이디어를 내서 내용을 변형할 수도 있다. 이 수업도 실패한 것일까? 교사가 정한 학습 목표에 도달하기 어려운 상황이 발생해도 그 목표를 달성하기 위해 아이들을 닦달해야 하는 것일까?

그렇지는 않을 것이다. 아직은 목표 달성이라는 관점에서 완전히 자유로울 수는 없겠지만 때로는 장기 목표를 위해 단기 목표를 과감히 포기하고 큰 그림을 그려야 할 때가 있다. 협력적이고 배려하는 삶이 목적이라면 당장 공을 골대에 넣지 못하더라도 함께 연구하고 고민해 가는 과정이 더 중요하기 때문이다.

사실 좋은 수업이 무엇인가에 대해 정확히 정의를 내리기는 힘들다. 모든 학생들에게 적합한 교육과정이란 있을 수 없고, 다만 시대가 요구하는 가장 이상적인 수업의 이데아가 있으며 거기에 가까워지려고 애쓸 수밖에 없다.

어쨌든 체육 수업이 기능에만 초점을 맞추는 것은 바람직하지 않다. 기능은 여러 수업의 영역 가운데 하나일 뿐이며, 기능만 강조한 수업은 스포츠를 코치하는 것과 다를 바 없기 때문이다. 혹시 학교에 스포츠 강사가 있다면 수업 시간에 시범이나 개별 활동의 피드백을 해 주고 중간 중간 도움을 받으면서 함께 호흡할 수는 있을 것이다.

여러 번 강조하거니와 교사는 체육 기능이 뛰어나야 수업을 잘할 수 있는 게 아니다. 아이들에게 부정적인 피드백을 최소화하고, 활동을 통해 긍정적이고 바람직한 성장을 하도록 도우며, 행복을 느끼는 수업을 했다면 충분한 가치와 의미가 있다. 즉, 효율성보다 질을 추구하는 수업이어야 한다. 기능이 얼마나 향상되었는지, 실제 학습 시간이 얼마나 되었는지, 이런 것들보다 학생들이 각 단계를 거치면서 얼마나 발달했고 친구들을 배려하고 협력하려고 노력했는지 여부가 수업의 질을 결정하는 기준이 되어야 한다.

좋은 수업은 학생들에게 체육 시간을 즐겁고 가치 있는 경험으로 만들어 준다. 수업은 모든 특징을 다 소화해야 하는 것이 아니라 여러 가지 측면에서 만족을 주는 것이 중요하다.

짚고 넘어가야 할 사안들

교사가 체육 수업을 하면서 어려운 점은 무엇일까? 먼저 같은 종목의 수업을 반복하는 데 따르는 불안감을 들 수 있다. 활동 종목을 자주 바꾸는 이유도 여기에 있을 것이다. 아이들이 지루해하지 않을까, 더는 지도할 게 없는데 어떻게 하나, 딱히 이야깃거리가 없는 데 어쩌나, 이럴 때 교사는 불안해진다. 이 지점에서는 기다림이 필요하다. 교사로서 가르쳐야 한다는 부담을 느끼면 완벽하게 하지 못하는 아이들에게 '저렇게 하면 안 되는데……' 하고 간섭을 하기 시작한다. 하지만 아이들을 완벽한 스포츠 선수로 키우는 게 목적이 아니라면 지나친 간섭은 필요 없다. 또 교과서에서 빼야 할 항목이 있다고 판단하면 과감히 뺄 수 있어야 한다. 열심히 가르치려는 교사들은 교과서에 있는 것을 다 해야 한다고 생각하는 경향이 강한데 교과서에 있는 활동 사례들은 일종의 예시일 뿐이다. 모든 걸 다 해야 한다는 부담감에서 벗어날 필요가 있다.

아이들이 쉬는 모습을 보면 수업에 성실하게 참여하지 않는다고 꾸중을 하는 경우도 있다. 그러나 쉼도 체육의 일부이다. 활동을 하다가 힘에 겨우면 각자의 신체 상황에 맞춰 쉬엄쉬엄 하는 것도 체육의 일부분이라 생각하고 가르치는 여유를 가져야 한다.

수업을 시작하기 전에 간단한 계획서를 포스트잇이나 메모지에 작성하는 것도 도움이 된다. 수업의 유형, 조 분류, 장비 설치 및 배치, 장소 및 여러 가지 일어날 수 있는 상황들에 대해 미리 생각을 해 두면 보다 체계적이고 편안한 수업을 진행할 수 있을 것이다. 또 기능 지도의 경우에는 유용한 피드백을 미리 정리해 놓는 것도 하나의 방법이다. 아이들과 이야기를 나누면서 수업의 장단점을 파악하고, 성찰하며, 함께 맞추어 나간다면 시너지 효과도 얻을 수 있을 것이다.

교사가 체육 수업을 부담스러워하는 이유로 체육복을 갈아입는 것을 드는 경우도 있는데 반드시 체육복을 입어야만 하는지에 대해서도 고민해 볼 필요가 있다. 아직 논란의 여지가 많은 부분이기는 하지만 교사가 직접 시범을 보이는 수업이 아니고 수업하기에 불편하지 않은 복장이라면 반드시 체육복으로 갈아입지 않아도 문제는 없을 것이다.

수업을 받는 학생들 입장에서도 수업을 생각하는 과정이 꼭 필요하다. 아이들은 즐겁게 수업을 해야 하는데 가령 경쟁적인 게임을 하게 되어 스트레스를 줄 수도 있는 상황이라면 메이저리그나 마이너리그처럼 수준별 경기를 구성해 볼 수 있다. 각자 자기에게 적합한 수준으로 들어가서 할 수도 있고, 특히 경쟁을 싫어하는 아이들이라면 경기 방식을 변형시키거나 사이좋게 협력하는 활동을 통해 불만을 해소할 수 있다.

체육 수업의 평가 방법으로 '아이들은 이 수업을 어떻게 생각했는가?' 하는 질문을 던져 보는 것도 꽤 유의미한 결과를 얻을 수 있다. 무엇보다 규칙을 지키지 않아서 이익을 보는 아이들에게는 엄격한 피드백을 가해야 한다. 예를 들어 계주를 할 때 그어진 선 안쪽으로 달리는 반칙을 써서 이긴 경우, 반칙이 경미하다는 이유로 용납을 해 주면 반칙을 용인하는 결과를 낳는다. 정의적 가치가 훼손되는 것을 엄격하게 묻는다면 그 효과는 다음에도 이어져 아이들이 반칙을 하지 않으려고 노력하게 될 것이다.

다른 교과와 가장 쉽게 통합을 할 수 있는 과목도 체육이다. 특히 음악과의 통합, 미술과의 통합이 그렇다. 절기 수업과 관련해서는 전통 놀이를 접목시켜 볼 수도 있다.

체육에서 빠질 수 없는 경쟁, 어떻게 할까?

경쟁을 선호하는 사람들은 경쟁이 막연히 동기를 형성하고 잠재력을 실현시킬 수 있다고 믿는다. 그러나 교사는 경쟁이 아이들에게 미치는 부정적 효과에 대해 민감해야 한다. 경쟁 활동은 매우 뛰어난 몇몇 아이를 제외하면 자신감을 떨어뜨리며, 승리하면 성공한 것이고 지면 실패한 것이라는 승리 중심의 이데올로기를 강화시킨다. 체육을 통해 즐거움을 느끼고 배려를 배워야 할 시기에 오히려 정반대의 결과를 초래할 수 있다. 학생들은 협력하기보다 개인주의가 되기 쉬우며, 이기는 데만 초점을 맞춰 기능이 부족한 학생들을 무시하고 기능이 뛰어난 학생을 선호하는 결과를 부른다.

실제로 경쟁을 하면 승패에 민감해지기 때문에 패한 원인이 개인에게 돌아갈 수밖에 없다. 대놓고 '너 때문에 우리가 졌다'는 말을 하는 아이들이 나오는 이유가 여기에 있다. 아이들이 체육이나 특정한 활동을 싫어하는 이유는 다른 아이들과 자신을 비교하면서 부정적인 생각이 누적되기 때문이다. 또 경쟁이 지닌 피할 수 없는 본질이 승패인 것처럼 객관적이라는 이유를 들어 이긴 팀은 수행 평가 5점, 진 팀은 3점, 하는 식으로 평가를 하는 것에도 스트레스를 받는다. 경쟁은 아이들이 감당하고 즐길 수 있는 수준과 범위 안에서만 하는 것이 바람직하다.

야구와 티볼의 차이를 통해 경쟁에 대해 조금 더 이야기해 보자. 티볼은 투수가 없어서 게임의 진행 속도가 빠르다는 것과 쓰리아웃으로 이닝이 끝나지 않고 모두가 다 돌아야 끝난다는 점이 야구와 다르다. 야구에서는 보통 투아웃 만루에서 타자나 투수가 엄청난 스트레스를 받고, 특히 타자는 치지 못했을 때 감당할 수 없을 만큼 괴롭다. 그러나 티볼은 만루에서 못 치더라도 다음 타자가 칠 수 있고, 모든 타자가 순서가 돌아올 때까지 계속 칠 수 있다. 마지막 타자가 못 치면 그다음 이닝에서 만루로 시작하기 때문에 부담감도 줄어든다.

티볼의 이런 규칙들을 발야구에 적용해 볼 수 있을 것이다. 특히 여학생들과 남학생들이 섞여서 할 때 여학생이 타석에 들어서면 남학생들은 한숨만 쉬고 여학생들은 하기 싫다, 안 하겠다 실랑이를 하는 경우가 많은데 이렇게 부담을 줄여 주면 기꺼이 참여하는 모습을 많이 보았다.

민속놀이도 본디 협력 지향적 요소가 많아서 경쟁을 협력하는 수업의 사례로 재구성해 볼 만한 좋은 사례이다. 경쟁적 요소가 있다 하더라도 옛날 놀이들은 모두 협력 지향적이며 누구의 책임도 묻지 않는다. 특히 승패를 그다지 중요하게 여기지 않으므로 공동체 활동으로 도입해 보면 스트레스 없이 서로 도우면서 즐길 수 있을 것이다.

체육 교육은 과거의 협력적인 수업으로 돌아가는 것이 바람직하다. 기존의 놀이와 전통 교육의 접목, 현재 교육과정과의 긴밀한 연계를 위해 놀이 연구회가 체육 교육의 한 축으로 들어오는 것도 하나의 방법이다.

놀이로 하는 체육 수업

대표적으로 개뼈다귀 놀이는 개뼈다귀 끝의 뭉툭한 두 곳을 안전 지역으로 하고, 중간 부분을 통해 이동하는데 한 명이라도 3회 왕복하면 모두 살아나서 다시 할 수 있다. 모두 탈락하면 공격과 수비가 바뀐다. 공격하는 사람이 다 부활하더라도 게임을 다시 시작하므로 경쟁적인 요소가 있어도 승패를 나누지 않는다는 장점이 있다. 또 본인이 잘못해서 게임에서 탈락하더라도 기다리는 아쉬움이 있을 뿐 아무도 탈락한 사람을 나무라지 않는다.

제기차기는 보통 세 가지 방식으로 차고 끝내는 경우가 많은데 여기에 동네 제기차기를 도입해서 즐겁게 뛰어놀면서 할 수 있다. 왔다 갔다 놀이, 콩주머니 던지기(제기 뿌리기)도 승패를 중요시하지 않는 놀이이다. 땅따먹기도 경쟁적인 요소가 있기는 하지만 개인적 흥미를 돋우는 요소가 더 강하기 때문에 스트레스 없이 경쟁을 즐길 수 있다. 돈가스, 다방구도 경쟁이나 승패를 떠나 마음껏 즐길 수 있는 놀이이다. 민속놀이를 체육 수업에서 진행하려면 두 시간을 묶어서 하는 것이 바람직하다.

비가 오는 날에는 실내에서 할 수 있는 몸 놀이 활동도 생각해 볼 수 있다. 때로는 감각 및 감성을 풍부하게 하기 위해 소리에 집중하는 날, 몸에 집중하는 날이라는 주제를 생각해 볼 수 있다. 표현 활동은 점진적으로 준비해서 해 나가는 과정이 필요하다. 막연히 표현해 보자고 해서 쉽게 되는 것은 아니다.

학기 초에 체육 수업을 많이 하는 것도 하나의 좋은 방법이다. 진단을 하는 의미도 있고, '경쟁이 아닌 배려'를 학급 운영의 관점으로 세우면서 몸과 마음을 건강하게 하는 체육 수업은 학급 운영에도 도움이 될 것이다.

민속놀이는 놀이연구회 홈페이지(http://www.nol2i.com)에서 자세히 볼 수 있다.

과정과 발달 중심의 평가

초등학교 체육 수업에서 평가는 성적 산출이 목적이 아니라 교수-학습 목표의 도달에 중점을 두어야 한다. 그러므로 수업과 평가가 함께 이루어져야 한다. 또 상대적, 양적 평가에서 벗어나 학생 개개인의 장점과 특성을 파악할 수 있는 질적 평가로 전환해야 한다. 이를 통해 학생의 부족한 부분을 알려 주고 개선할 수 있도록 해야 한다. 점수 통지에만 그치는 선발적인 평가관이 아니라 학습의 발달 정도를 평가하는 발달적 평가관으로 해야 한다.

그러나 지금까지는 학습의 성공 여부를 측정하는 기능 위주의 평가가 이루어지는 경우가 많았다. 수업의 내용에 상관없이 단일한 운동 기능들(슛, 패스 등)을 선택하여 인위적 상황에서 객관적인 방식(횟수를 세거나 거리를 재는 등)으로 측정하여 평가하는 것이 주된 방식이었다. 예를 들어 '농구의 전술 운용 및 각 상황에 어울리게 패스하는 방법'이라는 수업을 했는데 막상 평가는 한 명씩 나와서 슛을 넣은 개수로 하는 식이다. 또 정의 영역은 수업을 받는 태도나 복장을 평가하는 경우도 많았다. 이러면 수업과 평가 사이에 괴리가 생길 수밖에 없다.

다른 과목에 비해 체육이 가질 수 있는 장점 가운데 하나는 교실에서 하는 수업과 달리 아이들이 활동하는 모습을 관찰하기가 더 쉽다는 것이고, 그만큼 교사가 피드백을 제공하기도 훨씬 수월하다.

각 상황에 맞는 평가를 하면 아이들이 보다 자신의 활동을 잘 이해할 수 있을 것이다. 물론 지나친 교정에 대해서는 생각해 볼 여지가 있고, 이때는 개인적으로 피드백을 얻는 과정을 거쳐 스스로 평가하는 방식을 적용할 수 있다. 축구공을 골대에 넣는 연습을 하다가 실패했다면 자신이 찬 공의 각도와 힘이 잘못되었다는 것을 즉각 판단할 수 있고, 그다음에는 그 부분을 조정해서 스스로 완성해 나갈 수 있다. 결과만을 목적으로 삼는 자세에서 벗어나 실질적으로 아이들에게 도움을 주는 방향으로, 과정 중심의 평가로 나아가야 할 것이다.

고민한 만큼 좋아지는 수업을 꿈꾸며

'이러이러한 수업이 최고다'라고 말할 수 있는 교사는 아마 없을 것이다. 다만 발전하는 수업이란 지속적인 고민과 반성을 통해 이루어질 수 있다. 수업을 마치고 나서 좋았던 점, 문제점 등을 메모해 놓으면 다음 수업을 준비할 때 도움이 된다. 또 수업을 바라보는 다양한 관점들,

책에서 얻은 좋은 정보들 그리고 아이나 교사들과 함께 나누었던 이야기들, 실천 사례들이 모여 좋은 수업을 만들어 낼 수 있다. 수업을 설계할 때는 각각의 영역 및 활동에 따라 어떤 가치관으로, 어떤 방식으로 하는 게 좋을지 고민한 만큼 질도 높아진다. 혼자서 고민하지 말고 여럿이 모여 이야기를 나누면 배우는 것도 늘고 새로운 안목을 기르는 기회도 된다.

그동안 체육 수업을 하면서 느낀 점이나 교사로서의 반성이 같은 고민을 하는 사람들끼리 머리를 맞대게 만들었고, 이런저런 자료들을 읽고 연구하게 했다. 앞으로 더 개선해야 할 점들을 반영하면서 지속적으로 업그레이드할 때, 보다 의미 있는 체육 수업이 가능해질 것이다.

9장

어린이의 삶을 담은
통합교과

통합이라는 이름으로

초등 교육이 중등 교육과 확연히 구별되는 지점은 아무래도 여러 교과를 담임교사가 가르치는 '통합성'에 있을 것이다. 인간의 발달 과정에서 볼 때도 초등학교 시기에는 온몸으로 세상을 경험하면서 배워야 하며, 학습 활동 역시 학문과 분절해서 접근하지 않고 구체적인 조작 활동과 실생활을 중심으로 해야 한다. 최근에 화두가 되고 있는 통섭이나 융합, 간학문, 학제, 스팀 교육도 다 이와 맥락을 같이하고 있다. 요즘은 과목별 분과 체제로 운영하는 중등 교육과정에서도 통합성을 중시하는 추세에 있다.

우리나라 초등학교 교육과정에 나와 있는 교과목 가운데 통합교과는 1, 2학년의 〈슬기로운 생활〉, 〈바른 생활〉, 〈즐거운 생활〉이다. 비록 세 교과뿐이기는 하지만 교과 이름으로는 조금 뜻밖이다 싶은 '즐거운', '바른', '슬기로운'이라는 수식어까지 붙이면서 통합교과를 만든 데는 그만큼 통합성을 강조하려는 의도가 있었을 것이다.

그러나 통합교과가 있다고 해서 교육도 통합적으로 운영되고 있는 것은 아니다. 〈바른 생활〉, 〈슬기로운 생활〉, 〈즐거운 생활〉이 또 다른 '교과'로 존재하기 때문이다. 심지어 수업 내용을 보면 통합적인 '즐거운 생활'이 아니라 '즐거운 음악', '즐거운 미술', '즐거운 체육'으로 나누어서 지도하는 모습을 보기 어렵지 않다.

교실 수업에서뿐만 아니라 교육과정을 연구할 때나 교과서를 집필할 때도 통합교과 교육 전공자들이 모이는 것이 아니라 각 교과의 전공자들이 모여서 자신의 전공 영역을 더 차지하려고 애쓰는 풍경을 연출한다. 이는 우리나라 초등 교육에서 통합교과 교육의 의미가 본래의 의도인 내용의 통합, 삶의 통합이 아니라 기계적인 교과 통합일 뿐이라는 사실을 반증한다.

초등학교 1, 2학년의 교육과정이 진정한 통합을 지향한다면 교과서를 지금처럼 여러 권으로 나누면 안 되고 한 권으로 구성하는 것이 바람직하다. 또 어린이의 삶을 토대로 한 통합교과 교육을 지향한다면 교육과정에서는 성취 기준만 정해 주고 교과서를 제공하지 않는 것도 방법이다.

여전히 한계는 있지만 통합교과 교육에 대한 이런 근본적인 이의 제기가 받아들여져 2007 개정 교육과정에서는 3개의 통합교과에서 공통된 주제 몇 가지를 통합한 단원이 생겼다. 나아가 2013년부터 적용하는 2011 개정 교육과정에서는 세 통합 교과서의 내용 영역을 모두 8개의 대주제(학교와 나, 봄, 가족, 여름, 이웃, 가을, 우리나라, 겨울)로 제시했다. 이 주제를 월별 교과서로 만들어 한 학년에 학기당 4권, 1년에 8권의 교과서를 개발하기에 이르렀다.

통합교과의 교육과정 살펴보기

목표 진술 방법의 변화

2007 개정 통합교과 교육과정이 이전의 교육과정과 크게 달라진 점이라면 단원 목표를 진술하는 방식이 행동 목표에서 표현 목표로 바뀌었다는 것이다. 교육 활동에서 가장 중요한 것이 달성할 목표, 즉 교육 목표이기 때문에 목표의 진술 방법이 달라졌다는 사실은 수업과 평가에 미치는 영향이 매우 커서 어쩌면 이것이 수업 운영에 가장 큰 영향을 미친다고 볼 수 있다. 2007 개정, 〈즐거운 생활〉 교육과정에 나오는 단원 목표 진술의 내용은 다음과 같다(새로 바뀐 목표는 〈즐거운 생활〉뿐만 아니라 모든 통합교과에 적용된다).

'단원 목표는 행동 목표보다 표현 목표로 진술하였다. 왜냐하면 상황 및 과정 중심의 포괄적인 표현 목표의 진술은 능력 및 준거 중심의 구체적인 행동 목표에 비해 통합교과 교육과정, 통합교과 교육, 특히 심리·사회적 통합 방식이나 성격에 상당히 부합하기 때문이다.'

표현 목표는 교육적으로 유익하다고 여기는 활동을 선정하고 학생들이 이러한 활동에 참여하는 기회를 제공하는 형태로 진술한다. 행동 목표가 학습의 어떤 결과에 집중하는 반면 표현 목표는 학습 활동, 다루는 문제, 조사할 과제 등 학습(체험)의 과정에 더 관심을 가지므로 상황 목표라고도 부른다. 예를 들어 목표 진술에서 '봄의 풍경을 그림으로 그릴 수 있다(행동 목표)'와 '봄의 풍경을 그림으로 그린다(표현 목표)'라면 행동 목표는 교수-학습 활동, 즉 그린 그림에 집중하도록 만들고, 표현 목표는 그림 그리기 활동 자체에 집중하게 만든다.

평가에 있어서도 전자는 주로 수행 후 평가로써 학습의 결과물로 나온 그림 혹은 그림을 얼마나 잘 그렸는가를 상중하로 평가하는 식이다. 반면에 후자는 수행 중 평가로 그림 그리기 활동에 참여했는지, 어떻게 참여했는지, 가령 봄 풍경을 그림으로 그리는 활동 자체에 참여한 정도로 평가할 수 있다.

■ **표현 목표와 행동 목표**

	표현 목표	행동 목표
특징	행위 과정 자체를 초점으로 한다. 수행 중 활동에 관심을 둔다. 융통성이 있다. 학습 활동에 따라 목표를 설정한다. (활동 → 목표)	행위의 결과를 초점으로 한다. 수행 후 결과에 관심을 둔다. 구체적이다. 목표 설정 후 내용 선정. (목표 → 내용)
용어	학생들이 배울 것을 포괄적이고 일반적인 용어로 표현한다. 직접 관찰하기 힘든 내재적 행동 용어로 진술한다. (~를 배울 것이다, ~를 한다.)	학생들이 배운 것을 직접적으로 평가할 수 있도록 어떻게, 어떤 수준에서 획득하는지 기술한다. 관찰, 측정 가능한 외재적 행동 용어로 진술한다. (~를 할 수 있다, ~을 말하다.)

평가	학생 개인의 성취 및 만족 정도 평가. 개인의 학습 경험이 어떤 방향으로 성장했는지에 관심. 교사의 학생에 대한 교육적 판단 중시(교사의 교육적 감식안, 판단, 비평 활용). 자기 및 동료 평가.	목표 달성 여부 평가. 공통된 표준에 도달한 정도를 평가하는 데 관심. 학생이 습득한 것 확인 중시(객관적인 평가 도구 활용). 상대 및 절대 평가.

단원 목표 진술 방법이 행동 목표에서 표현 목표로 바뀐 것은 매우 고무적인 일이지만 이전의 교육과정에서 '반드시 행동 목표'로 진술해야 하는 것이 문제가 컸던 만큼, 개정 교육과정에서 '반드시 표현 목표'로 진술해야 하는 것도 문제가 있다. 교육 내용에서는 행동 목표가 필요할 때가 있고 표현 목표가 필요할 때가 있기 때문이다.

2007 개정 통합교과 교육과정에서 단원 목표 진술 방법을 표현 목표로 바꿈에 따라 표현 활동에서는 과거 대다수 교사들이 기능 중심으로 평가했던 방법에서 탈피하는 계기가 될 수 있을 것이다. 그러나 목표 진술 방법이 달라졌다고 해도 현장에서의 평가는 여전히 예전의 행동 목표 때와 달라진 것이 별로 없다.

2007 개정 통합교과 교육과정에서 처음으로 제시한 '표현 목표로의 진술 변경'은 2011 개정에서도 이어진다고 볼 수 있다.

2011 개정 통합교과 교육과정

2011 개정이 2007 개정과 크게 달라진 점이라면 1, 2학년 교과 영역을 학년군으로, 교과별 영역을 8개의 대주제로 통합해서 제시했다는 것이다. 2007 개정 때는 교과마다 내용 영역이 〈바른 생활〉 5가지, 〈슬

기로운 생활〉 6가지, 〈즐거운 생활〉 4가지로 서로 달랐다.

2011 개정이 기존의 교육과정과 획기적으로 다른 또 한 가지는 교과서를 교과별로 따로 만들지 않고 세 통합교과를 주제별로 묶어서 월별로 한 학기에 4권씩 모두 8권의 교과서를 발행한 것이다. 세 교과를 주제별로 묶어서 교과서를 편찬하는 일이 획기적이기는 하지만 국어과와 수학과를 놔둔 채 〈즐거운 생활〉, 〈바른 생활〉, 〈슬기로운 생활〉만 통합한 것이라 실질적인 통합으로 보기에는 아쉬움이 있다.

2011 개정에서 '큰 주제를 중심으로 세 통합교과를 통합할 뿐만 아니라 국어과, 수학과와 연계하여 학습의 효율성을 극대화하도록 계획한다'고 제시되어 있더라도 국어와 수학 교과서를 따로 발행하는 상황에서 진정한 통합이 이루어질지는 의문이다.

가장 큰 모순은 교과서는 통합을 해서 주제별로 제시했지만 여전히 세 교과가 존재해서인지 활동 주제 역시 세 교과에 골고루 들어가게 배치해 놓았고 평가 또한 교과별로 나누어서 해야 한다는 점이다. 통합이라고 해서 모든 주제에 세 교과의 비율을 고르게 배치할 필요는 없을 것이다. 주제에 따라 〈슬기로운 생활〉이 주가 될 수도 있고, 〈즐거운 생활〉이 주가 될 수도 있다. 그리고 내용을 통합적으로 지도하면 평가도 역시 통합적으로 해야 진정한 통합이다.

■ **통합교과의 대주제 영역과 교과별 활동 주제**

대주제	소주제	교과별 활동 주제		
		바른 생활	슬기로운 생활	즐거운 생활

학교
(1년),
나
(2년)
	• 학교생활
	• 나와 친구
	• 몸
	• 나의 꿈
		• 안전하게
		  등하교하기
		• 친구와 서로 도우며
		  공부하기
		• 몸 소중히 다루기
		• 나의 꿈 가꾸기
			• 학교 둘러보기
			• 친구에게 관심
			  갖기
			• 몸 살펴보기
			• 나의 꿈 찾아보기
				• 학교 놀이하기
				• 친구와 놀이하기
				• 몸 표현하기
				• 나의 꿈 표현하기

봄	• 봄맞이
	• 새싹
	• 봄 날씨와
	  생활
	• 봄나들이
		• 봄맞이 청소하기
		• 새싹 보호하기
		• 봄철 건강 관리하기
		• 자연환경 보호하기
			• 봄의 모습
			  찾아보기
			• 싹 틔우기
			• 봄 날씨와 생활
			• 알아보기
			• 봄나들이 계획하기
				• 봄 교실 꾸미기
				• 새싹 표현하기
				• 봄 날씨를
				  주제로 놀이하기
				• 봄나들이 가기

가족	• 집
	• 가족
	• 친척
	• 다양한
	  가족
		• 집에서 스스로
		  공부하기
		• 가족 간의
		  예절 지키기
		• 가족이나 친척의
		  소중함 알기
		• 다양한 가족
		  존중하기
			• 우리 집 살펴보기
			• 집안일 조사하기
			• 가족과 친척
			  알아보기
			• 다양한 가족
			  이해하기
				• 우리 집
				  표현하기
				• 가족과 함께하기
				• 가족 소개하기
				• 다양한 가족
				  문화 표현하기

여름	• 여름 풍경
	• 곤충
	• 여름 날씨와
	  생활
	• 여름 방학
		• 건강한 여름 나기
		• 안전한 여름 나기
		• 에너지를 절약하는
		  생활하기
		• 여름 방학 생활
		• 스스로 준비하기
			• 여름 풍경 찾기
			• 곤충이나 식물
			  조사하기
			• 여름 날씨와 생활
			  살펴보기
			• 여름 방학 생활
			  계획하기
				• 여름 느끼기
				• 곤충과 식물
				  표현하기
				• 여름 축제 열기
				• 물놀이하기

이웃	• 이웃
	• 가게
	• 우리 마을
	• 직업
		• 이웃과 인사하기
		• 물건 소중히 하기
		• 공공시설과 물건
		  아끼기
		• 일의 소중함 알기
			• 나의 이웃
			  살펴보기
			• 생활에 필요한
			  물건 알아보기
			• 우리 마을
			  둘러보기
			• 마을 사람들이
			  하는 일 조사하기
				• 이웃 생활
				  표현하기
				• 가게 놀이하기
				• 우리 마을
				  자랑하기
				• 직업 놀이하기

가을	• 추석 • 낙엽과 열매 • 가을 날씨와 생활 • 가을 행사	• 조상에게 감사하는 마음 갖기 • 자연에 감사하는 생활하기 • 서로 돕는 생활하기 • 질서 지키기	• 추석 알아보기 • 가을 낙엽과 열매 관찰하기 • 가을 날씨와 생활 살펴보기 • 가을 행사 조사하기	• 민속놀이 하기 • 낙엽과 열매로 표현하기 • 가을 풍경 표현하기 • 가을 행사에 참여하기
우리 나라	• 우리나라의 상징 • 전통문화 • 이웃 나라 • 남북통일	• 우리나라의 상징 알기 • 전통문화 소중히 여기기 • 외국인을 대하는 바른 태도 갖기 • 통일을 위한 노력 알아보기	• 우리나라 소개하기 • 전통문화 살펴보기 • 이웃 나라 조사하고 발표하기 • 남북한에 대해 알아보기	• 우리나라 상징 표현하기 • 전통문화 체험하기 • 문화 알리미 놀이하기 • 통일 전시회 열기
겨울	• 겨울맞이 • 동물 • 겨울 날씨와 생활 • 겨울 방학 • 한 해를 보내며	• 나누는 생활 실천하기 • 동물 보호하기 • 겨울철 건강하고 안전하게 생활하기 • 겨울 방학 생활 스스로 준비하기 • 한 해 생활 반성하기	• 나누는 생활 찾아보기 • 동물의 세계 탐구하기 • 겨울 날씨와 생활 살펴보기 • 겨울 방학 생활 계획하기 • 내년 생활 준비하기	• 따뜻한 겨울 보내기 • 동물 표현하기 • 겨울 풍경 표현 하기 • 겨울 놀이하기 • 나의 한 해 표현하기

1, 2학년 교육 내용 다시 생각해 보기

1, 2학년은 모든 교육 활동을 통합적인 관점에서 운영해야 한다. 통합 교과 교육을 생각하기 이전에 그동안 우리가 1, 2학년을 대상으로 해 온 교육이 어떠했는지 되짚어 보면서 의문을 제기해 볼 필요가 있다.

- 국어(수학)는 국어(수학) 시간에만 해야 하는가?

- 1학년 입학 초기에 아이들을 모아 놓고 일방적으로 교사를 따라

하는 '집단 무용'은 꼭 필요한가?

- 자연스럽게 이루어지는 아이들의 놀이는 모두 '역할 놀이'이다. 그 럼에도 교과서에는 '역할 놀이를 해 보자'는 내용이 많이 나온다. '역할 놀이'가 이렇게 많이 필요한가?

- 교과서의 붙임 딱지 활용이 과연 활동 중심의 교육인가?

- 이 시대에 아이들이 듣고 부를 노래(동요)는 어떤 것이어야 하나?

- (어른들이 하던) 옛날 것을 그대로 가르치는 것이 전통문화 교육인 가?

- 특정한 형식의 필체인 궁체 위주의 경필 쓰기 교육은 필요한가?

- 약화를 붙여 놓고 상상해서 그리게 하는 '그림장'은 과연 아이들의 상상력과 창의성을 길러줄 수 있는가?

- 색종이 접기가 아이들에게 미치는 영향은 무엇인가?

- 1, 2학년 때 아이들에게 꼭 경험하게 해야 할 것은 무엇인가? 꼭 가르쳐야 하는 것은 무엇인가?

- 여러 번 쓰기 위주의 한자 쓰기 교육은 1, 2학년의 한자 교육으로 알맞은가?

- 1, 2학년의 컴퓨터 활용 교육은 어떻게 해야 하는가?

- 어려운 글자 위주의 1, 2학년 받아쓰기는 과연 옳은가?

- 1학년 알림장 쓰기는 아이들에게 교육적인가?

- 1, 2학년 일기 쓰기 지도는 어떻게 해야 하는가?

- 스티커를 활용한 경쟁과 성과 위주의 교육 활동은 무엇이 문제인가?

통합적 학습 환경 구성

통합교과의 수업을 하려면 학습 환경을 이에 맞게 구성해야 한다. 통합교과 학습에 필요한 여건에는 학급의 아동 수, 교실 위치, 넓이, 교재 및 교구 현황, 학교 주변의 자연환경이 포함된다. 먼저 학습에 필요한 환경과 상황을 파악하고, 부족하다면 새롭게 갖추어야 한다.

- 학년 초에 학교 자료실과 특별실을 꼼꼼하게 살펴서 어떤 교구와 교재가 어디에 있는지 파악해 둔다.
- 통합교과 학습에 꼭 필요한 교재와 교구를 미리 요청해 놓는다.
- 학교 주변에 있는 자연환경을 비롯해 도로와 건물, 사적과 기념물을 미리 알아 둔다.
- 고장의 특징과 특산물, 지역 문화 축제를 알아 둔다.
- 통합교과 교육에 도움을 받을 수 있는 교사와 지역 인사들을 알아본다.
- 관련 체험 학습 장소로 알맞은 곳을 물색해 둔다.

어린이들의 특성과 기질 파악하기

같은 학년이라도 매해 아이들의 특성과 기질이 다르다. 한 아이의 행동 특성도 늘 같지는 않고, 어떤 아이들과 모여 있느냐에 따라 다르게 나타난다. 학습 방법을 선택할 때는 아이들의 특성과 기질을 파악하는 것이 무엇보다 중요하다. 아이 개개인의 기질과 학급 전체의 분위기를 파악하는 일은 통합교과 교육에서뿐만 아니라 모든 교육 과정에서 필요한 일이다.

교과 내용의 재구성과 취사선택

통합교과 교육을 해치는 가장 중심에 있는 것이 바로 교과서이다. 통합교과 교과서는 전국 모든 학교에 국정 교과서 오직 한 종뿐이다. 교육과정에는 교과서를 '교육과정을 구현하는 표준화된 자료'라고 명시하고 있지만 오직 한 종뿐이라는 것은 결국 어디에도 맞지 않는다는 뜻일 수도 있다. 교사용 지도서에도 '예시 단원이므로 학교와 지역 사정에 따라 재구성해서 지도할 수 있다'는 문구가 빠짐없이 들어가 있으나 현장에서는 여러 가지 이유를 들어 교과서를 충실히 따르는 실정이다.

통합교과 교육을 하는 가장 큰 목적은 우선 인간의 삶 자체가 통합적이기 때문이며, 이에 따라 어린이의 삶도 통합을 바탕으로 운영해야 하기 때문일 것이다. 2011 개정에서도 통합교과의 성격을 '1, 2학년 학생의 경험 세계의 내용을 생활의 관점에서 접근'하는 데 취지가 있다고 밝혔다. 하지만 3개의 통합교과를 8개의 통합 주제로 묶어 8권의 교과서를 발행한다고 해서 통합이라고 할 수는 없다. 각기 다른 전국에 흩어져 살고 있는 어린이들의 특성을 감안하지 않고 교육과정에서 8개의 주제를 획일적으로 정해 놓았기 때문이다. 교과서를 그대로 따를 수 없는 한계가 여전히 존재하는 셈이다.

8개의 주제 역시 과연 이 주제들을 따로 분리해서 교육하는 것이 가능한가, 또는 이렇게 8개의 주제별로 나누어서 교육하는 것이 1, 2학년 발달 과정에 필요한가에 대한 의문과 회의가 생긴다. 가령 '가족'은 1학기 5월에, '이웃'은 2학기 9월에, '우리나라'는 2학기 11월에 배우도록 되어 있는데 과연 '가족'과 '이웃'을 특정 기간에 몰아서 배우는 것이 효율적인가? 어느 때 배우는 것이 가장 흥미롭게 이해가 잘 되게 할 수 있는지, 통합교과 교육의 관점에서 생각해 보아야 한다. 최악의 경우 교과서를 활용하지 않는 것이 가장 통합적일 수 있다는 의견도 나온다.

이런 우려들 때문인지 2011 개정 통합교과 교육 교수-학습 계획을 보면 '학년군 범위 안에서 소주제의 실행 순서와 내용을 재구성할 수 있다'고 제시하고 있다. 또 교수-학습 자료에서는 '교사는 교육과정을 직접 편성하고 교수-학습 자료를 개발하여 교과서 대신 사용할 수 있다'고도 되어 있다. 결국 통합교과 교육에서는 교육과정에서 밝혀 놓은 것처럼 '교과서대로' 진도를 나가는 것이 아니라 '1, 2학년 학생의 경험 세계의 내용을 생활의 관점에서 접근'하게 하는 '어린이의 삶이 바탕이 된 통합교과 교육'이 되도록 그 어느 때보다 교사의 연구와 노력이 필요하다고 할 수 있다.

통합교과 교육을 하는 교사의 자세

아무리 학습 환경이 잘 갖추어져 있고 교육과정이 잘 구성되어 있다 하더라도 교사의 생각과 태도가 통합적이지 않다면 통합교과 교육은 이루어질 수 없다. 현재 초등 교육의 중심에 놓인 교사 양성 과정과 밀접한 관련이 있는 일이기도 하다. 통합교과 교육을 하려면 먼저 교사가 통합적인 생각과 태도를 가지도록 노력해야 한다. 통합적인 사고와 태도는 저절로 생기는 것이 아니라 단단하게 굳은 틀을 깨는 데서 나온다.

통합교과 운영의 원칙과 실제

모든 교과 교육은 국어과 교육이다

통합교과 교육을 운영하는 데 필요한 원칙들은 1, 2학년뿐만 아니라 전 학년에 적용할 수 있을 것이다. 먼저 1학년 신입생에게 가장 중심이 되는 교육은 한글 글자 익히기이다. 우리말을 듣고 말하고, 한글을 읽고 쓰는 활동은 국어 시간에만 하는 것이 아니라 모든 교과 시간에 함께 이루어져야 한다. 모든 교과 시간에 듣고 말하기를 할 수 있도록 해야 하고, 읽고 쓰는 교육도 병행해야 한다. 그래서 1학년 교사들은 늘 이면지 묶음과 펜을 들고 다니면서 필요할 때마다 글씨를 써서 보여 주는 노력이 필요하다. 모든 교과 시간이 국어 시간인 것처럼, 1, 2학년에서는 모든 시간이 또 수학 시간이 될 수 있다. 수의 개념을 익히는 데 가장 좋은 방법은 놀이를 하면서 배우는 것이다.

어린이들의 실생활을 중심으로

초등학교 교육과정을 연구할 때 개발 방침에 가장 먼저 그리고 빠지지 않고 등장하는 말이 '어린이의 생활 경험 중심'이다. 그런데 과연 우리의 교육과정이 어린이의 생활 경험을 중심에 두고 있는지는 의문이다. 어른의 경우에도 그렇지만 발달 단계로 볼 때 어린이들에게는 특히 생활 속 경험이 필요하고 중요하다. 예를 들어 초등학교 교과서에는 '흉내 내서 만들어 보기'가 많은데 겉모양만 그럴듯하고 화려하게 하는 경우가 많다. 흉내만 내고 쓰레기로 버릴 것이 아니라 쓰임새 있는 주머니나 수첩, 놀이 기구 등 실생활에서 아끼면서 오래 쓸 수 있는 물건을 만들어야 한다.

주변 환경 활용하기

아이들이 살아가는 주변 환경을 잘 활용하는 일이야말로 진정한 통합교과 교육이다. 주변에 있는 개울, 언덕, 산, 공원, 놀이터, 기념물, 사적지, 비석, 공공 시설물들을 자세히 살펴 두었다가 적절하게 활용한다. 예를 들어 돈을 내고 수영장에 가기보다 가까운 개울에서 물놀이하기, 학교 뒷산 오르기, 우리 동네 돌아보기, 지역 축제 참여하기 같은 것들이다.

정치, 사회적 상황 활용하기

초등학교 어린이들에게는 자신과 상관없는 먼 이야기보다 요즘 우리 동네에서 일어나는 일, 바로 눈앞에서 벌어지는 일, 직접 보고, 듣고, 체험하는 일이 훨씬 이해하기가 쉽다. 급변하는 정치, 경제, 사회적 상황들은 어른들이 만들어 내지만 어린이들의 삶에 끼치는 영향 또한 크다. 따라서 최근에 주변에서 벌어지고 있는 정치, 경제, 사회적인 일을 함께 살펴보고 경험해 보도록 한다. 관련 교육 활동으로는 올림픽 기간 동안 스포츠 경기 종목에 대해서 알아보기, 다른 나라에 대해서 알아보기, 촛불 집회를 보고 주장 방식에 대해서 이야기하기, 선거 때 선거 방식과 절차나 제도에 대해서 알아보기, 정당에 대해서 이야기 나누기 같은 것들이 있다.

생태적 관점

지구 온난화로 기후 변화가 심해진 요즘 전 세계의 관심은 온실가스 줄이기(저탄소화 운동)에 쏠렸다. 병든 지구에서 살면 각종 질환에 시달리는 만큼 생태적 삶 또한 중요한 화두가 되었다. 아무리 교육적으로 좋다고 해도 아이들의 건강과 목숨을 잃으면서까지 해야 할 일은 없다. 모든 통합 활동은 자연을 이용하는 관점이 아니라 자연과 함께 어울려 살아가는 생태적 관점을 기본으로 삼아야 한다. 관련 교육 활동으로는 폭염이나 태풍, 장마가 왔을 때 날씨에 대해 알아보기, 텃밭을 가꾸어서 비빔밥 해 먹기, 김치 담그기, 제철 음식 먹기, 사계절과 24절기에 따른 활동들이 있다.

교사의 관심과 능력 활용하기

통합교과 교육을 하기 위해서는 교사의 다양한 관심과 능력이 필수적이지만 한 교사가 모든 면에 능숙할 수는 없다. 교사 자신이 가장 관심을 갖고 좋아하는 분야의 능력을 길러서 잘하는 부분을 중심으로 진행하는 것이 바람직하다. 관련 교육 활동으로는 민속놀이하기, 노래 부르기, 악기 연주하기, 합창하기, 자연 관찰 그림 그리기, 음식 만들기, 옷 만들기, 춤추기 같은 것들이 있다. 교사가 관심이 있는 것이라면 무엇이든 가능하다.

주변의 인적, 물적, 사회적 자원 활용하기

교사 혼자서 모든 것을 다 감당하려면 힘들고 때로는 넘치고 때로는 부족한 부분이 생기기도 한다. 이럴 때는 혼자 다 하려고 애쓰지 말고 주변의 지인이나 단체를 통해 인적, 물적, 사회적 자원을 제공받아서 활용한다. 관련 교육 활동으로는 지인을 초청해서 진로 교육하기, 단체의 프로그램을 활용한 다문화 교육, 미술관 교육, 평화 교육, 환경 생태 교육, 기상 교육, 박물관 교육, 문화·예술 교육 등이 있다.

체험 학습 활용하기

현장 학습은 그야말로 좋은 통합교과 교육이다. 현장 학습을 어떤 방식으로 진행하느냐에 따라 통합교과 교육의 장점을 살릴 수도 있고 망칠 수도 있다. 여러 학급이나 학년 단위로 한꺼번에 이동하는 '소몰이'식으로 하면 본래의 의미를 퇴색시키고 내용도 부실해진다. 이 사실을 누구나 알고 있는데도 학교 편의상 여전히 학년 전체를 현장 학습에 내보내는 관행이 벌어지고 있다. 또 행정 절차가 복잡하다는 이유로 학급 단위로 가려면 관리자가 쉽게 허락하지 않는 경우도 많다. 그렇다 하더라도 학년 초에 학급의 한해살이를 구성하는 과정에서 특색 있는 현장 체험 학습 계획을 세워 두는 노력은 필요하다. 관련 교육 활동으로는 학급 단위의 현장 체험 학습, (관광 상품 위주의 여행이 아닌) 아이들이 직접 계획하고 진행하는 수학여행, 1, 2학년에서 1주일에 하루 동네 한 바퀴 돌면서 공부하기 등이 있다.

학년 초에 학급 교육과정에서 계획 세우기

학급의 특색을 살리는 통합교과 교육을 하려면 학년 초에 학급의 교육과정을 계획하는 단계에서 교과를 재구성하고, 필요한 학교 밖 체험 계획도 미리 세워 두어야 한다. 현재 각 시도 교육청의 인사이동이 2월에 집중되어 있으므로 담임 발표가 늦어지고, 이 때문에 연간 계획을 세우기가 힘들다는 문제는 있지만 무엇보다 통합교과 교육을 잘 하려면 모든 교육 활동이 일회적이어서는 안 된다. 1년에 걸쳐 연관성을 가지고 꾸준히 진행해야 하고, 나아가 1학년부터 6학년까지 전 학년을 연계해서 진행하는 것이 좋다.

기본이 되는 활동

잘 표현하기를 가르치려 하지 말고 재료와 도구의 사용법, 재료의 특성을 충분히 이해할 수 있도록 하는 게 중요하다. 교사가 억지로 가르치려 들면 아이는 표현하고 싶은 것을 마음껏 표현하지 못한다. 아이들이 스스로 하고 싶어서 할 수 있도록 분위기를 만들어 주고 장소와 재료를 제공하는 것이 교사의 역할이다.

- 아이들의 이야기를 듣고 교육 활동의 주제 정하기.

- 노래 자주 부르고 듣기(날마다 한 번은 꼭 노래 부르기).

- 밖에 나가 많이 놀기(하루에 한 번 잠깐이라도 꼭 밖에 나가기).

- 1주일에 하루 들 공부하기(동네 살펴보기).

- 다양한 표현 도구와 재료에 따른 표현 방법 탐색하기.

- 주변에 있는 자연 재료로 표현하기.

- 계절에 따른 재료로 놀이하고 표현하기.

- 실제로 아이들이 필요한 것 만들기.

진정한 통합교과 교육 바깥나들이

통합교과 교육의 방법들을 다양하게 제시했지만 진정한 통합교과 교육 활동이자 가장 생생하며 의미 있는 활동은 역시 바깥나들이다. 교사가 학습 목표를 따로 정하지 않고 나가도 일단 나가기만 하면 아이들은 스스로 배울 것을 찾아낸다. 물론 자주 하면 좋겠지만 적어도 일주일에 하루, 요일을 정해서 거리와 장소에 따라 2시간에서 4시간씩, 아이들과 처음 만난 주부터 종업식이 있는 2월 마지막 주까지, 1년 동안 쉬지 않고 꾸준히 나가는 것이 좋다. 그래야 계절과 날씨에 따른 변화를 온몸으로 충분히 느끼고 경험할 수 있다.

처음 몇 번은 아이들이 무엇을 보아야 할지도 모르고 무얼 하며 놀아야 할지도 잘 모른다. 그러나 바깥나들이가 계속될수록 점점 볼 줄도 알고 놀 줄도 알게 된다. 같은 장소를 가더라도 아이들의 취미와 관심과 성향에 따라 받아들이는 것이 달라 서로 가르치고 배우기도 한다. 또 온몸으로, 다양한 방법으로, 여러 가지를 한꺼번에 배우는 계기가 되기도 하며 나와 개성이 다른 친구를 이해하는 기회가 되기도 한다.

어쩌면 바깥나들이가 시골 아이들에게만 가능한 일이라고 생각할 수 있는데 도시에도 얼마든지 학교 주변의 자연환경을 살피거나 나들이할 곳이 많다. 도시 아이들은 실내에서 생활하는 시간이 많으며 활동량도 적고 햇볕과 바람, 자연과 가까이할 기회가 부족하다. 게다가 집과 학교를 오가는 길 말고는 동네를 잘 모르는 아이들도 많다. 바깥나들이는 시골 아이들보다 오히려 도시 아이들에게 필요하며, 통합교과 교육의 내용 가운데서도 지금의 아이들에게 가장 필요하고 요긴한 활동이다.

공통
교과서를 믿지 마라, 초등교육과정연구모임, 바다출판사, 2011

초등학교 교육과정, 교과부 고시 2007–79호, 2009–41호, 2011–361호, 2012–14호, 교과부

행복한 혁신학교 만들기, 초등교육과정연구모임, 살림터, 2011

1부

1장 : 교육과정
2013학년도 적용 초등 1~2학년군 교과용 도서 연수 자료, 교과부, 2012

아동의 발달과 성장을 돕는 교육과정을 위하여, 신은희, 전북교육청 새 학년 연수(1, 6학년) 자료집, 2012

어린이의 성장과 발달을 돕는 2013 학교 교육과정 / 2013 학교 교육과정 편성 초안 / 2011 개정 1, 2학년 교과서 실험본 자료 / 2013년 학년 교육과정 재구성 참고 자료, 신은희, 전교조 초등 노느매기 사이트

2장 : 교육 환경
전교조 참교육실천대회 자료집 '교육 환경 구현을 위한 교육 환경 구축 방안', 김영미·이부영, 2008

학교 공간에 대한 교육 철학적 고찰, 김지원, 2000

혁신학교 운영을 위한 교육 환경 조성 연구 보고서, 이부영 외, 2012

3장 : 협력 수업
교육 위기와 학교 혁신의 전략, 성열관, 창작과 비평, 2010

생각과 말, 비고츠키, 살림터, 2011

서울형 혁신학교 초등 모형 개발 보고서, 초등교육과정연구모임, 2011

수업 비평의 눈으로 말하다, 이혁규, 우리교육, 2011

수업, 비평을 말하다, 이혁규 외, 우리교육, 2007

수업을 왜 하지?, 서근원, 우리교육, 2007

수업이 바뀌면 학교가 바뀐다, 사토 마나부, 에듀니티, 2006

전교조 참교육실천대회 자료집, 초등교육과정연구모임, 2006~2011

핀란드 교실 혁명, 후쿠타 세이지, 비아북, 2009
핀란드 교육 혁명, 한국교육연구네트워크 총서기획팀, 살림터, 2010

5장 : 한해살이
2005년 새 학년 준비 연수 자료, 전교조 서울지부
2012 초등 교육과정 연수 자료, 신은희
2012학년도 서울 강명초등학교 학교 교육과정
민주 교육으로 가는 길, 이오덕, 고인돌, 2010
세시 풍속으로 엮는 학급 운영, 김성화
초등 학급 경영 1·2·3, 우리교육, 2005
초등용 학급 운영, 전교조, 들불, 1991
학교 폭력 멈춰, 문재현 외, 살림터, 2012

2부

3장 : 사회
'5분 수업' 자료, 민주화운동기념사업회
더불어 사는 행복한 경제, 배성호, 청어람주니어, 2010
사회과 교사용 지도서, 교육과학기술부, 2010
사회과 교육과정, 교육인적자원부 고시 제2007-79호, 2007
서울 교과서, 한강, 서울 당산초등학교 어린이들, 청어람주니어, 2008
역사, 무엇을 어떻게 가르칠까, 전국역사교사모임, 휴머니스트, 2008
외국 초등 사회과 교과서 구성 체제 분석, 사회과교육연구, 2008
우리아이들, 전교조초등위원회, 2012
주요 외국 학교 시민 교육 내용 연구 — 미국·영국·프랑스·독일·스웨덴, 김원태 외, 민주
화운동기념사업회, 2006
주제가 있는 사회 교실, 전국사회교사모임, 돌베개, 2004
초등 사회과 역사 영역 교육과정의 편제와 내용 변천, 김정인, 한국사회과교육학회, 2008
초딩, 자전거 길을 만들다, 박남정, 소나무, 2008
평화박물관(http://www.peacemuseum.or.kr/) '평화 책' 선정 자료
프랑스 교과서 구성 체제, 이종일 외

5장 : 영어

국가영어능력평가시험 및 영어과 교육과정 개정 방향 공개 토론회 자료집, 교육과학기술부, 2011

늘어난 영어 시간, 부실한 교육과정, 허리 휘는 학부모 — 어린이의 성장과 발달을 돕는 초등 교과서와 교육과정 어떻게 바꿔야 하나? 토론회 자료집, 한희정, 전교조, 2011

도구와 기호, 비고츠키·루리야, 살림터, 2012

마인드 인 소사이어티, 비고츠키, 학이시습, 2009

생각과 말, 심리학적 탐구, 비고츠키, 살림터, 2011

서울 영어 교육 정책 토론회 자료집, 이병민 외, 서울시 교육청, 2011

어린이 자기행동숙달의 역사와 발달 1, 비고츠키, 살림터, 2013

얽힌 실타래 풀기 : 초등 영어 수업의 문제, 김용호·데이비드 켈로그, 서현사, 2011

영어과 교육과정, 교육과학기술부 고시 제2011-361호, 2011

외국어과 교육과정, 교육과학기술부 고시 제2008-16호, 2008

초등 영어 놀이와 게임 : 비고츠키의 사회 문화적 관점, 이완기·데이비드 켈로그, 한국문화사, 2006

초등 영어 수업 시수 확대 문제와 영어 격차 해소 방안 정책 토론회 자료집, 이병민 외, 전교조, 2008

초등학교 영어과 교육과정 개정(안) 공청회 자료집, 교육과학기술부, 2008

초딩 아이, 영어 사교육 꼭 해야겠네 : 영어 교육 관련 교과부 공청회 참관기, 한희정, 오마이뉴스, 2011. 5. 30

MB 정부 초등 영어 확대 정책, 공교육을 살릴까 사교육만 조장할까 토론회 자료집, 박거용 외, 전교조, 2008

8장 : 체육

루브릭을 활용한 관찰 평가 도구의 적용 사례, 곽태근, 경인교육대학교, 2012

체육 수업 탐구, 리처드 티닝, 태근문화사, 1994

초등교육과정연구모임은

자타가 인정하는 민선 교장, 우리 모임의 이빨 **김영미** 선생님,

사람을 감싸 안고 품는 재주를 지닌 따뜻한 카리스마 **김해경** 선생님,

모임에 늦게 들어오면 무조건 막내라며 귀여움을 구걸하는 **김형숙** 선생님,

'물심양면' 중에서 물 쪽으로 모임을 돕고 있는 **류경원** 선생님,

야구팀을 만들어 놓고 정작 본인은 실력이 부족해 감독만 하고 있는 **문태주** 선생님,

교실 안팎을 넘나들며 아이들과 새로운 길을 찾고 만드는 **배성호** 선생님,

'비고츠키'에 푹 빠져서 연구하다 '배고츠키'로 불리는 **배희철** 선생님,

욱하는 성격을 고치고 새사람이 되었다는 **서명숙** 선생님,

교육부가 모르는 것도 다 캐내는 엄청난 능력의 소유자 **신은희** 선생님,

재판을 했다 하면 다 이겨 버리는 승소녀 **오정희** 선생님,

시키는 대로 고분고분 따르지 않는 교육청의 요주의 인물 **이부영** 선생님,

하여튼 저지르기 대장 **정현주** 선생님,

'수학' 하면 떠오르는 이름, 초등 교육계의 연예인 **조성실** 선생님,

경력과 상관없이 좌충우돌하며 모임 속에서 성장해 가는 **최애영** 선생님,

방학이 되면 급식이 끊겨 고민이라는 결식 교사 **최혜영** 선생님,

공부하러 갈 때도 선글라스까지 완벽하게 갖추어야 외출한다는 **한희정** 선생님,

쉬운 것도 어렵게 말하는 놀라운 재주를 지닌 **현광일** 선생님,

외로워도 슬퍼도 울지 않는 캔디, 그러나 외모는 오래 보아야 예쁜 **홍순희** 선생님,

이렇게 열여덟 명의 교육 실천가들이 와글와글 모여 있는 곳입니다.

30시간 2학점 원격연수

교과서도 어떤 면에서는
그림책이라고 할 수 있습니다.

학급에서 활용하는
그림책 이야기 (기본과정)

교과서를 비롯한 그림책을 재미있게 읽는 방법, 좋은 그림책을 선별하는 방법, 그리고 이것을 활용해 **아이들과 소통하는 방법**을 제시합니다.

강의 최은희
san1224@hanmail.net

아산배방초등학교 교사 / 1990년 오월문학상 수상, 시인으로 등단 / 문예계간지 「노둣돌」, 「삶의문학」 작품활동
공주교육대학교 《아동문학의 이해》 출강(2005~2008년) / 교사, 학부모, 도서관 및 각종 직무연수 강의(150회 이상)
우리교육교사아카데미 그림책 기초심화과정 강의(2002년~2010년)
2007 개정교육과정 국어과 5학년 1~2학기 읽기 교과서집필

30시간 2학점 원격연수

자신 있는 교사로 설 수 있는
힘찬 발걸음!

성장과 발달을 돕는
초등교육과정 1

해마다 다른 학년, 수업이 다뤄져야 하는 과목과 영역들,
최근 들어 수시로 바뀌는 교육과정 안에서 중심을 잡고 교육하는 교사를 지원하고자 합니다.

발달과 성장을 지원하는 교육과정
01. 초등학생 발달특성과 초등교육
02. 국가교육과정과 초등교육과정 이해
03. 교육과정 재구성을 보는 새로운 눈
04. 교육과정 재구성 사례

우리 반 한 해 살이
05. 한해살이 철학과 만남
06. 건강하고 행복한 삶을 가꾸는 한해살이
07. 아름다운 마무리와 그 밖의 학급의 삶을 위한 활동

교육과정 구현을 위한 학교 교육환경
08. 학교 교육환경의 현실 들여다보기
09. 학교 교육환경 구축의 기준 세우기
10. 교육과정 구현을 위한 교구 구축
11. 안전하고 품질 좋은 학습 준비물

삶을 가꾸는 미술
12. 왜 '어린이 삶을 가꾸는 미술교육' 인가?
13. 어린이 미술교육의 오해 1
14. 어린이 미술교육에 대한 오해 2
15. 어린이 미술, 어떻게 가르칠까

세상과 만나는 영어
16. 초등영어교육과 2008교육과정 살펴보기
17. 2011 개정영어과교육과정과 국가영어능력평가시험
18. 초등영어교육 관점잡기
19. 영어를 처음 배우는 초등학교 3학년
20. 영어교육의 양적 논리를 넘어서

삶을 가꾸는 국어
21. 좋은 국어 수업을 위해
22. 시와 이야기: 문학의 바다에 푹 빠지다.
23. 정보전달: 잘 알고 있는 것을 꼭 필요한 사람에게…
24. 설득: 익숙한 일상에서 불편한 진실 찾기
25. 수업과 평가는 같은 것

세상을 바라보는 과학
26. 과학에 질문하기 '과학교육 왜 하는가?'
27. 과학의 두 얼굴
28. 과학교육과정과 교과서 훑어보기
29. 생태·인권·노동·평화의 가치를 담다
30. 자발성과 역동성, 소통을 살리는 수업

초등교육과정연구모임과 함께 만들었습니다.

강의 초등교육과정연구모임
김미영 / 김해경 / 문태주 / 배성호 / 이부영 / 조성실 / 홍순희

30시간 2학점 원격연수

자신 있는 교사로 설 수 있는
힘찬 발걸음!

성장과 발달을 돕는
초등교육과정 2

해마다 다른 학년, 수업이 다뤄져야 하는 과목과 영역들,
최근 들어 **수시로 바뀌는 교육과정 안에서 중심을 잡고 교육하는 교사**를 지원하고자 합니다.

협력 수업
01. 협력수업의 의미
02. 협력수업의 흐름
03. 협력수업의 사례 1
04. 협력수업의 사례 2
05. 협력수업의 조건

더불어 행복한 사회
06. 사회 교과서를 다시 보는 새로운 눈
07. 미디어를 활용한 사회수업
08. 더불어 행복한 경제수업
09. 재미있고 알찬 기념일 수업과 체험학습

오감으로 열리는 음악
10. 음악교육에 대한 고찰
11. 초등학교 음악교육의 현주소
12. 음악과 교육과정의 이해
13. 2007 개정 음악 교과서 분석
14. 음악과 교육과정 구현의 실제

삶을 담은 통합교과교육
15. 통합교과교육과 통합교과교육과정
16. 1·2학년 교육활동 짚어보기
17. 통합교과교육환경 갖추기
18. 어린이 삶이 바탕이 된 통합교과교육활동의 실제

성장과 발달을 돕는 학생평가
19. 학생평가 실태와 학생평가 지침
20. 학생들의 성장을 돕는 평가관
21. 학생평가의 실제
22. 학생의 발달을 지원하기 위한 가정-학교 소통방법

사고력 향상과 수학
23. 수학시간과 교사
24. 수학교육과정 재구성의 필요성
25. 1, 2, 3학년 조작활동과 놀이
26. 3, 4, 5, 6학년 조작활동과 놀이
27. 즐거운 수학수업, 행복한 교사

즐거운 몸놀이 체육
28. 체육 수업에 대한 인식 및 교육과정
29. 교육과정을 넘어서는 즐거운 체육수업
30. 수업에의 적용 및 평가

초등교육과정연구모임과 함께 만들었습니다.

강의 초등교육과정연구모임
김미영 / 김해경 / 문태주 / 배성호 / 이부영 / 조성실 / 홍순희

30시간 2학점 원격연수

함께 만들어가는 학교!

[학교혁신]
학교를 변화시키는 초등사례

전국 7개 **새로운 학교의 철학과 교육과정, 수업의 노하우와 현장의 목소리를** 담았습니다.

전국교직원노동조합과 함께 만들었습니다.

http://www.eduhope.net

참여교사 거산초등학교 복준수, 장종천 최은희, 한진희 / 구름산초등학교 고은정, 김은숙, 김은혜, 양영희, 진정아, 홍명회

보평초등학교 서길원 교장, 허승대 / 백원초등학교 김현정, 서근원 교수님, 최진열

상주남부초등학교 김주영, 백미연, 이용운, 전종태, 조용기 교수님 / 송산초등학교 김현진, 오선영 / 조현초등학교 이중현 교장, 박성만